Act Big – Neue Ansätze für das Informationsmanagement

Dirk Knauer

Act Big – Neue Ansätze für das Informationsmanagement

Informationsstrategie im Zeitalter von Big Data und digitaler Transformation

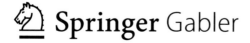 Springer Gabler

Dirk Knauer
Düsseldorf
Deutschland

ISBN 978-3-658-06750-2   ISBN 978-3-658-06751-9 (eBook)
DOI 10.1007/978-3-658-06751-9

Die Deutsche Nationalbibliothek verzeichnet diese Publikation in der Deutschen Nationalbibliografie; detaillierte bibliografische Daten sind im Internet über http://dnb.d-nb.de abrufbar.

Springer Gabler
© Springer Fachmedien Wiesbaden 2015

Lektorat: Eva-Maria Fürst

Gedruckt auf säurefreiem und chlorfrei gebleichtem Papier

Springer Fachmedien Wiesbaden ist Teil der Fachverlagsgruppe Springer Science+Business Media
(www.springer.com)

Geleitwort

Über das Thema Informationsmanagement sind schon viele Lehrbücher geschrieben worden, in denen die Aufgaben und Gestaltungsziele des Chief Information Officer erläutert werden. Die Sicherstellung der Informationsfunktion in Unternehmen steht dabei im Vordergrund, damit die Geschäftsprozesse optimal gesteuert werden und für anstehende Entscheidungen im Management belastbare Fakten zur Verfügung stehen. Schaut man dagegen in die Praxis, so sieht die Realisierung dieser zentralen Unternehmensfunktion häufig rudimentär aus. Das Instrumentarium des strategischen und operativen Informationsmanagements ist hinlänglich bekannt und viele Prozessmodelle existieren für die unterschiedlichen Rollen der „Informationsverantwortlichen". Dennoch stellt sich der Erfolg einer unternehmensweiten Informationslogistik nur fallweise ein, da der Graben zwischen Fachabteilungen und IT hartnäckig bestehen bleibt und der CIO nur zu oft die Technologie als seine Domäne versteht. Die Frage nach der Verantwortung und der Zurechnung von Daten bleibt offen, auch wenn fachliche und technische Data Stewards sich der Datenqualität annehmen. Dem offensichtlich wahrgenommenen Mangel an Daten- oder besser Informationsverantwortung wird der Ruf nach einem Chief Data Officer entgegengesetzt, der in digitalisierten Unternehmen den Wert der Daten einschätzen, interpretieren und schöpfen kann.

An diesem Punkt setzt Dirk Knauer mit seinem vorliegenden Werk an, um eine andere Perspektive auf die Managementaufgabe der Informationsversorgung und Informationsnutzung zu bringen. Der Blickwinkel, den der Autor einnimmt, kommt aus der Praxis und beleuchtet mit vielen Fallbeispielen die teilweise fatale Fehlinterpretation und Nichtnutzung von Daten in Unternehmen. Der Autor stellt mit DARE (Discovery, Assignment, Reliability, Endurance) ein Managementkonzept vor, das den Fokus auf den zu bewirtschaftenden Informationsraum legt. Mit viel Enthusiasmus und profunden Managementerfahrungen als Strategieberater legt Dirk Knauer eine Publikation vor, die viele neue Denkanregungen gibt. Facettenreich lenkt er den Blick auf viele Schwachpunkte des Informationsmanagements in Konzernen, liefert aber auch Lösungsansätze, um der wachsenden Aufgabe der Datenbewältigung Herr zu werden.

In diesem Sinn wünsche ich den Lesern viel Spaß beim Lesen und hoffe, dass die Denkanstöße nachhaltig wirken.

Univ.-Prof. Dr. Peter Chamoni

Vorwort

In theory there is no difference between theory and practice. In practice there is.
(Yogi Berra)

Wie ist es für ein Unternehmen heute noch möglich, eine Unternehmensstrategie zu entwickeln, ohne im gleichen Zuge auch eine Informationsstrategie zu formulieren? Wie ist es darüber hinaus möglich, dass es für die Koordination des Umgangs mit unternehmensrelevanten Informationen vielfach noch keine im Management verankerte, dedizierte und verantwortliche Zuständigkeit gibt? Darüber hinaus stellen die schier explodierende Datenmenge, neue Analysemöglichkeiten durch neue Technologien und die damit verbundenen immer neuen Fragestellungen heute völlig neue Herausforderungen in Bezug auf das Management von Informationen dar.

Viele Unternehmensverantwortliche wissen, dass die Umsetzung eines verantwortlichen Informationsmanagements notwendig wäre, um die betriebliche Informationsversorgung auf einen belastbaren Stand zu bringen und so die Überlebensfähigkeit des Unternehmens zu stärken. Dennoch verkümmert die „Ressource Information" in vielen Unternehmen weiterhin in lokalen Datensilos irgendwo zwischen dem Rechnungswesen und IT. Wir ärgern uns über mangelnde Datenqualität, teure IT-Projekte und unzureichende Unterstützung durch die hauseigene IT, anstatt die für uns relevanten Informationen für das Gesamtunternehmen konsequent und sinnvoll zu nutzen – und zu managen. Die allermeisten Berichte für das Management werden weiterhin manuell gefertigt und greifen selten auf wirklich integrierte Informationssysteme zu. Analysen werden weitestgehend lokal oder funktionenbezogen durchgeführt, und neue Technologien werden so gut wie nie in den Gesamtkontext des Unternehmens eingebettet.

Eine umfassende, zentrale, strategische Verantwortung für das Management von Informationen existiert heute in den meisten Unternehmen nicht.
Vor dem Hintergrund der sich ständig ändernden Rahmenbedingungen wird ein neuer Managementansatz für den Umgang mit Informationen notwendig. Was bedeutet das Management von Informationen wirklich? Wer trägt die Verantwortung? Wer koordiniert die Nutzung von Informationen im Unternehmen? Weshalb gibt es keine zentrale Verant-

wortung für das Management von unternehmensrelevanten Informationen? Wie kann ein funktionierendes Informationsmanagement heute aussehen?

DARE bedeutet im Englischen „sich wagen", „sich trauen", „mutig sein". Diesen Mut benötigen Unternehmensverantwortliche heute, wenn sie die Verantwortung für das Informationsmanagement neu regeln wollen. Insbesondere wenn die Position einer Informationsmanagerin/eines Informationsmanagers neu als echte Managementposition geschaffen wird, entwickeln sich häufig Widerstände in der bestehenden Unternehmensorganisation. Hierbei ist nicht nur viel Überzeugungsarbeit zu leisten, sondern auch die Durchsetzung gegenüber Partikularinteressen, die sich über Jahre oder Jahrzehnte im Unternehmen zu Informationsdomänen bzw. Informationssilos entwickelt haben (s. Abb. 1).

Abb. 1 DARE-Ansatz

Das Buch widmet sich diesem Themenkomplex und beschreibt einen strategischen Ansatz für eine umfassende Informationsversorgung anhand eines an der Information selbst und an den Unternehmenszielen orientierten Instrumentariums. Zentral ist hierbei die Bewertung des Potenzials der für das Unternehmen relevanten Informationen. Die Verknüpfung funktionaler, fachlicher Inhalte und Verantwortungsbereiche durch Anwendung bekannter Managementinstrumente bildet hierfür eine essenzielle Grundlage.

Die hier im Buch vertretenen Ansätze orientieren sich an in über zehn Jahren gemachten Erfahrungen aus Strategieprojekten und Management-Mandaten, in denen oftmals enge freundschaftliche Bindungen zu Verantwortlichen und Mitarbeitern entstanden sind. In Phasen der Post-Merger-Integration oder des organisatorischen Umbruchs haben wir gemeinsam Lösungswege, Szenarien und organisatorische Ansätze für die künftige Gestaltung der Informationsversorgung entwickelt. Die oft nächtelangen Diskussionen, hitzigen und freundschaftlichen Auseinandersetzungen fanden ihren Niederschlag in der Formulierung einer Informationsstrategie, im Aufbau eines zentralen Informationsmanagements und in der Umsetzung einer unternehmensweiten Governance für Informationen.

Mit der organisatorischen Verankerung eines strategischen Informationsmanagements wird die Informationsversorgung im Unternehmen auf eine neue, tragende Säule gestellt.

Danksagung

Für Angela und Benjamin, für die die Anspannung, die nächtlichen Wanderungen und die einsamen Wochenenden im Arbeitszimmer nicht einen Tag länger hätten dauern dürfen.

Mit freundschaftlichen Dank an PD Dr. Sebastian Olbrich als Advocatus Diaboli für die intensiven Diskussionen und sein unnachgiebiges, nervenzermürbendes Nachhaken.

Dr. jur. Thu-Ly Truong für die wunderbaren Karikaturen.

Al di Meola, Tour de Force „live", als beständiger Energielieferant und Inspirationsquelle.

Hinweise zum Buch

Die in diesem Buch enthaltenen Informationen, Verfahren und Darstellungen wurden nach bestem Wissen zusammengestellt und mit Sorgfalt geprüft. Dennoch sind Fehler nicht ganz auszuschließen. Aus diesem Grund sind die im vorliegenden Buch enthaltenen Informationen mit keiner Verpflichtung oder Garantie irgendeiner Art verbunden. Autor und Verlag übernehmen keine juristische Verantwortung und werden keine daraus folgende oder sonstige Haftung übernehmen, die auf irgendeine Art aus der Benutzung dieser Informationen – oder Teilen davon – entsteht.

Ebenso übernehmen der Autor und Verlag keine Gewähr dafür, dass beschriebene Verfahren etc. frei von Schutzrechten Dritter sind. Die Wiedergabe von Gebrauchsnamen, Handelsnamen, Warenbezeichnungen etc. in diesem Buch berechtigt deshalb auch ohne besondere Kennzeichnung nicht zu der Annahme, dass solche Namen im Sinne der Warenzeichen- und Markenschutz-Gesetzgebung als frei zu betrachten wären und daher von jedermann benutzt werden dürften.

Die in diesem Buch genannten Praxisbeispiele wurden durch den Autor für die Verwendung angepasst, keinen Rückschluss auf die beispielgebenden Unternehmen zu ermöglichen, es sei denn, diese sind explizit genannt, so dass Ähnlichkeiten rein zufällig sind. Die Auswahl der genannten Unternehmen stellt keine Empfehlung oder Präferenz des Autors oder Verlags für ein bestimmtes Produkt oder einen bestimmten Anbieter dar und erhebt keinen Vollständigkeitsanspruch.

Inhaltsverzeichnis

Über den Autor

 Dirk Knauer wurde 1971 in Mannheim geboren und begann seine berufliche Laufbahn zunächst als Controller in internationalen Konzernen. Mit dem Wechsel in die Beratung folgten Mandate als Interimsmanager im Rahmen von Post-Merger-Integrationen und Restrukturierungsprozessen im internationalen Umfeld mit den Schwerpunkten Controlling und Business Intelligence. Die in mehr als 15 Jahren und dutzenden Projekten gesammelten Erfahrungen und Erlebnisse in der Strategieentwicklung, im Management und aus Projekten fließen mit in das vorliegende Buch ein.

Informationen und Informationsmanagement

Zusammenfassung

Das folgende Kapitel führt zunächst ein in die hier verwendeten Begriffe Informationen, Informationsmanagement und grenzt diese voneinander ab, wobei die Frage gestellt wird, weshalb trotz modernster Technologien und Methoden die heutigen Informationslandschaften in Unternehmen fragmentierter und zerklüfteter sind als je zuvor. Welche Lehren kann man aus den Fehlern der Vergangenheit ziehen, welchen Stellenwert haben Informationen als Ressource und Produktionsfaktor heute und in zukünftigen Unternehmensorganisationen, und welche Rolle spielt das strategische Informationsmanagement als unabhängige, verantwortliche Instanz für die Informationsversorgung im Unternehmen. Hierzu werden die Gründe und die Risiken eines umfassenden, agilen Informationsmanagements zunächst umrissen und in den folgenden Kapiteln eingehend beleuchtet.

Ich handle mit Informationen: Ich weiß so viel ich kann. (der „Merowinger" im Film Matrix)

Der Paradigmenwechsel, der in den folgenden vier Kapiteln dargestellt wird, besteht aus zwei Teilen. Erstens stellt das strategische Informationsmanagement eine notwendige, unabhängige betriebliche Querschnittsfunktion als Ergänzung zur Finanz- und zur IT-Funktion dar, und zweitens wird die Informationsversorgung von einer projektbasierten in eine organisierte, kontinuierliche Linienfunktion überführt, die sich durch die dedizierte Verantwortung in Form eines strategischen Informationsmanagements auszeichnet. Nur durch ein unabhängiges, gestaltungsfähiges Informationsmanagement können die Ursachen der mangelhaften und ineffizienten Informationsversorgung im Unternehmen aufgelöst werden. Ein solcher Paradigmenwechsel kann in manchen Fällen revolutionär wirken (Nietzsche 1889). Jedoch ist eine solche Funktion, bis auf wenige Ausnahmen im Banken- und Versicherungsumfeld, in kaum einem Unternehmen etabliert (Abschn. 1.4.2). So werden

© Springer Fachmedien Wiesbaden 2015
D. Knauer, *Act Big – Neue Ansätze für das Informationsmanagement,*
DOI 10.1007/978-3-658-06751-9_1

die Positionierung und die Definition der Rahmenbedingungen für eine strategische Data-Management-Kompetenz derzeit in erster Linie durch Initiativen der Versicherungs- und Bankenindustrie dominiert.

Bevor wir über Informationsmanagement sprechen, sollten wir uns im Klaren sein, was wir unter Information verstehen. Woraus besteht dieses wertvolle Gut namens „Information", das die Unternehmung erst zum Handeln befähigt? Was sind Informationen? Sind Informationen gleichzusetzen mit Wissen (Wittmann 1959) oder gar mit Wahrheit? Oder mit Daten? Welche Voraussetzungen müssen Informationen erfüllen, um als Katalysator für unternehmerisches Handeln wirksam zu werden? Legt man hierfür die üblicherweise zitierte Definition von Waldemar Wittmann zugrunde, die die Information als zweckorientiertes Wissen beschreibt, müssen wir uns zunächst dem Begriff des Wissens nähern, um danach über Informationen sprechen zu können. Der Begriff des Wissens wird in der Erkenntnistheorie, als auch in der Organisationstheorie (Kieser und Ebers 1996; Kappelhoff 2007), seit Anbeginn der Zeit umfassend diskutiert. Da das vorliegende Buch den Blick auf die wirtschaftlichen Realitäten und die praktische Unterstützung des unternehmerischen Handelns richtet, soll im Folgenden unter dem Begriff des Wissens praktischerweise die „gesicherte Kenntnis von Sachverhalten[1]" verstanden werden. Dass eine solche gesicherte Kenntnis nicht unbedingt auch „wahr[2]" oder gar „vollständig" sein muss, ergibt sich alleine aus den vielen beobachtbaren Fehleinschätzungen in Unternehmen, die wirtschaftliche Verluste oder gar den Untergang des Unternehmens zur Folge haben. Die Richtigkeit und Vollständigkeit von Kenntnissen (Informationen) bemisst folglich die Qualität des Wissens. Dieses Wissen, auf Basis dessen eine unternehmerische Entscheidung beruht, kann einer anerkannten Wahrheit entsprechen, wie etwa den Naturgesetzen. Vielmehr ist die unternehmerische Entscheidung jedoch von jenen Informationen abhängig, die zum Zeitpunkt der Entscheidung gesammelt zur Verfügung stehen. Sie basiert auf den Informationen, die im Moment der Entscheidung vorhanden sind wie etwa beim Kauf von Wertpapieren oder der Entscheidung über die Fusion mit einem konkurrierenden Unternehmen.

Die Summe des verfügbaren Wissens in einer Entscheidungssituation ist also immer rein auf den Moment bezogen und absolut zeitabhängig. Die dem Wissen zugrunde liegenden Kenntnisse sind zumindest teilweise variabel und unsicher, da sich die Fusion mit dem Konkurrenten im Nachhinein als schwerer Fehler erweisen kann, weil sich die Markt- und Umweltbedingungen unverhofft ändern oder weil sich die Herstellung einer zufriedenstellenden Ertragssituation für das Gesamtunternehmen als komplizierter herausstellt als gedacht. Neben den zur Verfügung stehenden Informationen ist die Suggestion ein zweiter wichtiger Faktor als Grundlage für Entscheidungen. Möglicherweise spüren wir trotz scheinbar gesicherter Kenntnisse ein Unwohlsein. Um aber genau dieses Unwohlsein bei unternehmerischen Entscheidungen zu verringern, sollte die Menge des zugrunde liegen-

---

[1] Vgl. unter anderem Wilhelm von Ockham (~ 1300) oder auch John Locke (~ 1670).
[2] Vgl. Erkenntnistheorie (u. a. Platon, Aristoteles, William of Ockham, Wittgenstein).

den Wissens als Snapshot einer qualitativ hochwertigen, hinreichend breiten Basis an gesammelten, entscheidungsrelevanten Kenntnissen erzeugt werden können. Diese gesammelten, verfügbaren Kenntnisse als Grundlage für das der unternehmerischen Entscheidung zugrunde liegende Wissen sind dementsprechend: die verfügbaren Informationen.

Informationen sind diejenigen Ressourcen, die es dem Management erlauben, Entscheidungen mit weniger Unsicherheit und einem weniger schlechtem Gewissen zu treffen, als es ohne Informationen möglich wäre. Je zuverlässiger relevante, also gute, Informationen zur Verfügung stehen, desto sicherer können Entscheidungen getroffen werden und – was oftmals noch viel wichtiger ist: desto weniger können diese im Unternehmen angefochten werden. Da jedoch häufig die Suggestion als eigentliche Managementqualität anheimgestellt wird und auch das Selbstverständnis vieler Entscheider im Unternehmen trifft, hat es die Information traditionell schwer, als essenzielle Ressource auch einen angemessen strategischen Stellenwert zugewiesen zu bekommen. Informationen sind aber dennoch entscheidend für die Handlungsfähigkeit bzw. Agilität (agere: lat. „handeln, tun") im Unternehmen und für das Unternehmen als Ganzes.

Was machen wir mit Informationen? Was geschieht damit?
- Entscheiden
- Prognostizieren
- Kommunizieren
- Hinterfragen
- Analysieren
- Planen
- Simulieren
- Reagieren

Da sich die Menge an verfügbaren Informationen ständig vergrößert, kann sich das einer Entscheidung zugrunde liegende Wissen nur auf den Zeitpunkt der Entscheidung beziehen. Und während wir das zu einem bestimmten Zeitpunkt vorhandene Wissen in einem Unternehmen in der Vergangenheit noch einigermaßen verlässlich beurteilen konnten, weil es einigermaßen dauerhaft war (der Anteil des „Know-hows[3]" also relativ hoch), so verändern sich heute Umgebungsparameter immer schneller, das Wissen wird zunehmend instabil, Märkte verändern sich rasant, und das Wissen als Auslöser für unternehmerische Entscheidungen verlangt nach mehr verlässlichen Informationen, um eben diese Entscheidung begründen und letztendlich überhaupt treffen zu können. Entscheidungsrelevantes Wissen ist also immer mit dem Risiko behaftet, dass sich die Entscheidung im Nachhinein als falsch herausstellen kann.

---

[3] Know-how: engl. „wissen, wie".

▶ **Daten und Informationen:** *Information* (lat. in-formare u. a. unterrichten, darstellen[4])
Im Folgenden wird der Begriff der Information in Bezug auf die „Unterrichtungsfunktion"
verstanden. Das bedeutet, dass eine Information eine Antwort auf eine gestellte Frage darstellt, unabhängig davon, ob und in welcher Form die Antwort existiert – „information is
not innocent" (March 1988). *Daten* (lat. datum „das gegebene") bezeichnen dagegen einen
Information*bestand*, der mittels Zeichen oder Symbolen auf bestimmten Datenträgern
vorhanden ist[5]. Insbesondere wird an dieser Stelle der Begriff der Daten eingeschränkt auf
digital vorhandene Zeichen (Geisler 2011).

▶ **Informationsinfrastruktur und IT-Infrastruktur:** Die vorhergehende Unterscheidung
von Daten und Informationen soll sich im Folgenden auch in der Betrachtung der betrieblichen Infrastruktur und Organisation ausdrücken.

- Aus diesem Grund bezieht sich der hier verwendete Begriff der Informationsinfrastruktur auf die Information selbst sowie auf den Austausch bzw. der Verarbeitung von Informationen im Sinne der erforderlichen Aktivität (Planen, Transportieren, Verändern,
  Ergänzen).
- Als Pendant steht daneben die technische Infrastruktur, die mittels Informationstechnologien und deren programmiertechnischer Anwendung die Verarbeitung elektronisch
  gespeicherter Daten überhaupt erst ermöglicht.

Nur durch die Abgrenzung beider Infrastrukturbegriffe (Abb. 1.1) lässt sich eine Unabhängigkeit von Informationsanforderungen (die Frage und der möglichen Antwort) und
der Bereitstellung in elektronischer Form herstellen. Diese Unterscheidung ist für ein umfassendes Informationsmanagement von zentraler Bedeutung, da sich die Verantwortung
für Informationen, wie im Folgenden dargestellt, nicht auf elektronische, digitalisierte Informationen einschränken lässt.

Informationen sind nicht nur in Form von Daten auf Festplatten gespeichert, sondern liegen in mannigfaltiger Form vor, als Gedächtnis, in Papierform, als Gerücht und mündliche

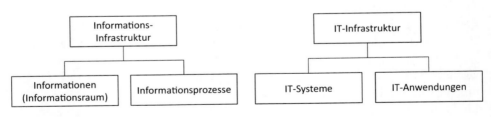

Abb. 1.1 Informationsinfrastruktur und IT-Infrastruktur

---

[4] Quelle: Duden-Online.
[5] Vgl. Wikipedia Stichwort „Daten".

Erzählung. Information verändert sich ständig, auch wenn Daten identisch bleiben, weil sich die Umstände ändern und Daten und Informationen gemeinsam interpretiert werden. Die Summe von Daten und Informationen, die zu einem bestimmten Zeitpunkt für eine Entscheidung zur Verfügung steht, ist der Kenntnisstand. Die Interpretation von Daten und Informationen zu einem bestimmten Zeitpunkt in Bezug auf eine zu treffende Entscheidung ist das Wissen, auf Basis dessen die Entscheidung getroffen wird. Wissen ist somit kein statischer Zustand, und das entscheidungsorientierte Wissen bezieht sich auf einen bestimmten Zeitpunkt. Die Grundlage an gesammelten Kenntnissen – an gesammelten Informationen – muss zu diesem Zeitpunkt qualitativ entsprechend hochwertig und breit angelegt sein, so dass für das Element der Suggestion nur noch wenig Raum verbleibt.

Folglich kann man die allgemein gebräuchliche Formulierung von Wittmann, die Informationen als „zweckorientiertes Wissen" definiert (Wittmann 1959), insoweit ergänzen, als die Information hinsichtlich ihrer Zweckbezogenheit zeitlich determiniert ist. Wie in Abb. 1.2. dargestellt, wird nur eine begrenzte Menge von Daten zur Erzeugung von Informationen herangezogen, die gesammelte Menge an Informationen, die für eine mögliche Entscheidung relevant ist, wird im Rahmen der Entscheidungsvorbereitung durch einen Filter von „Bauchgefühl" und „Suggestion" in das situationsbedingte Wissen verwandelt, auf Basis dessen letztlich die tatsächliche Entscheidung fällt. Die Entscheidung kann sich bereits im nächsten Augenblick als falsch herausstellen, beispielsweise wenn ich auf der Grundlage „gesicherter" Erkenntnisse (Wissen) entschieden habe, über einen tiefen Graben zu springen, jedoch die Information über brüchiges Gestein am Abgrund nicht in das zeitbezogene Wissen als Grundlage meiner Entscheidung einbezogen habe. Gleiches gilt für manche Unterschrift unter einen Versicherungsvertrag.

Im Zuge der breiten Einführung von ERP-Systemen Anfang der 1990er Jahre wusste in den Unternehmen kaum jemand mit der neuen Technologie umzugehen. So wie auch

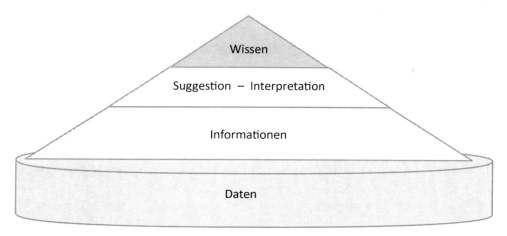

Abb. 1.2 Von Daten zu Informationen zu Wissen

heute, mussten die ERP-Systeme an die Bedürfnisse des Unternehmens angepasst werden. Den Mitarbeitern der IT fiel hierbei oftmals die Aufgabe zu, Geschäftsprozesse zu verstehen und in Warenwirtschafts- und sonstigen Systemen abzubilden. Auch damals schon wurden die Lösungen für den speziellen Fall, also nicht für das Gesamtunternehmen, entwickelt. Die Folge waren die heute bekannten „organisch gewachsenen Informationssysteme". Informationssilos, die heute einen erheblichen Nachteil für die Informationsversorgung im Konzern darstellen, weil beispielsweise über Ländergrenzen und Abteilungsgrenzen hinweg unterschiedliche Definitionen für dieselben Sachverhalte verwendet werden.

Wenn wir allerdings, wie hier, über Informationen sprechen, dann sind nicht nur die Daten als Teil der IT-Infrastruktur im Sinne der ERP- und Datenbanksysteme gemeint, sondern wir beziehen uns auf die Frage, in welchen Zusammenhängen Daten als Informationen verstanden und zur Verfügung gestellt werden können.

Informationen liegen in unterschiedlichsten Formaten vor, wie zum Beispiel als Datenbankinhalte, Notizen auf einem Papierzettel oder als Gespräche auf dem Gang zwischen zwei Büros. Aufgrund dieser unterschiedlichen Darstellungsformen und den dadurch bedingten, unterschiedlichen Zugriffsarten sind Informationen im Unternehmen mehr oder weniger zugänglich, d. h. mehr oder weniger verfügbar. Allen Informationen ist jedoch gemein, dass sie sich auf eine Fragestellung, ein Problem, kurz: einen Sachverhalt beziehen, wie oben beschrieben. Informationen sind also in Bezug auf den Gegenstand, auf den sie sich beziehen, IMMER strukturiert.

Aus genannten Kriterien als Zustandsgrößen für Informationen leitet sich jenes Kriterium ab, das ebenso in den folgenden Kapiteln thematisiert werden soll: die Qualität von Informationen. Je wichtiger eine Information als Grundlage für Entscheidungen im Unternehmen ist, desto höher ist auch der zugrunde liegende Qualitätsanspruch an die Information selbst. Ein elementares Problem in vielen Unternehmen ist die Möglichkeit des Einzelnen, auf die Qualität einer Information Einfluss zu nehmen, wenn sich die Information außerhalb seiner Reichweite bzw. seines Aktionsradius befindet. Häufig genug befinden sich Informationen im Einflussbereich einzelner Bereiche, Abteilungen, lokaler Einheiten oder gar einzelner Mitarbeiter. Diese Einflusssphären, nennen wir sie „Hoheitsbereiche" für bestimmte Informationen, haben sich über Jahre oder Jahrzehnte im Unternehmen entwickelt.

Beispiel Informationssilo

Herr Schmitt arbeitet in der Zentralregistratur der „Deutschland AG". Er hat bereits in den 1950er Jahren ein sehr ausgeklügeltes System zur Kalkulation von Abschreibungen auf Anlagegüter entworfen und seither immer weiter verfeinert, so dass selbst die Wirtschaftsprüfer aus Angst vor seiner Detailkenntnis einen weiten Bogen um ihn und seine immer komplexer werdende Methodik machen. Selbstverständlich betreibt Herr Schmitt seine eigene Datenbankanwendung außerhalb des im Unternehmen üblichen Standards. Nach Aussage von Herrn Schmitt waren die Standardanwendungen nicht in der Lage, die komplizierten Kalkulationen und Allokationen durchzuführen. Deshalb hat er das ERP-System für diese Zwecke eigenhändig erweitert und umprogrammiert. Das System von Herrn Schmitt ist stabil, er selbst ist zu einer Institution im Unternehmen geworden und kann sich des demütigen, ängstlichen Wohlwollens der Mitarbeiter und des Managements im Unternehmen sicher sein. Denn oft schon hat Herr Schmitt mit seiner jahrzehntelangen Erfahrung die Firma in schwierigen Situationen vor dem Untergang gerettet, so sagt er.

Die Stellung dieses beispielhaften, oder besser: legendären, Herrn Schmitt ist im Unternehmen nahezu unantastbar, auch die Unternehmensleitung kennt ihn. Sein Herrschaftsbereich gilt uneingeschränkt für die von ihm verwalteten Informationen. Er bestimmt, wer seine Informationen bekommt. Das selbsterschaffene Informationssilo findet sicherlich auch sein Pendant in anderen Funktionsbereichen, noch dazu sind zusätzliche lokale Informationssilos im Konzern verteilt. Aus Sicht des Gesamtunternehmens erscheint ein solcher Zustand allerdings nicht besonders sinnvoll, da die Vergleichbarkeit und Identität von Informationen maßgeblichen Einfluss auf die Informationsqualität und die auf dieser Grundlage zu treffenden Entscheidungen haben. Eine umfassende, gestaltungsfähige Verantwortung zur Koordination von Informationen findet sich jedoch bislang nur sehr selten. Stattdessen sind die Fachbereiche, Funktionen und lokalen Einheiten selbst für die Gestaltung und das Management von Informationen zuständig. Ein konsistentes Verbindungsglied wie eine umfassende Koordination der unternehmensrelevanten Informationen existiert normalerweise nicht. Solange sich die zugrunde liegenden Prozesse und Informationsanforderungen in diesen Bereichen nicht ändern, also stabil bleiben und sich auch nicht mit den Informationsanforderungen anderer Funktionen überschneiden, kann ein solches System überleben. Kommt es allerdings zu einer Störung (Disruption) des Gefüges, sei es durch eine Organisationsänderung oder neue, externe Anforderungen an die Berichterstattung oder die Analyse, erscheint uns die interne Informationsversorgung häufig wie gelähmt.

Konzernunternehmen verwenden beispielsweise maßgeblichen Aufwand darauf, eine konsolidierte Konzernbilanz zu erstellen und den Zustand des Unternehmens mindestens viermal im Jahr aus buchhalterischer Sicht zu dokumentieren. Aber auch die Anforderungen an das externe Berichtswesen ändern sich. Immer neue Anforderungen wie Basel III, die Umstellung auf IFRS und die Entwicklung hin zu einem inhaltlich erweiterten, integrierten Reporting mit weiteren, nicht finanziellen Kennzahlen stellen einen Entwicklungsprozess dar, der die Menge an zu berichtenden Informationen ständig vergrößert. Der Prozess der Erstellung eines Jahresabschlusses ist ein, wenn auch für manch einen überraschendes, Beispiel für die Herstellung von Konsistenz über eine bestimmte Menge von Informationen und gleichzeitig für die Variabilität von Informationsanforderungen. Diese für das Unternehmen relevanten Informationen müssen zur rechten Zeit im Unternehmen verfügbar sein, und sie müssen der geforderten Qualität entsprechen. Aber die Informationsinfrastruktur eines Unternehmens besteht aus einer Vielzahl von Prozessen und Informationen, die generiert, bereitgestellt, transportiert oder präsentiert werden müssen. Denn wenn JETZT eine Entscheidung zu treffen ist, müssen die relevanten Informationen JETZT zur Verfügung stehen.

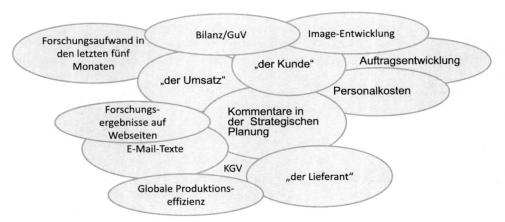

Abb. 1.3 Beispiele für Informationen

Informationen sind nur dann von Wert, wenn sie ihren Empfänger auch erreichen. Hierbei ist es zunächst unerheblich, ob die Information operativ oder strategisch, als textuelle oder numerische Daten abgelegt, inländisch oder international usw. ist. (Abb. 1.3).

Wenn ein Unternehmen feststellt, dass Informationen für das Unternehmen eine wichtige Ressource darstellen, die das Funktionieren (und vor allem die Steuerung) des Unternehmens überhaupt erst ermöglichen, stellt sich die Frage:

►   Benötigt das Unternehmen ein zentrales, strategisches Informationsmanagement, das für die Konsistenz, Verfügbarkeit und Qualität von Informationen im Unternehmen verantwortlich ist?

Das Problem einer konsistenten Informationsinfrastruktur ist nicht in erster Linie ein technologisches, sondern ein organisatorisches. Nicht nur große Unternehmen tun sich schwer damit, ihre unternehmensweite Informationsversorgung auf eine neue Basis zu stellen und mit einer konsistenten, leistungsfähigen Informationslandschaft ein schlagkräftiges Ganzes zu schaffen, das sich den künftigen Herausforderungen im Markt offensiv stellen kann. Für das Management der Informationen sind seit jeher die betreffenden Fachbereiche, Abteilungen und legalen Einheiten (z. B. die Tochterunternehmen) zuständig. Dies führte in der Vergangenheit dazu, dass sich Informationssysteme, Kontenpläne, signifikante Kennzahlen immer stärker auf die speziellen fachlichen Probleme auf funktionaler oder lokaler Ebene konzentrierten. Es entstanden Informationssilos.

Mit der rasanten Zunahme der Menge an Informationen sowie der immer schwierigeren Kontrolle der Informationsqualität wird die Frage auch im Management drängender, wie die Informationsversorgung künftig, insbesondere angesichts der fortschreitenden digitalen Transformation der Unternehmen, gestaltet werden soll. Die bestehende, traditionelle Informationsinfrastruktur droht zu versagen. Da die Herrschaft über Informationen im Unternehmen jedoch häufig in viele kleine Informationssilos untergliedert ist, die sowohl die Herstellung einer konsistenten Informationsversorgung als auch die Etablierung eines zentral institutionalisierten Informationsmanagements erschweren, ist die künftige Gestaltung der Informationslandschaft im Unternehmen eine entscheidende Aufgabe für den erfolgreichen Umgang mit unternehmensrelevanten Informationen.

Häufig versuchen die IT-Organisationen, die Aufgaben des Informationsmanagements zu bedienen, oder aber spezielle Fachbereiche wie das Finanzwesen schreiben sich die Themen Informationsqualität, resp. Datenqualität als Verantwortung zu. Jede dieser Funktionen hat jedoch ihre eigenen Handlungsschwerpunkte im Unternehmen und richtet die funktionalen Ressourcen und Prozesse auf ihre eigene betriebliche Anforderung aus. Dahinter steht immer eine umfassende Gestaltung der Informationswirtschaft zurück. Es fällt deshalb zunehmend schwer, die Komplexität der Informationswirtschaft aus einer rein technologischen oder rein fachbereichsgetriebenen Perspektive zu meistern.

1.1 Informationsmanagement und Informationstechnologie

Sowohl der Begriff „Informationsmanagement" als auch der Begriff der „Business Intelligence" sind heute in der Regel eng mit den Themen der Informationstechnologie (IT)[6] verknüpft – wenn nicht gar durch Technologiebegriffe dominiert. Es scheint kaum möglich zu sein, mit dem Begriff Information zu hantieren, ohne Gefahr zu laufen, direkt an „die IT" verwiesen zu werden[7], die Abteilung für Informationstechnologie besitzt in den allermeisten Fällen die Deutungshoheit für den Begriff der „Information". Also gut, wenden wir uns also an „die IT", um herauszufinden, wie es mit der Ressource Information im Unternehmen bestellt sei. Auf die Frage, wie es mit der Qualität der Informationen im Unternehmen bestellt ist, landet man jedoch unversehens wieder in zumindest einem „Fachbereich", häufig in der Controllingabteilung, denn „die haben ja den Überblick". Aber wer hat die Verantwortung für die „Informationsqualität"? In den seltensten Fällen sind die Kompetenzen hinsichtlich dieser Verantwortung zwischen den fachlichen Funktionen, beispielsweise der Produktion, dem Rechnungswesen/Controlling und anderen Funktionen, klar aufgeteilt. Fragen wir also im „Fachbereich nach der Informationsqualität", werden wir unversehens wieder zurückverwiesen an die IT, da diese ja die Applikationen bereitstellt, mit denen Geschäftsprozesse abgebildet und Daten ausgewertet werden können (Abb. 1.4).

Mit der Frage nach der Verantwortung für Informationen ist also der Grundstein gelegt für ein spannungsreiches Spiel um Ressourcen und Kompetenzen zwischen Fachfunktionen und dem IT-Bereich. Unklare Verantwortungen und Interpretationen von Regeln erzeugen Unsicherheit sowohl in der IT als auch in den Fachbereichen. Die Unzufriedenheit vieler Fachbereiche darüber, dass Anforderungen nicht oder nur ungenügend durch die IT umgesetzt werden, trifft auf den Vorwurf, dass die Anforderungen nicht exakt genug be-

---

[6] Krzmar: Informationsmanagement.

[7] Vgl. Krzmar, Hasenkamp, Stahlknecht und im Gegensatz dazu Mertens.

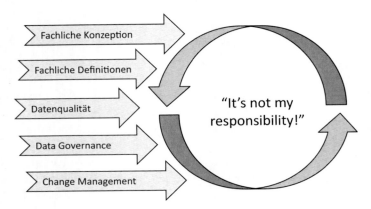

Abb. 1.4 Niemand übernimmt die Verantwortung

schrieben wurden. Die Verantwortung für das Scheitern von IT-Projekten wird auf jeweils die andere Seite geschoben.

Durch die wachsende Komplexität der IT-Landschaft waren die Verantwortlichen für Informationstechnologie gezwungen, auch weitere Aufgaben wie die fachlich-konzeptionelle Gestaltung der Informationsinfrastruktur zu übernehmen oder zu koordinieren. Durch die zentrale Positionierung als interner Dienstleister im Unternehmen war die IT zwar hierfür prädestiniert, ohne jedoch den eigenen Tätigkeitsschwerpunkt, nämlich die Technologie zur Speicherung, Verarbeitung, Transport von Daten und die Automatisierung von Informationsprozessen in Informationssystemen zu verlassen. Die Grundanforderung an die IT bleibt daher bestehen, nämlich funktionierende Software-Applikationen im Verbund mit stabiler Technologie zur Verfügung zu stellen.

Die Aufgabe der IT als „Technologie"-basierte Querschnittsfunktion im Unternehmen ist es in erster Linie, den stabilen Betrieb einer technischen Infrastruktur für die Speicherung und automatisierte Verarbeitung systembasierter Daten zu betreiben. Also die grundlegende Aufgabe, einen funktionierenden Betrieb der Geschäftsprozesse mit Hilfe von Informationstechnologie zu ermöglichen. Das in diesem Zusammenhang am häufigsten eingesetzte organisatorische Framework ist sicherlich ITIL[8] mit einem Marktanteil von ca. 80 % in großen Unternehmen. Hieran orientiert sich auch das Verständnis von Datenqualität und Data Governance. Insbesondere durch wachsende regulatorische, also externe Anforderungen wie die Berichtsanforderungen durch Basel oder die Solvency-Berichte für Versicherungsunternehmen, hat die Data Governance in den vergangenen Jahren ein besonderes Gewicht bekommen.

▶ Data governance is a quality control discipline for assessing, managing, using, improving, monitoring, maintaining, and protecting organisational information. It is a system of decision rights and accountabilities for information-related processes, executed according

---

[8] ITIL: Information Technology Information Library (Quelle: http://www.itil-officialsite.com).

to agreed-upon models which describe who can take what actions with what information, and when, under what circumstances, using what methods. (The Data Governance Institute 2014)

Um die Verantwortung für die Datenqualität in den IT-Systemen sinnvoll zwischen den sogenannten Fachbereichen und der IT-Organisation aufzuteilen, wurden in den vergangenen Jahren viele Vorgehensmodelle vorgeschlagen und auch eingesetzt. In der Folge wurden neue Rollen im Unternehmen geschaffen, wie etwa die des „Data Steward" auf Seite der Fachbereiche. Oder die des „Data Custodian[9]", der seitens der IT-Organisation auf die Einhaltung von Richtlinien bei der Verwendung von Daten achtet. Durch diese neuen Funktionen soll sichergestellt werden, dass die Informationssysteme den festgelegten Regeln entsprechend betrieben werden. Diese neuen Aufgaben erfüllen ihren Zweck innerhalb des Unternehmens und verhelfen den Informationssystemen zu mehr Zuverlässigkeit und Stabilität im Hinblick auf die spezifischen, individuellen Informationsprozesse im Unternehmen.

Die Aufgabe eines strategischen Informationsmanagements sollte es jedoch vielmehr sein, die Nutzung unternehmensrelevanter Informationen im Unternehmen zu koordinieren und diese derart zu strukturieren, dass sie einheitlich definiert, konsistent, auffindbar und zur Verwendung im Unternehmen zur Verfügung stehen. Eine Information wird möglicherweise an vielen Stellen im Unternehmen verwendet, analysiert, berichtet. Nicht nur als aggregierte Kennzahl als Teil des Top Management Reporting. Im Vergleich zu wertschöpfenden Prozessen wie z. B. dem operativen Einkauf oder der Produktion oder der IT auf die Informationstechnologie-gestützte Prozesse, die jeweils nur ein bestimmtes Informationsspektrum übersehen, ist das Informationsmanagement als koordinierendes Bindeglied für alle Arten von Informationen verantwortlich und richtet sich an alle Unternehmensfunktionen und -ebenen gleichermaßen. Es muss die vorhandenen Informationen mit den Informationsanforderungen des Unternehmens vergleichen. Die Verantwortung des Informationsmanagements geht über die maschinelle Datenverarbeitung hinaus und umfasst sämtliche unternehmensrelevanten Informationen (Abb. 1.5). Auch muss das Informationsmanagement die unternehmensrelevanten Informationen und deren Wertbeitrag unabhängig von möglichen IT-Investitionen evaluieren. Mit zunehmender Komplexität der Informationslandschaft und der Informationssysteme wird eine solche umfassend koordinierende Funktion im Unternehmen notwendig.

In mehr als zehn Jahren habe ich viele Unternehmen im Hinblick auf die Ausgestaltung des Informationsmanagements beraten. Häufig war dabei das Verhältnis zwischen der IT und den verschiedenen fachlichen Funktionen im Unternehmen schon seit langer Zeit deutlich angespannt. Und oft konnte man die Situation rund um die Informationssysteme als „verfahren" bezeichnen. Im Kern ist die IT-Organisation in diesen Fällen auf die Umsetzung und Automatisierung der einzelnen Geschäftsprozesse ausgerichtet, von der Eingabe eines Auftrags bis zum Schreiben der Rechnung. Einmal ins Konzept gebracht und um-

---

[9] Custodian engl. „der Aufseher".

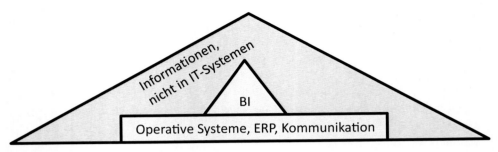

Abb. 1.5 Informationen innerhalb und außerhalb der IT-Systeme

gesetzt, ist das Geschäftsmodell im Enterprise-System abgebildet, so die Idealvorstellung. Die partikulären Interessen und deren individuelle Anforderungen an das Funktionieren der für den Geschäftsbetrieb notwendigen (Informations-) Prozesse stehen dabei im Mittelpunkt. Hinzu kommen noch die individuellen operativen Systeme, wie zum Beispiel die, häufig außerhalb des operativen Kernssystems positionierten Kapazitätsplanung in der Produktion oder die Anwendungen in Vertrieb und Marketing, die vollkommen unabhängig von den sonstigen, betriebsnotwendigen Kernanwendungen im Unternehmen arbeiten und sogenannte Informationssilos oder gar eine Schatten-IT bilden.

Möglicherweise kann ein strategisches Informationsmanagement aus einer bereits bestehenden Funktion im Unternehmen weiterentwickelt werden, ohne eine vollkommen neue Organisation implementieren zu müssen. Aus einigen einfachen Gründen kommt hierfür die Disziplin der Business Intelligence in Betracht, deren Inhalte und Verfahren sowie ihre organisatorische Positionierung im Sinne eines umfassenden Informationsmanagements gravierend erweitert werden müsste, die jedoch über die grundsätzlichen Eigenschaften eines umfassenden Informationsmanagements bereits mitbringt. Im Folgenden wird der Begriff der Business Intelligence zurückgeführt auf seinen etymologischen Ausgangspunkt, indem „Intelligence" als „Aufklärung" im Sinne des Sammelns und Auswertens von Informationen verstanden wird und letztlich nicht mehr eingeschränkt wird auf den Bereich bestimmter IT-Anwendungen und -Systeme.

Bei dem Begriff Business Intelligence denkt man zunächst an „Analytische Systeme", „Datenbanken", „Data Warehousing". Natürlich denkt man auch an „Stammdatenprobleme" oder den Begriff des „Single Point of Truth". Bei der Business Intelligence handelt es sich um eine Funktion im Unternehmen, die gerne als Brücke zwischen Fachbereichen und IT betrachtet wird, da sie über alle Unternehmensbereiche hinweg Informationen einsammelt, aufbereitet und berichtet. Hierzu gehört unter anderem die Management-Berichterstattung in Form von Management Informationssystemen (MIS) wie auch die Einrichtung von Konsolidierungsanwendungen zur legalen Konzernberichterstattung.

Oft genug verwenden Unternehmen den Begriff „Business Intelligence" jedoch nur stellvertretend für die Produkte ganz bestimmter Softwarehersteller und -Tools[10] oder in

---

[10] Gartner IT Glossary: Business Intelligence is an Umbrella term that includes all applications, infrastructure and tools, and best practices that enable access to and analysis of information to improve and optimise decisions and performance.

Bezug auf eine sehr eingeschränkte, eindeutige Menge an Informationen (z. B. Finanz-kennzahlen), die in operativen Systemen wie Warenwirtschaftssystemen oder Enterprise-Systemen gespeichert sind. Dies bedeutet auch, dass der Quellsystemhorizont für die BI-Landschaft eingeschränkt ist. Wir sprechen dann traditionell von den dispositiven Infor-mationen und Systemen Entscheidungsunterstützungssystemen oder MIS. Hiermit sind diejenigen Systeme gemeint, die Teile der operativen Quellsystemdaten aus dem Enter-prise-System in einem Data Warehouse speichern und für eine zeitbezogene Auswertung zur Verfügung stellen. Aber: Genügt das? Ist eine solche punktuelle, reduzierte Heran-gehensweise der Relevanz unserer Informationslandschaft für den Unternehmenserfolg angemessen?

Darüber hinaus werden auch viele IT-Anwendungen wie zum Beispiel Analysesysteme im Marketing, außerhalb der IT-Funktion, rein unter der Verantwortung des „Fachbereichs" als sogenannte „Schatten-BI" betrieben. Dies geschieht vor allem aus zwei Gründen.

- Erstens, weil die Software, die für Marketinganalysen verwendet wird, häufig nicht explizit als BI-Software gekennzeichnet ist und sich somit kein direkter, inhaltlicher Zusammenhang mit der auf BI spezialisierten IT-Servicegruppe herstellen lässt.
- Zweitens, weil die Verantwortung für unternehmensrelevante Informationen nicht als zentrale Funktion existiert, sondern sich bedarfsorientiert, individuell und lokal entwi-ckelt.
- Und drittens selbstverständlich, weil sich die Fachabteilung selbst ein sehr spezielles Selbstverständnis von sich und ihren Aufgaben hat und gar kein massives Interesse, sich mit anderen Fachbereichen im Unternehmen zu koordinieren.

Woraus aber leitet sich der erweiterte Anspruch an die Business Intelligence als Disziplin ab und welches ist der Anspruch an das Informationsmanagement? Es gibt mittlerweile so viele Definitionen des Begriffs Business Intelligence, wie es auch Beschreibungen darü-ber gibt, was alles *nicht* Teil der Business Intelligence ist (Ähnliches sehen wir bei Mode-begriffen wie Big Data). Im Allgemeinen hat sich die Formulierung von Gartner durch-gesetzt, die sich an einem Technologie-basierten Verständnis der Business Intelligence orientiert. BI wird also in erster Linie als Werkzeug der IT und nicht als die selbstständige Disziplin einer „Aufklärungsfunktion" im Unternehmen verstanden.

▶ „Business Intelligence is an umbrella term that includes all applications, infrastructure and tools, and best practices that enable access to and analysis of information to improve and optimise decisions and performance."

Mit der Betonung auf Applikationen, Infrastruktur und Werkzeuge wird in dieser Defi-nition auf den technischen Charakter der BI als eine IT-Dienstleistung verwiesen. Ein Hinweis auf eine organisatorische Verantwortung kommt nicht vor. Diese Definition ent-spricht in der Praxis am ehesten dem vorherrschenden Image von BI, die als Teil der IT betrachtet wird und somit ebenfalls als Dienstleister und „Enabler" zur Automatisierung von Informationsverarbeitungsvorgängen verstanden wird. Wenn wir allerdings die heutige, wachsende Komplexität von Entscheidungsvorgängen im Unternehmen betrachten, liegt die Erkenntnis nahe, dass diese durch technische Anwendungen allein nicht mehr beherrscht werden kann. Eine differenziertere Formulierung zur Beschreibung der Aufgaben von Business Intelligence finden daher Chamoni und Gluchowsky (Chamoni und Gluchowsky 2012):

▶ „Grundsätzlich wird Business Intelligence … als analytischer Prozess verstanden, der Unternehmens- und Wettbewerbsdaten in handlungsgerechtes Wissen für die Entscheidungsunterstützung überführt."

Da der Begriff der Business Intelligence im Folgenden weitgehend überlappend mit dem Begriff des Informationsmanagements verstanden werden soll, ist es aus meiner Sicht sinnvoll, den Begriff der BI im Sinne der genannten Aufklärungsfunktion im Unternehmen als Funktion im Unternehmen zu verstehen, die Daten und Informationen sammelt und anhand analytischer Prozesse in handlungsgerechtes Wissen überführt. In Abgrenzung zu dem bereits formulierten BI-Begriff von Chamoni und Gluchowsky wird der Begriff des strategischen Informationsmanagements wie folgt formuliert:

▶ Strategisches Informationsmanagement bedeutet die umfassende Identifikation, Evaluation und Koordination aller unternehmensrelevanten Informationen.

Es wäre daher fatal, die Disziplin der Business Intelligence weiterhin nur als eine IT-Disziplin in Form der Entwicklung von Softwarelösungen oder der Implementierung fertiger BI-Tools zu sehen. Im Sinne eines umfassenden Begriffs des Informationsmanagements gilt dies für Big Data genauso wie für das statische Berichtswesen. Die Business Intelligence sollte daher als ein integraler Bestandteil des strategischen Informationsmanagements im Unternehmen betrachtet werden.

1.2 Die Krise der Informationsversorgung

Seit über 20 Jahren arbeite ich nun mit Daten und Informationen, sei es in der Position des Controllers oder als Strategieberater. meist in großen, multinationalen Konzernunternehmen. Informationen sind Teil der Kommunikationswelt, aus der ein Unternehmen großteils besteht. Informationen sind die Kenntnis von Dingen bzw. von Sachverhalten[11]. Aus Sicht der Informationen, die im Folgenden in ihrer Gesamtheit als umfassender Informationsraum bezeichnet werden, stellen Daten ein weitgehend unzusammenhängendes, fragmentiertes Gebilde dar, das in unterschiedlichsten Medien und Formen gespeichert wird, ohne Struktur, ohne eine gemeinsame Koordination und Steuerung, und in partiku-

[11] Vgl. Wittgenstein, Tractatus Philosophicus.

lären Einheiten singuläre Prozesse bedient. Und darüber hinaus sind sie dann auch noch oft falsch. D. h. dass immer noch, trotz zunehmender Digitalisierung, die meisten Daten aus der Hand von Nutzern stammen, die mit IT-Systemen interagieren.

Die Krise tritt auf, wenn unternehmensrelevante Informationen nicht zur Verfügung stehen. Leider passiert genau das aber andauernd: 30% unserer Arbeitszeit, in manchen Fällen bis zu 50% und mehr, verbringen wir damit, geeignete Informationen zu suchen, um offene Fragen zu beantworten (Redman 2008). 50% unsere bezahlten Lebenszeit irren wir durch das Unternehmen, geben Suchbegriffe in Suchmaschinen, in E-Mail-Postfächern oder Dateiordnern ein, nehmen zusätzlich Kollegen in die Pflicht – in der Hoffnung, einen Hinweis auf die Beantwortung unserer Fragen zu finden. In einem Teil der Fälle finden wir die gesuchten Informationen gar nicht, in einem anderen sind sie nur bruchstückhaft vorhanden. Ich habe den Eindruck, dass der Anteil an Arbeitszeit, die wir für die Suche nach Informationen und Antworten verbrauchen, jährlich, wenn nicht täglich, zunimmt. Welches wirtschaftliche Potenzial steckt in einem Unternehmen, dessen Mitarbeiter die Hälfte ihrer Zeit mit der Suche nach existierenden Antworten auf bereits gestellte Fragen vergeuden. Stattdessen könnten sie in derselben Zeit neue Antworten auf neue Fragen erarbeiten und das Unternehmen dadurch weiterentwickeln. Die häufig in der Literatur angeführte Studie von LexisNexis verdeutlicht die Misere und bestätigt viele individuelle Erfahrungen aus Unternehmen (Abb. 1.6). Hiernach werden ca. 40% der Arbeitszeit durchschnittlich für die Suche nach passenden Informationen verwendet. Dies trifft für Juristen und Controller genauso zu wie für Logistiker und Produktionsverantwortliche.

Bereits gestellte Fragen nutzen dem Unternehmen nichts mehr, sondern sie verlangen nach einer Antwort. Wenn ein Unternehmer sich fragt, welchen Deckungsbeitrag er mit einem bestimmten Kunden erwirtschaftet hat, dann sollte die Antwort – die Information – verfügbar sein. Mein Biobauer um die Ecke, ein Kleinbetrieb mit zwanzig Mitarbeitern, kann beispielsweise jederzeit einschätzen, ob ich ein guter, gewinnbringender Kunde bin oder ob er auf meinen Einkauf verzichten kann, wenn die Zeiten etwas schlechter werden. Ein Konzern sollte dies auch können. Ich habe über die Jahre einige Konzernunternehmen

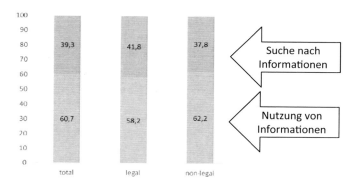

Abb. 1.6 Durchschnittlicher Aufwand für die Suche nach Informationen in Prozent der Arbeitszeit (Quelle: LexisNexis)

kennengelernt, die dazu aus den unterschiedlichsten Gründen nicht in der Lage waren. Jedoch sollten wir diese Art von Problemen lösen, bevor wir uns in der Digitalisierung aller Unternehmensprozesse verlieren.

Die Krise der Informationsversorgung im Unternehmen offenbart sich in dem Augenblick, in dem eine Fragestellung auftritt, die auf Grundlage der verfügbaren Informationen und durch die vorhandenen Informationssysteme nicht zu beantworten ist. Eine Frage, die womöglich manch einer vorausgeahnt, aber niemand bisher zu stellen gewagt hatte. Weichen die Anforderungen an die Informationsversorgung nur leicht von den stabilen (Standard-)Prozessen ab, entsteht für das Unternehmen ein signifikantes wirtschaftliches Risiko. Die Krise ist also kein unvorhersehbares Ereignis, sondern sie ist das Resultat des unkoordinierten, schrittweisen Wachstums der Informationssysteme und Informationsprozesse über viele Jahre und einer tendenziell informationsfeindlichen, intransparenten Kultur in den Unternehmen.

Beispiel alltägliches Informationschaos

Eine bekannte Künstlerin, eine Fotografin, hatte vor Kurzem eine Fotoausstellung in Köln gestaltet. Anstatt die Informationen zu Inhalt, Ort und Datum der Ausstellung zu veröffentlichen, stellte sie vereinzelte, unzusammenhängende Kommentare in unterschiedliche soziale Netzwerke ein, die keinen eindeutigen Hinweis auf die Veranstaltung ergaben. Sie bestanden aus Fragmenten von Fotos auf Facebook, die verlinkt waren mit kryptischen Hinweisen auf Twitter. Man musste schon ein ungemein hartnäckiger Fan sein, um das Puzzle so zu lösen, um am Ende zum richtigen Zeitpunkt und am richtigen Ort die Vernissage bewundern zu können. Meine Freundin lebt in einem Informationssilo, sie verwendet Codes und Werkzeuge, die auf dieses Informationssilo spezialisiert sind. Schnittstellen sind nicht eingeplant und würden das exklusive Image stören. Nach etwa einer Stunde mühevoller Recherche und Kombinationsarbeit gab ich schließlich auf. Wäre die Information wichtig für meine Arbeit im Unternehmen, wäre ich nicht nur unproduktiv, ineffizient und erfolglos gewesen, sondern auch frustriert.

Dies ist nur ein Beispiel dafür, wie Informationssilos entstehen und wie tief die Krise der Informationsversorgung bereits im Alltag, nicht nur im Unternehmen, angekommen ist. Die Menge an für uns erreichbarer Informationen nimmt ständig und rasant zu. Um sie zu strukturieren, orientieren wir uns einfach an unserem engeren sozialen Umfeld. So entstehen Mikro-Standards, die jedoch für ein größeres, sozio-ökonomisches Netzwerk, wie es ein Unternehmen ist, schwer zu bändigen sind. Demzufolge sind Mikro-Standards auch kein Hebel für eine verbesserte Wirtschaftlichkeit, sondern eine zusätzliche Hürde für die Weiterentwicklung der Informationsversorgung. Was sich in der künstlerischen Szene als Marketing-Methode oder Abgrenzung gegenüber dem Mainstream äußert, kann sich, wenn es im Unternehmen geschieht, sehr schnell zu einem massiven wirtschaftlichen Risiko entwickeln. Informationssilos sind ein eindeutiger Hinweis auf die Gefahr einer Informationskrise im Unternehmen.

Der „Informationsinfarkt" – die Krise – ist kein spontanes Ereignis, sondern ein akuter Bestandteil unserer heutigen Arbeitswelt – „unser ständiger Begleiter". Das Problem ist gravierend und allgegenwärtig, und es wird sicherlich nicht dadurch gelöst, dass für jede einzelne, neu auftretende Fragestellung spezielle IT- bzw. Informationssysteme angeschafft oder entwickelt werden müssen. Eigentlich Grund genug, aus Sicht der Unternehmensleitung das Management von Informationen neu zu organisieren und dem offensichtlichen Informationsinfarkt entgegenzuwirken. Sollte sich die Unternehmenskultur im Umgang mit der maßgeblichen Ressource Information nicht ändern, ersticken die Unternehmen weiterhin in ihrem Datensalat.

Praxisbeispiel für Informationschaos nach einer Fusion

Nach der Fusion zweier Unternehmen müssen im Rahmen der Post-Merger-Aktivitäten Prozesse und Strukturen neu geordnet werden. Ebenso kommt es vor, dass Mitarbeiter aus freien Stücken und unterschiedlichsten Gründen das Unternehmen wechseln. Im Rahmen der Post-Merger-Aktivitäten zweier internationaler Konzerne verlor ein Unternehmen eine Reihe erfahrener Mitarbeiter, außerdem wurden die Prozesse im Bereich des Lieferantenmanagements neu geordnet. Allerdings waren die neu definierten Rahmenbedingungen für den Einkaufsprozess und die Rechnungsabwicklung noch nicht in den Informationssystemen abgebildet. Für die Mitarbeiter fehlten elementare Informationen wie z. B. individuelle Zahlungsziele für die zuliefernden Unternehmen. Die Folge war ein maßloser Aufwand durch Nachfragen, der die Mitarbeiter an die Belastungsgrenze brachte und dazu führte, dass ein Großteil der Lieferantenrechnungen über Wochen und teilweise über Monate nicht beglichen werden konnte. Missverständnisse und unklare Rahmenbedingungen und eine dürftige Informationsversorgung waren die Ursache dafür, dass viele Lieferanten letztlich drohten, weitere Lieferungen zu verweigern. Es entstand ein massives Risiko für das Unternehmen, weil entscheidende Informationen nur in den Köpfen weniger Mitarbeiter vorhanden waren. Obwohl das Unternehmen die Verschmelzung der beiden Unternehmen lange vorbereitet hatte, fehlten elementare Bestandteile für einen funktionierenden Betrieb, weil das Know-how und die dazugehörigen Mitarbeiter während der Post-Merger-Phase verloren gingen, und mit ihnen die für den Betrieb grundlegenden Informationen. Die für die Abwicklung von Lieferantenrechnungen notwendigen Informationen waren weder steuerungsrelevant für das Management noch entscheidender Bestandteil des Geschäftsmodells. Die Konfusion rund um einen bestimmten Geschäftsvorgang kostete das Unternehmen einige Millionen Euro. Diese und ähnliche gravierende Probleme erlebe ich seit vielen Jahren in Unternehmen unterschiedlichster Branchen, im Mittelstand genauso wie in Großkonzernen. Gleichzeitig stellen sich weitere Fragen: Warum sind unsere Informationssysteme nicht in der Lage, elementare Fragestellungen zu beantworten? Was ist mit den enormen Aufwendungen passiert, die wir für Informationstechnologie ausgegeben haben?

Die meisten der in einem Unternehmen verwendeten Informationen befinden sich nicht in Form von strukturierten Daten in einer zentralen Datenbank, sondern versteckt als Wissen in Mitarbeiterköpfen, als Hinweis am Telefon oder als Notiz auf Papier, einer E-Mail oder im Chat oder in Form verschiedenster digitaler Formate auf dem individuellen Computer. Diese Art von Informationsversorgung funktioniert gut, wenn Informationsprozesse über längere Zeit stabil bleiben und wenn die Menge an Informationen überschaubar bleibt. Wird jedoch die stabile Informationsinfrastruktur durch ein Ereignis aufgebrochen und verändert, gehen für das Unternehmen leicht Informationen verloren und es dauert lange, bis die Organisation wieder zu stabilen Informationsprozessen zurückfindet.

Die folgenden Beispiele schildern kapitale Krisen der Informationsversorgung in Unternehmen, weil das Management von Informationen vernachlässigt, als Informationssilo betrieben oder gleichgesetzt wurde mit der Informationstechnologie. Sie sollen die Fragilität veranschaulichen, die die Informationsinfrastruktur in Unternehmen heute prägt.

Praxisbeispiel Informationschaos durch fehlendes Informationsmanagement

Eine der schwersten Krisen, die ich in der Vergangenheit in einem Unternehmen erlebt habe, ereignete sich in einem internationalen, produzierenden Unternehmen. Dessen Unternehmensorganisation wurde in Form dezentraler „Profit Center" verwaltet, was bedeutete, dass jeder Unternehmensteil eigenverantwortlich produzierte und vermarktete, also auch über einen separaten, eigenständigen Vertrieb verfügte. Das Management wurde in Form hochaggregierter, konsolidierter Finanzkennzahlen über den Zustand des Unternehmens informiert. In wirtschaftlich sorgenfreien Zeiten war dies kein Grund, sich um die Informationsversorgung zu sorgen. In einem wirtschaftlich schwierigeren Umfeld ist es für ein Unternehmen jedoch sinnvoll, seine Kunden gut zu kennen. In diesem Fall wurden mit einem Unternehmen, das für alle dezentralen Unternehmensteile ein wichtiger Kunde war, Verhandlungen über die maßgeblichen Konditionen über die weitere Zusammenarbeit geführt. Der Kunde hatte im Voraus errechnet, wie hoch der Umsatz zwischen beiden Konzernen in der Vergangenheit gewesen war und wie er sich über die Zeit entwickelt hatte. Zudem hatte das Kundenunternehmen kalkuliert, wie hoch die darin enthaltene Marge des Produzenten wahrscheinlich war. Darauf basierend stellte das Kundenunternehmen seine Forderungen für die Fortführung der bis dahin erfolgreichen Zusammenarbeit. Als jedoch der Finanzvorstand des Produzenten die Frage stellte, ob die Annahmen des Kunden korrekt gewesen seien, war dies mit Hilfe der verfügbaren Informationssysteme schlichtweg nicht zu beantworten. Nicht, dass das Rechnungswesen und Controlling keine Zahlen hätten bereitstellen können – eine Bilanz für das Gesamtunternehmen wurde selbstverständlich erstellt. Aber der Gesamtumsatz mit einem speziellen Kunden war nicht in Erfahrung zu bringen, geschweige denn weitergehende Kennzahlen wie die Marge oder der Gewinn. Die Reaktion der Geschäftsleitung ist leicht zu erraten. Umgehend wurde ein Projekt gestartet, das zum Ziel hatte, den „Umsatz pro Kunde" zu messen[12].

---

[12] Eine Frage, die sich jeder Handwerksbetrieb täglich stellt – die Reduktion auf ein überschaubares Szenario kann zuweilen auch für Informationsmanager von Nutzen sein.

Die Informationssysteme waren in der Vergangenheit individuell auf die Anforderungen der einzelnen Unternehmensteile und der lokalen Gesellschaften zugeschnitten worden, so dass die Informationen nicht mehr miteinander vergleichbar waren. Die dezentralen Organisationen waren nicht in der Lage, sich auf einer operativen Ebene miteinander zu vergleichen, weil nahezu alle vorhandenen, detaillierten Informationen und Informationsanforderungen individuell in den dezentralen Geschäftseinheiten definiert worden waren. Die einzige standardisierte Schnittstelle, die es gab, war die legale Konsolidierung der Konzerngesellschaften zur Erstellung der Bilanz. Die Information „Umsatz pro Kunde" war nicht unternehmensweit definiert. Ebenso wenig war ein konzernweites Verständnis darüber vorhanden, wie die Information künftig zu definieren sei. Weder gab es ein konzernweit einheitliches Verständnis über die Kennzahl Umsatz, noch wurde der Begriff des Kunden einheitlich definiert. Eine zentrale Verantwortung für ein „Management von Informationen" gab es nicht.

Die komplexe Art, wie in den verschiedenen Unternehmensteilen Erlöse und Kosten auf Kunden verteilt wurden, war nicht einfach in einem Konzept zu formulieren. Das globale komplexe Konstrukt aus legalen Einheiten, Regionen, Märkten, Funktionen, Erlös- und Kostenarten, Kostenstellen, Aufträgen, Definitionen, interner Leistungsverrechnung etc. stellte für die zu lösende Aufgabe eine schier unüberwindliche Hürde dar. Die Informationen, die die Transparenz und Steuerbarkeit des Unternehmens hätten sicherstellen können, gab es schlicht nicht mehr. Der Informationsinfarkt war an dieser Stelle sozusagen „letal".

Obwohl wir angesichts der heute vorfügbaren technischen und methodischen Möglichkeiten im „Informationszeitalter" angekommen zu sein scheinen, haben es viele Unternehmen versäumt, dem „Management von Informationen"[13] eine strategisch relevante Position im Unternehmen einzuräumen. Die Gestaltung der Informationsinfrastruktur (Informationen und Informationsprozesse) auf der Grundlage von IT-Systemen wird immer noch als eine Domäne der IT betrachtet, da neben der Umsetzung von Informationsanforderungen in Form von automatisierter Datenverarbeitung auch der stabile Betrieb der Lösungen und der eingesetzten Technologien eine deutliche Herausforderung ist. Das Kernziel der Informationstechnologie ist traditionell die Sicherstellung einer stabilen technischen Umgebung für die maschinelle Verarbeitung von Daten, mit allen damit verbundenen Vor- und Nachteilen. Einerseits werden durch das Primat der Stabilität die einzelnen, automatisierten Prozesse (Geschäftsprozesse) in ihrer Einheit im Idealfall stabilisiert, andererseits befinden sich nicht automatisierte Informationsprozesse bzw. Geschäftsprozesse außerhalb der Reichweite des IT-Managements, solange es keinen konkreten Bedarf dafür gibt. Das Primat der Stabilität verhindert eine proaktive Anpassung an neue Anforderungen.

Der Wunsch nach Stabilität der Informationssysteme steht jedoch den zunehmend volatilen Informationsanforderungen des Business entgegen (Abb. 1.7). In allen Unternehmen müssen sich die funktionalen Bereiche mit den Herausforderungen im Markt aus-

---

[13] Informationen im Sinne eines Produktionsfaktors für das gesamte Unternehmen.

Abb. 1.7 Primat der Stabilität
(IT) versus volatile Anforderungen (Fachfunktionen)

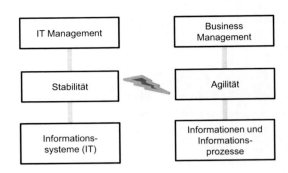

einandersetzen. Beispielsweise haben sich Produktlebenszyklen immer stärker verkürzt, jedoch gleichzeitig die Komplexität der Lieferantennetzwerke um ein Vielfaches erhöht. Aus diesem Grund werden immer neue Fragen – Informationsanforderungen – gestellt, die häufig durch eine projekt- bzw. problemorientierte Herangehensweise und insbesondere durch Informationstechnologie alleine nicht mehr zu lösen sind. Bereits seit Jahrzehnten wird deshalb vehement und kontinuierlich über die Umsetzung des „Business-IT-Alignment" gestritten, die jedoch das Spannungsfeld der unterschiedlichen Interessen in den meisten Fällen nicht auflösen konnte. Die richtigen und notwendigen organisatorischen Konsequenzen haben jedoch nur wenige Unternehmen gezogen, in Form eines dedizierten, umfassenden Informationsmanagements zur Koordination der für das Unternehmen relevanten Informationen. Dies kann weder die Aufgabe der IT als technische Dienstleistungs- und Gestaltungsfunktion sein, noch ist es die Aufgabe der individuellen Fachfunktionen, sich im Unternehmen umfassend um sämtliche Informationen und Informationsprozesse zu kümmern.

Entscheidet sich ein Unternehmen heute, eine eigene Strategie für den Umgang mit unternehmensrelevanten Informationen zu entwickeln, wird diese in der Folge meist durch die IT-Organisation dominiert und in die vorhandene IT-Strategie integriert. Somit werden die Informationsanforderungen in Form eines „Demand Managements" der Fachfunktionen häufig als individuelle technische Projekte zur Problemlösung betrachtet. Die in den meisten Unternehmen etablierten, IT-seitigen Verfahren wie beispielsweise ITIL oder COBIT unterstützen diesen Ansatz ebenso wie das Dogma der Systemstabilität. Diese Herangehensweise der IT-seitigen Auftragsbearbeitung (Demand Management) hat in der Vergangenheit dazu geführt, dass sich aufgrund speziell formulierter Anforderungen und spezieller Probleme und Interessen vielfältige IT-Systeme und technische Lösungen etablieren können, die wiederum Schnittstellenprobleme und Inkonsistenzen in der Informationsversorgung nach sich zogen sowie einen hohen Aufwand hinsichtlich der Bereinigung und Korrektur von Daten. Eine übergeordnete, gesamthafte Betrachtung von Informationen und Informationsprozessen fand jedoch in den wenigsten Fällen statt.

Im Rahmen der Gartner Dataquest-Studie „IT-Business Spending" wurden für das Jahr 2006 etwa 20 % aller IT-Ausgaben von Unternehmen als Fehlinvestitionen identifiziert. Gemäß einer Studie von Accenture hatten darüber hinaus 55 % der Manager und IT-Verantwortlichen im deutschsprachigen Raum die IT-Budgetierung als falsch verteilt eingeschätzt. "Diese gibt Anlass, den bisherigen Umgang mit IT-Projekten in Unternehmen grundsätzlich zu hinterfragen" (Schwab 2007).[14]

Weder die Fachfunktionen wie z. B. das Controlling oder das Projektmanagement-Office (PMO) noch die IT-Organisation sind darauf ausgerichtet, das Gesamtunternehmen aus Sicht einer Informations-Perspektive zu betrachten. Wie in den Beispielen angeführt, werden Informationen im Unternehmen nicht umfassend und durchgängig erfasst und gepflegt – geschweige denn definiert. Informationsprozesse sind auf die Beziehung zwischen konkreten Sendern und Empfängern zugeschnitten. Kommt es zu einer Störung dieser „Architektur", müssen neue, partikuläre Informationsprozesse formuliert und implementiert werden, ohne dass die Informationsversorgung als Ganzes agiler wird.

Im Falle eines CEO, der seinen CFO nach dem Finanzbestand fragt, kann es sich der Finanzvorstand in aller Regel nicht leisten, nicht im Besitz der notwendigen Information wie die aktuelle Liquidität, die Höhe der Verbindlichkeiten oder den aktuellen Cash Flow zu sein. Zumindest müssen diese konkreten Informationen für den CFO kurzfristig erreichbar sein. Jedoch nimmt häufig alleine die Aufbereitung der wenigen Informationen im Management-Berichtswesen ganze Abteilungen in Anspruch, weil selbst an sich standardisierte und wohldefinierte Informationen keinen konsistenten Prozessen unterworfen sind. Unterhalb dieser Berichtebene beginnen die Kontenpläne in vielen Konzernunternehmen zu divergieren, der Aufwand, auf operativer Ebene noch eine Vergleichbarkeit zu erzielen, ist oft immens. Kommt es allerdings zu einer Begegnung zwischen CEO und CIO, so kann man in aller Regel nicht erwarten, dass die Auskunft über den Bestand an Informationen existiert. Selbstverständlich kann die IT-Leitung die herausragenden aktuellen IT-Investitionen benennen und die im Einsatz befindlichen Technologien. Eine Kenntnis über die vorhandenen, unternehmensrelevanten Informationen ist in aller Regel nicht vorhanden (Moss 2012). Dies liegt nicht nur daran, dass ein Großteil der unternehmensrelevanten Informationen nicht in den IT-Systemen gelagert wird, sondern in analogen Medien oder gar nur in den Köpfen der Mitarbeiter. Es liegt auch daran, dass die Informationstechnologie keine Verantwortung für die Inhalte und die Bestandteile von Informationen trägt, denn die Verantwortung für die Informationen selbst obliegt den funktionalen, fachlichen Bereichen.

Die Informationstechnologie kann Daten speichern und transportieren, nicht aber deren Wert für das Unternehmen beurteilen. Dies zu beurteilen, obliegt den fachlichen Funktionen im Business, die sich aber jeweils und selbstverständlich auf ihr eigenes Geschäft konzentrieren und sich häufig mehr durch einzelne fachliche Schwerpunkte das Financial Reporting und eine natürlicherweise eingeschränkte Sicht auf das Unternehmen auszeichnen. Somit existiert kein umfassendes Management der Ressource Information.

Noch gravierender als die konzeptionelle Schwäche in der Organisation und der Informationsversorgung im Unternehmen ist die fehlende Kultur im Umgang mit Informationen.

---

[14] Vgl. Uni Hannover, Grundlegende Standortbestimmung im Themenfeld von IT-Innovationen (http://archiv.iwi.uni-hannover.de/cms/files/lv/sosem07/seminar/Schneider/html_version/kap2.htm).

Traditionell sind Informationen eine Ressource, die einen persönlichen Vorteil verspricht (Abschn. 3.4). Hierdurch wird ein transparenter Umgang mit Informationen zuweilen behindert, wenn nicht unterbunden, möglicherweise auch zum Nachteil des Unternehmens und zu Lasten anderer Funktionen im Unternehmen. Die „Herrschaft über Informationen" (Abschn. 3.3) gilt heute mehr denn je als Möglichkeit zur individuellen Profilierung und weniger als allgemeiner Wertschöpfungstreiber im Unternehmen. Beispielsweise betreibt die Marketingabteilung die notwendige Software selbst oder kauft bestimmte Informationen extern hinzu – um substanzielle Vorteile für ihren eigenen Geschäftszweck zu generieren, aber diese Informationen werden kaum in der Unternehmensorganisation weiterverwertet. Dasselbe trifft für lokale Finanzdaten oder Produktionsdaten zu. Aufgrund der Fragmentiertheit der Informationssysteme und der isolierten Informationsprozesse ist ein direkter Vergleich von Informationen oft gar nicht möglich.

Fragen

- Was bedeutet es für die Gestaltung der Informationsversorgung eines dezentral organisierten Unternehmens mit einer fragmentierten Informationsinfrastruktur, wenn es sich künftig gegenüber seinen Kunden als einheitliches Unternehmen präsentieren will?
- Welche Konsequenzen hat die Neuordnung von Informationsprozessen während eines Mergers, wenn plötzlich gewohnte, elementare Informationen nicht mehr verfügbar sind?
- Was bedeutet es für die bestehende Informationsinfrastruktur, wenn die gewohnte Vollkostenrechnung künftig einer Deckungsbeitragsrechnung weichen soll?
- Wie anpassungsfähig ist die Informationsversorgung im Konzern, wenn sich Unternehmensstruktur und Informationsanforderungen radikal wandeln?

In den vergangenen Jahren haben sich Dringlichkeit und Häufigkeit solcher Fragestellungen kontinuierlich erhöht. Demgegenüber gestaltet sich die organisatorische wie technische Realisierung solcher Anpassungsprozesse schwierig bis unmöglich. Insbesondere die traditionelle IT-Infrastruktur steht oft vor unüberwindlichen Hürden, wenn große Veränderungsprozesse umgesetzt werden müssen, wie die vom indischen Tata-Konzern in Auftrag gegebene Studie „Dynamic Markets" (Dynamic Markets 2007) belegt. Hiernach übersteigt die Hälfte der IT-Projekte das vorgesehene Budget, fast zwei Drittel der Projekte dauern länger als geplant (Abb. 1.8). Jeder, der sich im Umfeld von IT-Projekten, sei es als Entwickler oder Projektleiter, bewegt, kennt die Auswirkungen solcher Ereignisse, denn wir haben sie alle bereits erlebt. Das Risiko, dass IT-Projekte außerhalb des budgetierten Rahmens enden, ist hoch, und die Implikationen für die Unternehmensorganisation sind ebenfalls beträchtlich. Im Falle von Projektverspätungen sinkt die Nutzerzufriedenheit schnell auf ein Minimum, ebenso ist die Aufregung im Falle von Budgetüberschreitungen groß, da sich diese auf andere Projekte ebenfalls negativ auswirken können. Darüber hinaus erfüllt ein Drittel der abgeschlossenen IT-Projekte nicht die Erwartungen der Nutzer.

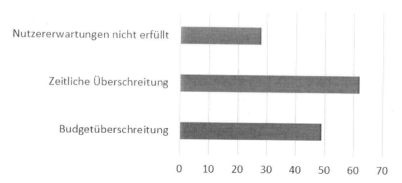

Abb. 1.8 Dynamic-Markets-Studie 2007: (Problems encountered when implementing new IT projects)

Die digitale Revolution, inmitten derer wir uns als Gesellschaft und als Unternehmen befinden, führt dazu, dass Technologie als potenzielle technische Restriktion für die Beantwortung betriebswirtschaftlicher Fragestellungen kaum mehr eine Rolle spielt. Jedoch sind die Probleme der Vergangenheit, die die Informationsversorgung seit Jahrzehnten prägt, längst nicht gelöst. Selbst mit modernster Technologie verheddern sich Fachbereiche und IT immer weiter in inkonsistenten Datenwelten, chaotischen Stammdaten und vehement verteidigten Informationssilos. Die Chance, die Entwicklung der Business Intelligence (BI) im Sinne einer umfassenden, institutionalisierten Verantwortung für die Informationsversorgung im Unternehmen und eines durchdringenden Informationsmanagements weiterzuentwickeln, wurde nicht genutzt.

Die Funktion des strategischen Informationsmanagements muss deshalb, wenn noch nicht vorhanden, auf Managementebene neu geschaffen werden. Einigermaßen robuste Ansätze zur Reformierung oder gar Neuerschaffung des Informationsmanagements im Unternehmen konnten bislang häufig aus Kostengründen oder aufgrund politischer Widerstände nicht umgesetzt werden. Oft genug scheitern Initiativen zur Positionierung eines Mandats für das Informationsmanagement auch an der mangelnden Transparenz bisheriger Informationskosten und -leistungen. Diese immer größer werdende Lücke zwischen Entwicklung und Betrieb von Applikationen einerseits und dem immer größer werdenden Aufwand für eine funktionierende Informationsversorgung andererseits wird immer häufiger durch kleinteilige technische Lösungen oder, ich weiß nicht, was schlimmer ist, durch manuelle Aufwände ausgeglichen. Inzwischen sinkt die Stammdatenqualität kontinuierlich weiter, ebenso steigen die Informationsanforderungen und damit die Unzufriedenheit der Nutzer.

Praxisbeispiel Paradigmenwechsel im Informationsmanagement

In einer Vorstandssitzung präsentierte ich die Ergebnisse eines Gutachtens zum Zustand der Informationsversorgung im Unternehmen. Die Krise, ihre bisherigen negativen Auswirkungen auf den Betrieb und die nun möglichen Alternativen wurden dargelegt, insbesondere wurde auch der Aufbau eines dedizierten Informationsmanagements zur Verbesserung der Informationsversorgung im Unternehmen vorgeschlagen. Die IT-Leitung widersprach, weil dies nach deren Auffassung doch die Aufgabe und Domäne der IT-Organisation sei. Eine weitere organisatorische Einheit neben der IT und einen scheinbaren Kompetenzverlust solle es nicht geben. Wohingegen die Geschäftsführung trocken mit den Worten antwortete: „Weshalb haben Sie es dann in den vergangenen zehn Jahren nicht getan?"

Ohne eine tatsächliche, unabhängige und in erster Linie an der Unternehmensstrategie orientierte Verantwortung für die Informationen selbst, ab dem Zeitpunkt ihrer Entstehung bis hin zu deren Nutzung, ist allerdings die Koordination einer immer komplexer werdenden Informationslandschaft im Unternehmen nicht mehr zu gewährleisten.

1.3   Digitalisierung und Big Data – die Büchse der Pandora

In internationalen Konzernen existieren die unterschiedlichsten technologischen und methodischen Ansätze im Umgang mit Informationen, und so hat über die Jahre und mit zunehmendem Datenvolumen eine maßgebliche Fragmentierung nicht nur der technischen Lösungen, sondern vor allem der fachlichen Inhalte stattgefunden. Manche Unternehmen sprechen von einem Informationschaos, andere von einem Informationsinfarkt. Kurzum, wir managen Informationen immer noch auf dieselbe Art, wie wir es in den 1990er Jahren und wahrscheinlich schon 100 Jahre vorher getan haben. Ein „Weiter so, weil wir es schon immer so gemacht haben" stellt in Zeiten der Digitalisierung, Big Data und des „Quantified Everything" ein existenzielles Risiko für jedes Unternehmen dar.

Zur Zeit der Entstehung dieses Buches war die Diskussion rund um die Abhörskandale der NSA in aller Munde und wurde auch in den Medien breit diskutiert. Was der US-amerikanische Geheimdienst da tat und weiterhin tut, ist nichts anderes, als eben im Wortsinne „Intelligence[15]" zu betreiben. Nämlich aus der Fülle den für ihn erreichbaren Informationsraum für den eigenen Erkenntnisgewinn zu nutzen. Der Skandal um die Durchdringung der Gesellschaft mit geheimdienstlicher Überwachung durch die NSA ist ein prägnantes Beispiel, jedoch sind die detaillierte Erfassung und Überwachung keine Domäne der Geheimdienste.

Durch die häufig allzu aktive Bereitstellung unserer persönlichen Daten in mobilen Anwendungen, wie beispielsweise auf dem Smart-Phone ist die Analyse von Identitäts- und Bewegungsprofilen längst zu einem allgemeinen und vor allem ökonomischen Phänomen geworden – all das ist „Business Intelligence". All die Apps und Gadgets, die wir heute auf unser Smartphone laden, bilden Informationskanäle und erforschen unser Verhalten, unsere Bewegung, unser soziales Umfeld, zum Nutzen unseres Lieferanten und seiner Kunden. Es sind Unternehmen wie Xing, Linkedin, Facebook, aber auch kleine Softwarehersteller

---

[15] Intelligence: engl. ‚Aufklärung'.

– jene Unternehmen eben, die das Prinzip „Business Intelligence" oder die „Analyse von Daten" zu ihrem Geschäft und zum Produkt gemacht haben und dieses Prinzip zu ihrem Vorteil einsetzen. Wenn wir diese Unternehmensmodelle auf unser eigenes Unternehmen und seine analytischen Anwendungen projizieren, können wir schnell erkennen, wie weit die Informationsanforderungen und deren Erfüllung in vielen Unternehmen von denen der genannten Marktteilnehmer entfernt sind. Der Grund hierfür ist, dass Unternehmen wie Facebook die Information als Produkt auf der Grundlage der von ihnen gesammelten Daten betrachten und als umfassende, echte, strategische Ressource, um die Informations-anforderungen und Informationsprozesse (z. B. individualisierte Werbung) ihrer Kunden bedienen zu können. Aus Sicht dieses Unternehmens ist nicht relevant, wie viele Yotaby-te in einer Datenbank gespeichert werden können, sondern welche Fragen beantwortet werden können. Warenhauskonzerne investieren große Summen in die Digitalisierung und Analyse von Kunden und Logistikketten, weil sich hierdurch die Vertriebskanäle und -prozesse immer weiter optimieren lassen.

Big Data und die Konsequenzen

Die Automobiltechnologie und der Healthcare-Sektor sind Vorreiter bei der Nutzung neuer Datenbanktechnologien zur Steigerung des Kundennutzens, vor allem aber zum Nutzen des Unternehmens selbst.

- So werden heute bereits durch die Automobilhersteller umfassende Fahrzeugkenn-daten, zum Beispiel die Geschwindigkeit, Motortemperatur, Fahrverhalten, erfasst und analysiert, um diese in die Fahrzeugentwicklung einfließen zu lassen. Des Glei-chen lassen sich aus den Fahrzeugdaten in Echtzeit Messwerte wie zum Beispiel die geografische Position und die gefahrene Geschwindigkeit dazu nutzen, Staubildung zu diagnostizieren oder im besten Fall vorherzusagen und dem Fahrer Alternativen zu seiner originären Fahrtroute anbieten zu können.
- Die Nutzung von Applikationen im privaten Umfeld, die in der Lage sind, den kör-perlichen Zustand des Nutzers zu messen oder die Steigerung der körperlichen Leis-tungsfähigkeit durch Sport, versetzt Mobiltelefone in die Lage, den persönlichen Gesundheitszustand zu messen und möglicherweise auch zur Datengrundlage für Auswertungen durch eine Krankenkasse zu machen, die mir dann den Vertrag kün-digt, weil ich heimlich zur Feier einer Buchveröffentlichung eine Zigarre geraucht habe, was meinen vertraglichen Verpflichtungen als Versicherungsnehmer wider-spricht und einen sofortigen Kündigungsgrund darstellt, wodurch ich erhöhter Sui-zidgefahr ausgesetzt bin, zum Alkoholiker werde, meine Frau sich von mir trennt, meine Freunde mich verlassen und somit fortan mit einer (verbliebenen) Gitarre, einem zugelaufenen Hund und einem Schlafsack ausgestattet die Freuden des nack-ten Überlebens genieße.

Demgegenüber werden Informationen in traditionellen Unternehmen wie beispielsweise den DAX-Konzernen oder auch im deutschen Mittelstand stark auf die organisatorischen

Funktionen bezogen, in denen diese Informationen entstehen, wie beispielsweise Analysen im Marketing oder in der Produktion. Hier werden häufig unterschiedliche Projekte zur Optimierung der Analysefähigkeiten durchgeführt, separat von unterschiedlichen Fachfunktionen, Ländergesellschaften, Sparten oder auch Hierarchieebenen, ohne dass die Beteiligten voneinander Kenntnis haben und ohne ein unternehmenseigenes Konzept zur Informationsversorgung zu besitzen. Automobilhersteller nutzen zwar Halterinformationen, um zu analysieren, welches Auto der Besitzer vorher gefahren hat, bei welchem Automobilhändler er es bestellt hat oder welchem sozialen Milieu er oder sie angehört. Dies sind für das Marketing wichtige Informationen, die in die Bearbeitung der Kunden einfließen … aber auch in die Vertriebsstrategie? Oder die Produktentwicklung? Oder die Logistik? Bezogen auf denselben Kunden? Über alle Sparten und Ländergesellschaften hinweg?

In vielen Fällen sind die Fragen, die mit Big Data beantwortet werden sollen, keine anderen als die, die in den Unternehmen schon immer gestellt wurden. Es sind vor allem die Fragen, die durch die Business Intelligence bereits seit Jahrzehnten hätten beantwortet werden sollen. Durch Technologien zur Verarbeitung großer, unstrukturierter und auch vergänglicher Datenmengen und die durch neue Tools und Technologien möglichen analytischen Anwendungen tritt die Frage nach der Technologie in den Hintergrund und die inhaltlichen Fragen stellen sich neu. Somit spielt die angewandte Technologie bzw. die technische Begrenzung in der Datenverarbeitung nicht mehr die dominierende Rolle, stattdessen muss die Formulierung der Frage in Zukunft besser sein als der Markt, um wirtschaftliche Vorteile durch Informationsvorsprung zu erreichen. Vorsprung durch Technik war also gestern, heute zählt die richtige Fragestellung. Die Suggestion, das sogenannte „Bauchgefühl", ist dabei auf dem besten Wege, zugunsten datengetriebener Entscheidungsfindung aus dem Rennen zu scheiden. Ebenso sind die Informationen, die sich aus dem Erfahrungsschatz, dem Know-how einzelner entwickelt haben, in Gefahr, durch statistische Verfahren überholt zu werden.

Der Ausbruch des Abhörskandals rund um die Aktivitäten der Geheimdienste, allen voran der NSA, hat das Interesse an neuen Technologien und den Möglichkeiten von Big Data noch weiter angeheizt. Jedoch sollten vor der Investition in Big Data die Fragen gestellt werden, die durch neue Technologien und Methoden beantwortet werden sollen, sonst vergrößern wir lediglich den wohlbekannten „Heuhaufen", wissen aber immer noch nicht, ob es eine Nadel ist, die wir da suchen. Im Hinblick auf die Automatisierung von Geschäftsprozessen anhand von Datenauswertungen, insbesondere im Bereich der Produktions- und Logistikprozesse, ist der Mehrwert klar erkennbar und ein klarer Trend in der Industrie. Wenn es jedoch um analytische Fragestellungen geht, wie zum Beispiel die Identifizierung möglicher künftiger Kundengruppen für ein bestimmtes Produkt, sollte der Nutzen einer solchen Investition vor dem Hintergrund der möglichen Fragestellungen im Unternehmen geprüft werden, die mit der ins Auge gefassten Technologie oder Methodik beantwortet werden können.

So lange wir uns lediglich über das traditionelle Informationsmanagement unterhalten, das mittels Informationstechnologie die Planungs- und Reportinganforderungen für das Management bedient, bleibt die Problematik natürlich überschaubar. Werden wir allerdings im Unternehmen mit Informationen und Informationsanforderungen überhäuft, wie z. B. die Nutzung von Big Data oder die immer stärkere Forderung nach prediktiven Analysen, müssen wir schleunigst neue organisatorische Antworten auf die aktuellen Herausforderungen finden. Ein Reengineering – oder besser: eine Revolution des Informationsmanagements ist also dringend geboten. Diese Aufgaben lassen sich nicht ad hoc erledigen, ein kontinuierlicher Prozess ist gefragt. Sie erfordern einen kulturellen Wandel im Unternehmen, um eine wie auch immer geartete „Informations-Governance" und einen strukturierten Umgang mit unternehmensrelevanten Informationen zu etablieren. Dass ein solcher Kulturwandel aus der bestehenden Unternehmensorganisation heraus häufig nicht zu erreichen ist, zeigen die vielen Beispiele des Scheiterns von Initiativen und Projekten im Business-Intelligence-Umfeld, oder auch im Bereich des Knowledge-Managements.

Denken Sie einmal zurück an die Zeiten der Jahrtausendwende. Das Internet begann erst langsam seinen kommerziellen Siegeszug, mein Mobiltelefon taugte nur zum Telefonieren. Meist verwendeten wir immer noch das Festnetz, wegen der hohen Kosten im Mobilfunk. 1994 waren Informationen im Allgemeinen noch sehr strukturiert verteilt. Wollte man beispielsweise einen Flug von Frankfurt nach London buchen, so ging man in ein Reisebüro, wo eine Fachkraft die notwendigen Formalitäten erledigte. Die Flugtickets wurden mit der Post zugesandt, woraufhin man zum vereinbarten Zeitpunkt nach London transportiert wurde – und auch wieder zurück, denn reine One-way-Flüge waren 1994 noch nicht im Angebot, oder aber nicht bezahlbar. Heute, 2014, ist es nicht mehr so einfach möglich, nach London zu reisen. Die Zahl der verfügbaren Flughäfen (inklusive des City Airports) hat stark zugenommen, ebenso das Angebot an verfügbaren Airlines. Jede dieser Airlines verfügt über Sonderangebote, Community Specials (z. B. die AirBerlin-Card mit Silber-, Gold- oder Platinstatus). Darüber hinaus kümmern sich Flugticketbörsen um mögliche besondere Kontingente und Restplätze und bieten diese auf ihren Internetportalen zu besonderen Konditionen an, die jedoch häufig teurer als die ursprünglichen, mit Community Card oder Sonderangeboten kombinierten Originalangebote sind. Es empfiehlt sich also, entweder, wie 1994, in einem ordentlichen Reisebüro zu buchen oder, um sich keine Blöße zu geben, alle verfügbaren Informationen zu meiner geplanten Reise auszuwerten und die Reise selbst zu organisieren. Nun sind seit 1994 gerade einmal 20 Jahre vergangen, aber unser Informationsbedürfnis ist schier ins Endlose gewachsen. Das Smartphone bleibt Tag und Nacht online, wir warten ständig auf die nächste Nachricht von Freunden, von unserem Broker oder von Kollegen. Vor allem durch neue Technologien, die die Speicherung und den Transport großer Datenmengen ermöglichen, sind persönlichen Informationsbedürfnissen kaum noch Grenzen gesetzt. Wir können über alles und jeden jetzt und hier alles erfahren. Doch mit der Datenflut wächst auch die Notwendigkeit, die Daten so zu ordnen und zu verstehen, dass wir sie zu unserem Nutzen tatsächlich verwenden können. Die Grundlage des Verständnisses für die in den Daten vorhandenen Zusammenhänge sind die Informationen, weil sie zweckbezogen (Wittmann 1959) Unsicherheit im Handeln verringern.

Für uns als Nutzer von Informationen eröffnet sich nun folgendes Problem: Um einen Flug nach London buchen zu können – unter Ausschluss der naheliegenden Möglichkeit, ein Reisebüro aufzusuchen und auf die Qualität der Dienstleistung zu vertrauen-, verwen-

de ich eine kostbare Ressource, nämlich Zeit, um das für mich zu jenem Zeitpunkt günstigste und komfortabelste Angebot herauszufinden. Je komplexer die Angebotslage, desto
mehr Zeit nimmt die Aufgabe in Anspruch. Hinzu kommt der Zeitdruck, einen Handel
abzuschließen, denn schon beim nächsten Klick kann sich der Preis zu meinen Ungunsten
verändert haben, weil die Webseite die Cookies in meinem Browser erkennt und sich die
Algorithmen des Anbieters gnadenlos gegen mich als Konsument richten. Das bedeutet,
dass ich als Konsument lediglich im Lichte der mir zur aktuellen Zeit verfügbaren Informationen handeln kann. Das von mir beim Kauf erworbene Wissen über die günstigsten
und komfortabelsten Anbieter hingegen kann ich normalerweise nicht wieder verwenden,
da sich die Rahmenbedingungen, Produkte und Preise, ständig ändern. Ich bin als Konsument also zur Entwicklung von Mechanismen gezwungen, die mich zur Analyse von
Informationen befähigen, welche mir auf der Grundlage von bereits aufbereiteten Daten,
zum Beispiel über eine Anbieter-Website, zur Verfügung stehen. Der Kunde selbst wird
sowohl zum Nutzer als auch zur Quelle von Big Data:

Die Volatilität der wirtschaftlichen Rahmenbedingungen sowie auch der Geschäfts-
modelle im Markt macht es für Marktteilnehmer notwendig, kontinuierlich nach neuen
Nutzungsmöglichkeiten für Daten zu suchen. Das Know-how, wie Daten zu unternehmensrelevanten Informationen werden, steckt nicht in den IT-Systemen, sondern in den
Köpfen der Mitarbeiter, die die richtigen Fragen stellen. Zwar können wir mit Hilfe von
Informationstechnologie Geschäftsprozesse teilweise automatisieren, insbesondere im
Produktionsumfeld dominiert der Trend zur vollautomatisierten Fertigung unter Einbe-
ziehung einer wiederum stark automatisierten Supply Chain. Logistikunternehmen, die
auf eine starke Digitalisierung ihres Unternehmens setzen, besitzen einen strategischen
Vorteil im Markt, weil sie jederzeit alle Einzelheiten aller im Unternehmen stattfindenden
Logistikprozesse überschauen können. Zudem kann auf der Grundlage der Auftragseingänge eine Prognose bzw. Planung für deren Ausführung erstellt werden. Aber benötige
ich für die automatisierte Durchführung von Geschäftsprozessen Informationen? Solange
die automatisierten Prozesse reibungslos laufen, lautet die einzige Information: „Alles ist
gut. Der Prozess läuft." Eine weitere Information entsteht im Falle von automatisierten
Prozessen erst dann, wenn ein Reifen an einem Transportfahrzeug platzt und somit aus der
automatisierten Supply Chain fällt. Jemand muss sich um den Lkw kümmern. Der Fahrer
benötigt Unterstützung und ein Bier auf den Schrecken. Jemand muss entscheiden, ob und
wie die havarierte Ware ihren Empfänger erreicht und ob eine Konventionalstrafe droht,
welche Maßnahmen zu ergreifen sind, um einen drohenden Verlust zu vermeiden.

1.4 Der Hebel: erfolgreiches Informationsmanagement –
erfolgreiches Unternehmen

„Bedeutung erhalten Ressourcen, wenn sie Wettbewerbsvorteile ergeben" (Rindova und
Fombrun 1999) – und Wettbewerbsvorteile bedeuten in der Konsequenz wirtschaftlichen
Erfolg für das Unternehmen im Markt und eine Chance für sein wirtschaftliches Über-

leben. Um Wettbewerbsvorteile erzielen zu können, stellen Informationen im Markt die essenzielle Kernressource dar, denn ohne Informationen kann es keinen Markt geben und ohne Markt keine Unternehmen, keine Produkte, keine Kunden, keine Lieferanten, kein externes Berichtswesen. So weit, so gut.

Die Art und Weise, wie Unternehmen heute die für sie relevanten Informationen als zentrale Ressource bewirtschaften, entscheidet folglich mit über den künftigen Unternehmenserfolg. Auch wenn sich ein Unternehmen heute aufgrund seiner hervorragenden Produkte im Markt behauptet, verändert sich doch ständig die Marktumgebung. Es entstehen neue Mitbewerber, Kunden verlangen Innovationen. Das Unternehmen muss sich weiterentwickeln, um im Markt zu bestehen, es muss sich Informationen beschaffen, verarbeiten, analysieren, um Kenntnis über die sich ständig ändernden Rahmenbedingungen im Markt und die eigene Marktstellung zu erlangen und seine Position darin weiterentwickeln zu können.

Informationen sind auch die Kernressource für sämtliche Tätigkeiten und Prozesse, die in einem Unternehmen und durch ein Unternehmen stattfinden, nämlich die Geschäftsprozesse. Die Geschäftsprozesse innerhalb des Unternehmens wie Produktion, Einkauf, Warenbeschaffung und -transport, Auftragsbearbeitung, Administration und Rechnungsstellung usw. bestehen in erster Linie aus Informationen. Ohne die Information, wann ein Rohstoff und in welcher Form verarbeitet werden muss, in welcher Folge die Teile eines Autos zusammengesetzt werden, ist keinerlei Geschäftätigkeit denkbar. Selbst ein Schmied in einer Schmiedewerkstatt arbeitet in erster Linie auf Basis von Informationen und erst in zweiter Linie mit Muskelkraft. Er muss erkennen, wie heiß das zu schmiedende Eisen ist, nach jedem Schlag mit dem Schmiedehammer auf das Werkstück entscheidet er oder sie anhand des Feedbacks von Indikatoren wie Funkenschlag, Eindrucktiefe des Hammers und aktuelle Temperatur des Metalls über die Art und Härte des nächsten Schlags, um das Schmiedeprodukt herzustellen. Der Schmied hat allerdings den Vorteil, dass er alle Unternehmensfunktionen und auch das Informationssystem in sich selbst vereint und somit die Schnittstellen wesentlich einfacher zu koordinieren sind als in einem Konzernunternehmen. Das erhöht die Wahrscheinlichkeit, dass sich der Schmied beim Schmieden nicht auf den Finger haut. Auch der Einzelhändler, der Tante-Emma-Laden an der Ecke, kann nur überleben, weil „Tante Emma" auf Grundlage der gesammelten Informationen genau weiß, welches Sortiment die Kunden gerne kaufen, welche Produkte sich gut verkaufen und vor allem, welche sich wahrscheinlich morgen gut verkaufen. Auch große Unternehmen profitieren von Erfahrungswerten und gutem Instinkt. Aber die Komplexität in der Gesellschaft und im Markt, insbesondere durch die Möglichkeiten, die die Digitalisierung in allen Unternehmens- und Gesellschaftsbereichen erzeugt, lässt den Wert der Erfahrung zunehmend schwinden, zugunsten der Analyse von Markt- und Kundendaten und der Prognose (Prädiktion) wirtschaftlicher Entwicklungen und wahrscheinlicher Kundenströme. Das Management von Informationen bekommt durch diese fortschreitende Entwicklung ein besonderes Gewicht.

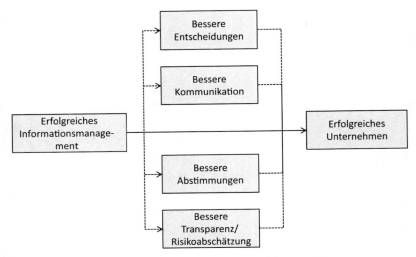

Abb. 1.9 Beitrag des Informationsmanagements zum Unternehmenserfolg

Fehlende Informationen bilden einen entscheidenden Engpass für ein rationales Management (Weber 2005). Den Grad an Uninformiertheit oder „Abwesenheit von Information" könnte man auch als Schmerz bezeichnen. Je größer der Schmerz, eine Information nicht zu Verfügung zu haben, desto größer ist die Bereitschaft, in eine Lösung zu investieren. Wie wir im Beispiel sehen, werden nur zu häufig die Symptome gelindert, anstatt die Ursachen zu lösen.

Informationen bilden die Basis für jegliche unternehmerische Betätigung – ohne Informationen kein Unternehmen. Betrachtet man Informationen nicht nur als Messgrößen des Geschäftsmodells, sondern, ähnlich wie bei einem Schmied, als Kern-Ressource für die Geschäftstätigkeit überhaupt, wird die Mächtigkeit des im Folgenden beschriebenen „Informationsraums" und damit das wirtschaftliche Potenzial der Gesamtheit der Unternehmensinformationen deutlich. Informationen lassen sich eben nicht reduzieren auf das Informations-„Silo" einer einzelnen Funktion oder gar Tätigkeit. Informationen sind eine Basisressource sozio-ökonomischer Systeme, wie es auch Unternehmen sind. Sie ermöglichen Transparenz, Kommunikation, Abstimmungen, Entscheidungen. Je besser diese vier Faktoren im Unternehmen wirken können, desto größer ist auch der wirtschaftliche Hebel von Informationen im Sinne der wirtschaftlichen Agilität und des unternehmerischen Erfolgs. Wie in Abb. 1.9 gezeigt, ist ein handlungsfähiges, dediziertes Informationsmanagement die Voraussetzung für die Nutzung und Gestaltung dieses häufig noch ungenutzten Potenzials im Unternehmen.

Der Schlüssel und die Herausforderung für ein künftig erfolgreiches Unternehmen liegt angesichts der rasch fortschreitenden Digitalisierung von Gesellschaft und Unternehmen nicht mehr in der Frage der Verfügbarkeit bestimmter Technologien und im Technologiemanagement, sondern in der Erkenntnis, dass es zur Bewirtschaftung der strategisch relevanten Ressource Information auch eines strategischen Managements bedarf. Um Informationen im Sinne der in Abb. 1.9 dargestellten Potenziale nutzbar zu machen, müssen sie jedoch zunächst als Informationen erkannt, strukturiert, kommuniziert und etabliert werden. Dabei bildet die Kenntnis unternehmensrelevanter Informationen den Ausgangspunkt des strategischen Informationsmanagements.

Bei einer Änderung der Markt- bzw. Rahmenbedingungen oder als Folge einer organisatorischen Anpassung im Unternehmen (z. B. Restrukturierung) müssen Informationsprozesse angepasst werden. Da sich zumindest die Rahmenbedingungen und Fragestellungen im Business ständig ändern, sind die Informationsprozesse volatil. Hieran richten sich auch die Anforderungen an die Informationssysteme und die IT-Organisation aus; im Falle des Data Warehouse beispielsweise in Bezug auf die nahtlose Sicherstellung eines durchgängigen Reporting. Darüber hinaus ändern sich auch die rechtlichen Rahmenbedingungen für Unternehmen in Form von Rechnungslegungsvorschriften, Compliance, Berichtsanforderungen wie Basel III, Solvency II oder auch integrierte Nachhaltigkeitsberichte (IIRC) immer schneller. Bei internationalen Unternehmen sind die rechtlichen Rahmenbedingungen entsprechend vielfältig und komplex.

Die zugrunde liegenden Informationen müssen im Unternehmen koordiniert werden, denn sie haben Auswirkungen auf sämtliche Geschäftsprozesse. Sie bilden sozusagen das Rückgrat des Unternehmens, ohne das ein Geschäftsbetrieb, insbesondere in einem internationalen Konzernumfeld, überhaupt nicht möglich wäre. Obwohl die externen, rechtlichen Anforderungen in der Vergangenheit oft als störend für den Betriebsablauf betrachtet wurden, sind sie doch auch ein wichtiger Treiber für die Weiterentwicklung des Informationsmanagements im Unternehmen. Information stellt also für ein Unternehmen kein Risiko dar, das durch die Gliederung in partikuläre Informationssilos minimiert werden muss. Sondern Information stellt eine zentrale Ressource – und eine Investition in die Leistungsfähigkeit des Unternehmens – dar. Das ideale Unternehmen begreift die Integration als umfassende, transparente Informationsinfrastruktur, die zur vorteilhaften Nutzung im Unternehmen aktiv gestaltet wird. Für diese Informationsinfrastruktur gelten zwei Bedingungen: Erstens die Kenntnis über die Information und zweitens die Herrschaft über die Quelle, aus der die Information stammt.

Nur wenn Informationen bekannt sind, sind sie für das Unternehmen nutzbar. Dabei spielt zunächst keine Rolle, ob die Information als solche überhaupt verfügbar ist und für die Beantwortung unternehmensrelevanter Fragen zur Verfügung steht. Die Information selbst, oder wenn Sie so wollen: „die Frage" danach, bildet den eigentlichen Kern und den Beginn der Tätigkeit des Informationsmanagements. So werden Kundeninformationen nicht nur im Marketing verwendet, sondern sind gleichzeitig auch Teil des integrierten Management-Reportings. Ein Feedback von Kunden an den Vertrieb, zum Beispiel über soziale Netzwerke, ist den Mitarbeitern zugänglich, die verfügbaren Informationen finden wiederum Eingang in die Verbesserung der Geschäftsprozesse, wie zum Beispiel die Produktentwicklung, die Unternehmenskommunikation, die Produktion, die Logistik. Eine Einschränkung der Transparenz über diese Informationen im Unternehmen wäre somit kontraproduktiv.

Praxisbeispiel Neuausrichtung der Informationsstrategie

Anfang 2011 entschied sich ein internationaler Konzern zu einer Restrukturierung der bis dahin unabhängigen Einzelgesellschaften hin zu einer zentral gesteuerten, kontinentaleuropäischen Konzerngesellschaft. Maßgeblich für den Erfolg der Umstrukturierung war, dass auch die Informationssysteme an diese signifikante Veränderung der Organisationsstrukturen angepasst werden konnten. In der bislang dezentral organisierten Konzernorganisation waren in der Vergangenheit auch die Informationssysteme auf die lokalen bzw. regionalen, spezifischen Anforderungen hin ausgerichtet und konnten nicht ad hoc die globalen Steuerungs- und Informationsanforderungen erfüllen. Zudem gab es große fachliche Differenzen zwischen den einzelnen Regionen hinsichtlich der Steuerungsphilosophie, der Definition von Messgrößen und der Geschäftsprozesse, die im Rahmen der Transformation ebenfalls an eine zentrale Steuerungsanforderung anzupassen waren. Hierbei stand die Entwicklung eines komplett neuen BI-Systems für die Informationsversorgung des neu strukturierten Unternehmens zur Disposition, was für die Informationssysteme einen enormen Anpassungsaufwand zur Folge gehabt hätte. Angesichts der in diesem Fall vorhandenen Risiken für das Funktionieren der Geschäftsprozesse sollte dies vermieden werden. Für die erfolgreiche Koordination dieser Anpassungsmaßnahmen spielte das strategische Informationsmanagement eine zentrale Rolle, um auch künftig die regionalen Besonderheiten in der Informationsversorgung (und insbesondere in der Konzeption eines umfassenden Data Warehouse) abbilden zu können. Hierfür wurden unter Einbeziehung aller vorhandenen Informationssysteme die Business-Anforderungen durch das zentral verantwortliche Informationsmanagement in die Konzeption und das Zielbild des künftig führenden Data Warehouse integriert. Mit einer stufenweisen (evolutionären) Entwicklung des künftig führenden Data Warehouse konnten nicht nur die Hürden für eine Anpassung minimiert, sondern auch die organisatorische Verschmelzung erleichtert werden (vgl. Liang und Jones 1987).

Die zweite Voraussetzung für eine Nutzung von Informationen ist, dass unternehmensrelevante Informationen nicht das Eigentum einer fachlichen Funktion oder partikulärer Einzelinteressen im Unternehmen sein können. Informationen sind Eigentum des Unternehmens und müssen dementsprechend dem Gesamtunternehmen zur Verfügung stehen. Informationsmanagement bedeutet somit, dass es im Unternehmen keine Informationssilos mehr geben kann, da sie die Agilität und Entwicklungsfähigkeit des Unternehmens behindern und somit den wirtschaftlichen Mehrwert von Informationen für die Gesamtorganisation mindern. Ziel des Informationsmanagements ist es daher, Kenntnis über sämtliche unternehmensrelevanten Informationen und Informationsprozesse (unabhängig von der Informationstechnologie) zu erlangen, diese zu strukturieren, zu stabilisieren, möglichst zu systemisieren und zu standardisieren (4-S-Modell, Kap. 4.4), um so stetig die Verfügbarkeit und Qualität von Informationen zu verbessern.

Das strategische Informationsmanagement übernimmt die Aufgabe, eine Strategie für die Informationsversorgung zu formulieren und umzusetzen (Abb. 1.10). Die so formulierte Position bildet die Grundlage für den hier dargestellten Management-Ansatz. Wegen

Abb. 1.10 Verantwortung des
Informationsmanagements für
die Informationsstrategie

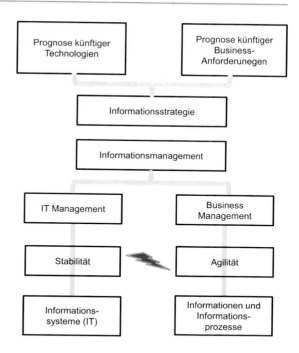

der hohen Dynamik sowohl der Rahmenbedingungen als auch der unternehmensinternen
Anforderungen ist die kontinuierliche Identifikation und Bewertung des Potenzials des
Informationsraums eine Hauptfunktion des Informationsmanagements.

- Neben der Kenntnis aller für das Unternehmen relevanten Informationen und Informationsanforderungen muss das Informationsmanagement stetig die technologischen
  Möglichkeiten gegen die bestehende Informationsinfrastruktur abwägen. Das technologische Entwicklungspotenzial für die Systemlandschaft entspricht zunächst der Prognose der künftigen technologischen Möglichkeiten: „Welche Technologien stehen
  künftig grundsätzlich im Markt zur Verfügung?" Da eine umfängliche Nutzung aller
  im Markt verfügbaren Technologien normalerweise sowohl aus Kosten- als auch aus
  Nutzengesichtspunkten nicht vorstellbar ist, orientiert sich die tatsächliche Technolo-
  gienutzung an den im Markt tatsächlich verwendeten (üblichen) Technologien. Das
  Entwicklungspotenzial für das Gesamtsystem liegt also in der Schaffung einer allgemeinen Infrastruktur unter Beibehaltung von Freiheitsgraden in der Organisation.
- Ebenso müssen die Informationsprozesse im gesamten Unternehmen unter der Maßgabe der Erweiterung des wirtschaftlichen Potenzials kontinuierlich hinterfragt werden.
  Im Wettbewerb von international agierenden Konzernen ist die Fähigkeit, regionale
  und globale Marktdynamiken aufzunehmen, ein strategischer Vorteil. Hierbei liegt die
  Herausforderung für das Informationsmanagement darin, die lokalen Potenziale inno-
  vativ und kostengünstig zu nutzbar zu machen und gleichzeitig die Belange des gesamten Unternehmens als grundlegende Rahmenbedingungen zu berücksichtigen. Wenn

sich die operationalen Abläufe, Kalkulations- und Analyseanforderungen regional sehr unterschiedlich gestalten, stellt sich zudem die Herausforderung, die Potenziale und Stärken der unterschiedlichen Informationssysteme in ein umfassendes Konzept der Informationsversorgung einfließen zu lassen, das gleichzeitig künftige Anpassungen ermöglicht. Wir werden in den folgenden Kapiteln noch auf das Potenzial des Informationsraums zu sprechen kommen.

In der Umsetzung des Informationsstrategie nimmt, wie Abb. 1.10 ebenfalls zeigt, das Informationsmanagement eine koordinierende Position ein, die einen starken gestaltenden Charakter besitzen muss, um angesichts der stark wachsenden Komplexität der Informationsprozesse tatsächlich im Sinne der Unternehmensstrategie handeln zu können. Damit bekommt die Koordinationsfunktion zwischen den Unternehmensfunktionen in Business und IT ein besonderes Gewicht. Das Informationsmanagement bildet folglich die zentrale organisatorische Verankerung für die Informationsversorgung im Konzern. Im gezeigten Beispiel wurde während der Restrukturierungsphase zunächst evaluiert, welches der jeweils lokalen Informationssysteme die inhaltlichen Voraussetzungen und das technologische Potenzial für eine künftige, integrierte, zentral koordinierte Informationsversorgung besitzt.

Die skizzierten Bereiche beschreiben das Spannungsfeld der Informationsversorgung, das es ausgewogen zu koordinieren und aktiv zu steuern gilt. Für die organisatorische Unterstützung durch das Informationsmanagement gilt es, einen stetigen Prozess der technologischen Stabilität und einer dynamischen Umwelt zu koordinieren. Vom Gelingen dieser Aufgabe, der Gestaltung einer durchgängigen Informationsversorgung im Konzern, hängt im Informationszeitalter nichts weniger als das Überleben der Gesamtunternehmung ab (Palmer 2006). Die Etablierung eines zentralen Informationsmanagements ist ein entscheidender Hebel für den künftigen Unternehmenserfolg – wenn wir ihn nutzen. Eine gedankliche Fragmentierung der Informationsinfrastruktur ist nun nicht mehr möglich – wir betrachten fortan das gesamte Unternehmen als eine zusammenhängende Informationsinfrastruktur. Die progressive, transparente Gestaltung dieser Informationsinfrastruktur im Unternehmen ist ein Wettbewerbsfaktor, der in vielen Unternehmen erst noch erschlossen werden muss.

- Kenntnis über Informationen: Informationen müssen definiert, normiert und erreichbar sein, um sie einem Anforderer zur Verfügung stellen zu können
- Die Herrschaft über eine (Informations-)Quelle ist gleichzusetzen mit der Herrschaft über die Daten (Abschn. 3.3) selbst. Sie ermöglicht es, gegenüber einer anfordernden Stelle ein Qualitätsversprechen, ein Lieferversprechen zu formulieren und somit eine klare Verantwortlichkeit für Informationen zu bestimmen.
- Verantwortung für Informationen (Accountability): Das Mandat, Kenntnis über Informationen zu erlangen und Herrschaft über Informationen auszuüben (Abschn. 3.2).

Die hier genannten Bedingungen sind besonders unter politischen Gesichtspunkten im Unternehmen sorgsam zu bewerten (siehe auch Abschn. 3.4) und müssen mit größter Sorgfalt angegangen werden. Wenn die Unternehmenskultur durch ein dezentrales Management von Informationen geprägt ist, werden die Widerstände gegen ein zentrales Management von Informationen entsprechend groß sein. In vielen Fällen hat das Unternehmen nicht nur mit der Fragmentiertheit der Informationen selbst, sondern auch mit einer uneinheitlichen Systemlandschaft zu tun. Eine Zentralisierung der Verantwortung für das unternehmensweite Informationsmanagement ist heute notwendiger denn je. Sie wird signifikant, wenn sich Informationsanforderungen entwickeln, die über die Welt der konventionellen, stabilen Informationssysteme hinausgehen. Die Chance, angesichts der aktuellen Trendthemen wie Big Data, Predictive Analytics einen neuen, belastbaren Ansatz für das Informationsmanagement im Unternehmen zu formulieren, bedeutet gleichzeitig die Sicherung von Wettbewerbsfähigkeit und Handlungsfähigkeit in der Zukunft.

1.4.1   Weshalb der Ansatz „act small" nicht funktioniert

Wenn Unternehmen bereits über Jahrzehnte existieren und sich eine Informationsinfrastruktur und IT-Infrastruktur sukzessive entwickelt haben, entsteht häufig eine Diskrepanz zwischen den grundsätzlichen Anforderungen bzw. der Erwartungshaltung der Belegschaft und der tatsächlichen Leistungsfähigkeit der Informationsversorgung im Unternehmen. Diese über lange Jahre entwickelte, fragmentierte und „chaotische" Informationsinfrastruktur zeichnet sich durch folgende Faktoren maßgeblich aus:

- Keine zentrale Koordination von Informationsanforderungen (Demand Management)
- Hohe Unzufriedenheit der Nutzer
- Hoher Anteil an individuellen IT-Lösungen für partikuläre Anforderungen
- Massive Anhäufung von Anforderungen und Änderungsanträgen mit entsprechend langen Wartezeiten
- Kleinteilige Einzelprojekte für individuelle Probleme und Anforderungen
- Nicht benutzerfreundliche IT-Lösungen
- Funktionale, durch Partikularinteressen dominierte Informationssilos
- Keine umfassende, business-orientierte Governance für Informationen

Insbesondere ist solchen Informationsinfrastrukturen gemein, dass sie nicht über ein gesamthaftes Konzept und eine konsequente Umsetzung der Informationsversorgung – eine Informationsstrategie – verfügen. Selbst wenn Unternehmen eine Informationsstrategie entwickelt haben, wird diese durch das Management häufig nicht als strategisch angesehen. Meist ist die Entwicklung einer Informationsstrategie für die Unternehmensleitung nur ein Projekt unter vielen, das die IT-Leitung betreut und durchführt. Umso schwieriger wird es, ein für die umfassende Gestaltung der IT-Systeme und damit auch eines wichtigen Teils der Informationsinfrastruktur angemessenes (wenn nicht notwendiges) Budget bereitzustellen. Stattdessen muss häufig im Rahmen der mehrjährigen Umsetzung einer Informationsstrategie jede einzelne Umsetzungsmaßnahme, wie z. B. die Entwicklung einer It-Applikation, kleinteilig separat beantragt werden. Wie wir alle wissen, ist die Vorbereitung solcher Projektanträge und die langwierige und umständliche Argumentation in unterschiedlichen Ausschüssen ein schwieriges und häufig unproduktives Verfahren, bei dem interne politische Präferenzen eine dominierende Rolle spielen. Ist ein Projekt erst einmal beantragt, bewilligt und wird letztendlich durchgeführt, wird es schwer, die Projektinhalte aufgrund von Verzögerungen im Projektverlauf oder aufgrund von unerwarteten Kostensteigerungen kurz vor der Fertigstellung in Frage zu stellen oder neu zu koordinieren. Da kein umfassendes, handlungsfähiges Informationsmanagement existiert, ist die Unternehmensorganisation darauf angewiesen, über Gremien und Ausschüsse (z. B. ein „IT Governance Committee") notwendige Entscheidungen hinsichtlich der Projektumsetzung oder der Budgetanpassung zu treffen. Ist das Projekt schließlich beendet, werden noch offene oder auch neue Bedarfe häufig depriorisiert, um sich erst einmal von den Strapazen der Projektumsetzung zu erholen und der Organisation Gelegenheit zu geben, sich an die neuen Systeme und Verfahren zu gewöhnen.

Praxisbeispiel agiles Informationsmanagement

Als ich vor einigen Jahren ein Mandat als Interimsmanager für Business Intelligence in einem Konzernunternehmen übernahm, wurden mir am ersten Tag, mit Übernahme der Verantwortung für das Informationsmanagement, zwei Projekte präsentiert, die beide vor dem Scheitern standen, weil sich für beide Projekte abzeichnete, dass weder der Zeitplan noch das Budget würde eingehalten werden können. Beide Projekte waren eigentlich mit einem stattlichen Budget ausgestattet und beinhalteten die Umsetzung von Informationsprozessen in der Unternehmensplanung und im Management-Reporting. Im Rahmen der Analyse der Informationslandschaft, d. h. der Informationsprozesse und Informationssysteme sowie auch der Organisation des Informationsmanagements, wurde schnell klar, dass der gesamte Konzern sich durch eine gänzlich dezentral orientierte und fragmentierte Informationsversorgung auszeichnete. Niemand im Projektteam hatte im Voraus eine Analyse der Informationsinfrastruktur (Informationen und Informationsprozesse) durchgeführt, und jeder Versuch, Informationen über die Gestaltung der Informationsversorgung in den Tochterunternehmen zu erlangen, wurde durch die Geschäftsführungen der Tochtergesellschaften aggressiv verhindert. Selbstverständlich war es unmöglich, auf dieser Grundlage eine vernünftige Aufwandschätzung zu betreiben. Erst durch einen erneuten Start der Projekte und eine gemeinsame Vereinbarung mit den beteiligten Tochtergesellschaften im Konzern konnte eine fundierte Analyse der Informationslandschaft und ein belastungsfähiges gemeinsames Vorgehen definiert werden. Durch ein agiles Projektmanagement, ein ständiges Vermitteln zwischen den unterschiedlichen Stakeholdern der Projekte und ein aktives Time-Boxing wurden beide Projekte letztlich erfolgreich umgesetzt. Das zugrunde liegende Problem in der Organisation jedoch war noch nicht gelöst. Das Informationsmanagement hatte kein echtes Mandat. Das Informationsmanagement hatte auch kein Mandat, Informationen und Informationsprozesse im Konzern zu analysieren und zu gestalten, sondern wurde von den fachlichen Funktionen, den Verantwortlichen der Tochtergesellschaften und insbesondere von der IT lediglich als Erfüllungsgehilfe für eine partikuläre Problemlösung betrachtet.

Die Schwierigkeiten, mit denen das Unternehmen im obigen Beispiel zu kämpfen hatte, treten häufig ein, sobald die neue Position eines Informationsverantwortlichen geschaffen wird, der die Verantwortung für eine konsistente, zuverlässige Informationsversorgung übernehmen soll. Weil die im Unternehmen vertretenen fachlichen Funktionen es nicht gewohnt sind, dass eine zentrale Koordination von Informationen im Unternehmen existiert, und es in der Vergangenheit gewohnt waren, für ihr jeweils eigenes „Wohl" zu sorgen, anstatt die Entwicklung des Unternehmens als Ganzes zu betrachten, kommt es leicht zu Verwerfungen innerhalb der Unternehmensorganisation, zwischen den Fachfunktionen und im Management, wenn sich dieses über die Maßnahme nicht vollständig im Klaren und einig darüber ist. Ein weiterer Grund für interne Widerstände gegen ein dediziertes Informationsmanagement ist die Angst vor Transparenz in der Informationsinfrastruktur. An der Art und Vehemenz der Verwerfungen hinsichtlich einer neuen Organisationsstruktur in Form eines zentralen Informationsmanagements lässt sich aber auch erkennen, wie wenig oder wie viel Wert die Unternehmensleitung in der Vergangenheit auf eine konsistente, funktionierende Informationsversorgung gelegt hat und wie sehr die Unternehmensfunktionen oder Tochtergesellschaften hinsichtlich der Informationsversorgung auf sich selbst angewiesen waren.

Wer würde nicht gerne alle hier diskutierten Probleme mit einem simplen Computerprogramm erschlagen? In Anbetracht der Fülle angebotener IT-Systeme sollte doch eine passende Software oder ein passendes „Device" für unsere Unternehmen zu finden sein – damit wir uns nicht mehr um die Betreuung der Informationsprozesse kümmern müssen. Vielleicht lohnt sich ja der Kauf eines der neuen Tools eines großen Softwareanbieters, um alle Probleme des Informationsmanagements zu lösen? Der Reiz, mit den neuesten Produkten der Softwareindustrie endlich Ruhe im heimischen Informationsmanagement einkehren zu lassen, ist für jeden Informations-Schaffenden leicht nachzuvollziehen. Im gleichen Zuge offenbart sich jedoch auch das Scheitern der IT-Organisation im Umgang mit der Information an sich: Obwohl zwar niemals ihre ureigene Aufgabe, wurde der IT immer neue Verantwortung zuteil. Der Wunsch der anderen Unternehmensfunktionen, die IT möge eine „Governance", einen Halt, eine Maßgabe für Informationen bieten (der Begriff Information steht ja prägnant im Funktionsnamen), führte letztlich zur Notwendigkeit der IT-Organisation, Maßnahmen für den Selbstschutz zu entwickeln. Die IT versteckte sich fortan hinter Serviceprozessen wie ITIL wie die NSA hinter ihrer eigenen Firewall. Informationsanforderungen aus den Fachfunktionen wurden geschickt abgewehrt, die Stabilität

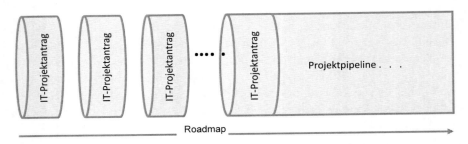

Abb. 1.11 Salamitaktik bei Investitionen in die Informationsinfrastruktur und IT-Infrastruktur

des Systems wurde zum heiligen Gral der IT. Um die Stabilität der Informationssysteme zu bewahren, wurden entsprechende Demand-Management-Prozesse etabliert, um die Volatilität der Fachfunktionen hinsichtlich ihrer Informationsanforderungen beherrschbar zu machen.

Das Resultat einer solchen dogmatisierten Stabilitätsorientierung sind häufig kleinteilige Projekte zur Umsetzung spezieller Informationsanforderungen, die nicht im Zusammenhang mit einer gesamthaft geplanten Informationsversorgung stehen. Durch die Strukturierung von Demand-Management-Prozessen und Investitionsverfahren, die häufig durch mehrere unterschiedliche Entscheidungsgremien dominiert werden, können kleine IT-Projekte leichter verargumentiert werden als umfangreiche Gestaltungsprogramme, die sich im Sinne einer wirklichen Informationsstrategie über mehrere Jahre erstrecken (Abb. 1.11). Durch diese fragmentierte Projektlandschaft entsteht im Gegenzug eine heterogene System- und Informationslandschaft, die immer weniger überschaubar wird.

Praxisbeispiel Anforderungsmanagement und „Informationsinseln"

So entwickelte beispielsweise ein internationaler Dienstleistungskonzern ein separates „Financial Data Warehouse" als Insellösung außerhalb der bewährten Informationssystem-Landschaft, weil sich die Fachfunktion ein eigenes System entwickeln und leisten wollte. Für dieses neue IT-System waren im Konzern keine Kompetenzen vorhanden, den Protagonisten des Unterfangens war allerdings eine insuläre Lösung aus persönlichen Gründen besonders wichtig. Selbstverständlich geschah dies gegen den Rat des sachkundigen Personals und entgegen dem strategischen Ansatz für die Entwicklung der IT-Systeme. In der Folge dieser IT-Initiative einer Fachfunktion mussten also Ressourcen aufgebaut, Know-how entwickelt und vor allem komplexe Abstimmungen über die verschiedenen neuen Schnittstellen durchgeführt werden. Gleichzeitig entstand aus denselben Beweggründen ein konkurrierendes Data Warehouse in einer weiteren Konzerngesellschaft.

Beide Projekte wurden regulär durch das regionale IT-Management budgetiert und verabschiedet. Um Investitionsanträge entsprechend den internen Regularien (ITIL V3) durch die internen Investitions-Verfahren zu lenken, wurden die Projektanträge der jeweils lokal vorhandenen Situation entsprechend verargumentiert. Die lokalen Investitionsausschüsse, die über die Finanzierung von IT-Projekten zu entscheiden hatten, fanden jedes der beiden Projekte schlüssig und sie wurden genehmigt. Über die folgenden fünf Jahre wurden so zwei verschiedene Data Warehouses, mit unterschiedlichen Technologien, aber mit inhaltlich stark überlappenden Inhalten entwickelt und betrieben. Wäre nicht durch einen Wechsel im globalen Management und einen erhöhten Kostendruck eine Untersuchung der Informationsinfrastruktur notwendig geworden, wären beide Data Warehouses sicherlich noch einige Jahre parallel weiter betrieben worden.

Die Kostenanalyse ergab, dass inklusive der Lizenzkosten, Entwicklungskosten und Betriebskosten eine Summe von durchschnittlich einer Million Euro pro Jahr für jede der beiden Data-Warehouse-Lösungen ausgegeben wurde. Da beide Data-Warehouse-Systeme bereits einige Jahre in Betrieb waren, belief sich die Gesamtsumme der Entwicklungskosten auf weit mehr als 10 Mio. Euro. Die laufenden Kosten des Betriebs für beide Lösungen wurden jedoch nicht eigens budgetiert, sondern waren Teil der Ressourcenkosten des IT-Bereiches. Dadurch war nicht nachvollziehbar, welche Kosten nun in direktem Zusammenhang mit dem Betrieb der Data Warehouses tatsächlich entstanden waren. Sie konnten im Nachhinein nur geschätzt werden.

In aller Regel wird die Lösungsgestaltung infolge einer solchen, oft politisch motivierten Technologieentscheidung der IT überlassen, da es sich um „technische" Probleme handelt. Das BI Competence Center (BICC Abschn. 1.1) wird als technologischer Dienstleister und Teil der IT-Organisation betrachtet, das dem individuellen Demand Management der Fachfunktionen folgt, da die Fachfunktion auch über das für eine Umsetzung der Anforderungen notwendige Budget verfügt. Solange es keine eigenständige gestaltende Kraft in Form eines umfassenden dedizierten Informationsmanagements gibt, sind dieser Form der fragmentierten Gestaltung der Informationsinfrastruktur keine Schranken gesetzt. Dabei ist es unerheblich, ob ein Projekt zwanzigtausend Euro oder dreißig Millionen Euro kostet. Wenn eine gestaltende inhaltliche Gesamtverantwortung fehlt, entstehen trotz sorgsamer Vorbereitungsarbeiten wie Informationsbedarfsanalysen und umfangreicher (Projekt- Planungen immer weitere Insellösungen für bestimmte Fachbereiche, geografische Regionen oder funktionale Abteilungen eines zentralen BI-Managements. Die Hersteller der zahllosen BI-Tools tun ein Übriges, die noch so kleinste Lücke im Informationsmanagement des Unternehmens zu nutzen, um sich mit ihrer Software zu etablieren.

Insbesondere Trendthemen wie „agiles Projektmanagement" oder „Self-service-BI" verführen die funktional Verantwortlichen leicht zu eigenen, isolierten IT-Projekten: Durch neue Methoden und technische Möglichkeiten können sich Fachfunktionen unabhängig machen von den Einschränkungen, denen sie durch die standardisierten Prozesse in der IT, beispielsweise durch ITIL, ausgesetzt sind: „Ab sofort können wir agil und self-service!" Eine Abstimmung über eine gesamthafte, globale Informationsstrategie ist durch eine solche Zersplitterung der Aktivitäten in den Fachfunktionen nicht mehr möglich. Jede Abteilung macht „ihr eigenes Ding", und die neue „Big-Data-Applikation" soll künftig alle Datenqualitätsprobleme lösen. Stammdaten-Management-Systeme sollen künftig automatisiert unsere falschen operationalen Eingaben korrigieren, und Top-Planungstools bescheren uns individuelle Planungen für unsere gesamte Abteilung sowie eine Prädiktion aller unvorhersehbaren Erlöse und Kosten. „Wer braucht denn da noch die IT?"

Heute sind wir an allen Ecken des Unternehmens ständig wechselnden Informationsanforderungen ausgesetzt, die auf die eine oder andere Weise erfüllt werden müssen und die sich nicht mehr an die jahrhundertealten IT-Prozesse halten wollen. Die Folge: ITIL liegt in Trümmern, das IT-Service-Desk wurde „gestürmt" oder schlicht grober Missachtung ausgesetzt. Überall im Unternehmen beginnen sich die Fachabteilungen selbst zu versorgen. Sie kaufen Software (je inkompatibler mit dem zentralen Enterprise Data Warehouse, desto besser), bauen eigenes IT-Know-how und Ressourcen auf, erstellen ihre eigenen kleinen, separaten „Cubes". Hierzu gehört auch der wachsende Trend zur Nutzung von Cloud-Anwendungen, die sich gleichzeitig außerhalb der betrieblichen Technologieinfrastruktur bewegen. Verantwortlich hierfür sind die Stakeholder in den Unternehmen selbst. Häufig genug lehnen sie den gut gemeinten Rat, den Blick auf das „große Ganze" zu wagen, ab. Sie investieren lieber in überschaubare BI-Projekte als in ein gestaltungsfähiges Informationsmanagement, das im Zweifel die eigenen Ressourcen und Budgets beanspruchen könnte. Gerade deshalb ist das Informationsmanagement Sache der Geschäftsleitung und kann nicht in der Hand eines einzelnen Bereiches liegen. Aber auch die Beratungshäuser, die sich allzu gerne engagieren lassen für kleine, lokale Projekte, regionale BI-Strategien oder funktionale Lösungen ohne den Anspruch auf eine umfassende Konsistenz der Informationen im Unternehmen: „Die Hand, die einen füttert, beißt man nicht."

Leider haben uns die bisherigen technologischen Ansätze jedoch nicht das erwartete sorgenfreie Leben beschert (manche sagen: „noch nicht"). Die globale Einführung eines einheitlichen, omnipotenten Warenwirtschaftssystems oder eines Enterprise Data Warehouse war nicht die ersehnte Erlösung für das Informationsmanagement. Immer neue Technologien zeigen nur immer mehr die Notwendigkeit einer aktiven Koordination der Informationsprozesse auf. Ich möchte an dieser Stelle nicht die Auswirkungen auf die technologische Infrastruktur diskutieren. Vielmehr stellt sich die Frage, wie unser Unternehmen in Zukunft noch effizient arbeiten soll. Denn was viel schwerer wiegt als die Auswahl von Technologien und die dazugehörigen IT-Kosten, ist die Verfügbarkeit von Informationen selbst. Die dynamisch wachsende Fragmentierung unserer Informationsversorgung führt schlichtweg zu immer größeren Aufwänden bei der Suche nach verwertbaren und vollständigen Informationen:

WIR FINDEN GAR NICHTS MEHR!

Die Vielzahl an Informationssilos verhindert ein zusammenhängendes Informationsmanagement und eine konstruktive Zusammenarbeit im Unternehmen. Informationen sind mehr und mehr das Gut weniger „Eingeweihter". Die Suche nach verwertbaren Informationen auf Unternehmensebene verläuft immer häufiger erfolglos. Informationen können nicht, oder aufgrund regionaler oder fachspezifischer Unterschiede nicht vollständig, erhoben werden. Mögliche Einzelinvestitionen in individuelle Applikationen werden somit stets im Kontext der gesamten Informationsinfrastruktur und der definierten, globalen Ziele für das Informationsmanagement betrachtet.

Praxisbeispiel „Informationsinfarkt"

Ein Pharmaunternehmen erfasst über alle seine Produktionsstandorte eine bestimmte Kennzahl, die Personaleffizienz. Diese Kennzahl wurde vor Jahren einmal grundsätzlich von einer Projektgruppe erarbeitet. Danach wurde das Projekt zur Automatisierung an die IT übergeben, eine Erfassungsmaske wurde entwickelt und seither wird diese Kennzahl auf granularer Ebene, d. h. pro Produktionsstandort, gepflegt. Im Rahmen meiner Beauftragung fand ich heraus, dass es mindestens fünf verschiedene Interpretationen der Kennzahl auf lokaler Ebene gab, trotz einer durch die zentrale Controlling-Abteilung formulierten Verfahrensanweisung. Hinzu kam ein Ermüdungseffekt, weil immer mehr Kennzahlen über die Erfassungsmaske gepflegt werden mussten, so dass die Kennzahl nicht mehr berechnet, sondern immer öfter nur noch geschätzt wurde. Als Bestandteil der monatlichen Berichterstattung auf Managementebene war diese Kennzahl letztendlich wertlos, wurde aber über Jahre hinweg mühevoll erfasst und berichtet.

Nachdem die Projektgruppe die Kennzahl dokumentiert hatte, überließ sie das Management dieser, ursprünglich wichtigen, Information sich selbst. Mit Hilfe eines IT-Projektes wurde zwar eine Anwendung geschaffen, die die Erfassung und Dokumentation der Kennzahl für die Organisation erleichtern sollte. Aber wer kümmert sich letztendlich um die Information selbst?

Betrachten wir die Situation aus Sicht einer „Governance[16] für Informationen": Es hält sich der hartnäckige Mythos, dass ein einmaliger, gelungener Projektansatz (think big – act small/local etc.) mittelfristig das notwendige „Bewusstsein" für eine allgemeine Informations-Governance schaffe. Ebenso werde die Nachfrage nach durch die IT-Organisation zentral bereitgestellten Informationssystemen wachsen. Aber die Umsetzung von Informationsanforderungen in einer Konzernorganisation verlangt nach Manpower und Kompetenzen sowohl von Fachexperten, als auch durch Technologieexperten (IT). Budgets müssen beantragt und genehmigt werden, aber was am allerschlimmsten ist: Die Umsetzung der Anforderungen kostet Zeit! Wer soll sich um all dies kümmern?

In vielen Fällen erübrigen sich die Informationsanforderungen über die Zeit, weil die betroffenen Fachbereiche sich derweil selbst mit eigenen Lösungen versorgen, sei es durch einen talentierten Schüler während der Sommerferien oder durch eine professionelles Softwareschmiede. Einzelne Fachbereiche mit eigenen IT-Kompetenzen drohen bereits zu Beginn einer BI-Initiative ganz offen damit, auf einen Nischenanbieter zu setzen, falls die vorhandene Lösung die Anforderungen nicht vollständig abdeckt oder weil die Dringlichkeit der Anforderungen keine weitere Verzögerung zulässt. Man werde die Lösung dann aus „eigener Tasche" (aus dem laufenden Budget) bezahlen. Die technologischen Möglichkeiten nehmen ständig zu und die Bereitschaft, auf eine traditionelle Umsetzung von Informationsanforderungen zu warten, ist heute bereits sehr gering. Die Konzern-IT hat dieser Entwicklung gewöhnlich wenig entgegenzusetzen. Eine umfassende Verantwortung für die Gestaltung der Unternehmensinformationen selbst fehlt.

---

[16] Von lat. gubernare, dt. ‚lenken', ‚leiten', ‚kümmern'.

Ebenso fehlt dem Initiativen-Ansatz ein Plan, wie man künftig insgesamt mit den Themen Informationsmanagement und Business Intelligence verfahren soll. Glücklich (wenn auch nicht für lange Zeit) sind diejenigen Unternehmen, die sich nach einer Menge kleinteiliger BI- oder IT-Projekte letztlich zu einem Neubeginn durchringen können. Nur haben viele Unternehmen aus der Vergangenheit nichts gelernt und wenden die bereits gescheiterten Methoden des „Mikro-Informationsmanagements" („act small") erneut an. Wir alle (nicht nur die IT) mussten über die vergangenen zehn Jahre lernen, dass alle moderne Technologie nicht vor der Unbill einer sich ständig wandelnden Informationsinfrastruktur bewahrt. Sei es ein umfassendes, kontinuierliches Stammdatenmanagement, eine einheitliche, globale Kennzahlendefinition oder auch nur die Erfüllung von Nutzeranforderungen in einer angemessenen Form und in einem angemessenen Zeitraum. All die unerledigten Aufgaben spiegeln sich heute im Informationssystem des Unternehmens wider. Es sind diese Probleme, die über die letzten 15 Jahre nicht erledigt wurden. Und sie lassen sich nicht mit denselben Ansätzen lösen, die sie verursacht haben (wie schon Einstein richtig erkannte). Sie machen ein explizites Informationsmanagement jetzt umso dringender notwendig. Informationsmanagement scheitert nicht an einem zu großen Anspruch, es scheitert an zu kleinen Ansätzen.

Die häufig anzutreffenden Business-Intelligence-Strategien werden in aller Regel aufgrund des verbundenen hohen personellen und finanziellen Aufwandes nur einmalig formuliert. Diese als Projekte angelegten Maßnahmen sind darauf ausgerichtet, einen Konsens über die Zusammenarbeit zwischen der IT und einzelnen Fachbereichen herbeizuführen. Auch liegt die Vermutung nahe, dass durch die Formulierung einer solchen Strategie die Anforderungen der Fachfunktionen im Unternehmen besser gehandhabt werden und dadurch planbarer werden könnten. Aufgrund des eher punktuellen Charakters solcher Strategieprojekte kann sich jedoch in der Folge selten eine echte Governance für Informationen im Unternehmen entwickeln. Die Bewertung der Informationsanforderungen orientiert sich daher vielfach an den technischen Gegebenheiten und an den spezifischen, partikulären Problemstellungen einzelner Fachbereiche. Die Chance, durch einen strategischen Ansatz auch einen gesamthaften Ansatz für eine Informations-Governance zu erreichen, scheitert dementsprechend bereits in den Ansätzen aufgrund der politischen Verwerfungen im Unternehmen, die durch den Ansatz einer transparenten Bewertung der Informationslandschaft hervorgerufen wurden, und ist damit in den meisten Fällen vertan.

Die bisherigen Ansätze in Unternehmen, Informationsmanagement zu betreiben, halten den Herausforderungen an die Informationsversorgung schon seit längerer Zeit nicht mehr stand. Durch den Einsatz neuer Technologien alleine werden die Probleme im Umgang mit der Ressource Information jedoch nicht gelöst.

1.4.2   Der „Chief Data Officer": eine kurze Einführung

Unternehmensverantwortliche waren über die letzten Jahrzehnte stets auf der Suche nach mehr Entscheidungssicherheit durch Verwendung neuer technischer Lösungen, sei es mit

Unterstützung der ERP-Systeme oder mit Hilfe von Data-Warehouse-Lösungen. Trotzdem ist die Verwendung von Unternehmensinformationen immer noch durch Unsicherheit geprägt, sei es bedingt durch mangelhafte Datenqualität oder in Ermangelung der Verfügbarkeit zuverlässiger Informationen. Betrachten wir heute den Zustand der Informationssysteme und der Informationsinfrastruktur in Unternehmen, so haben sich das Informationschaos und die Unsicherheit sogar noch weiter erhöht als noch vor einigen Jahren, obwohl Millionen von Euro in die Weiterentwicklung oder gar Neuentwicklung von IT-Lösungen geflossen sind.

Ein hauptsächlicher Grund für den zunehmenden Informationsinfarkt in Unternehmen ist die Tatsache, dass Informationen nicht gemanagt werden. Weil Informationen in der Vergangenheit in erster Linie mit IT-Systemen in Verbindung gebracht wurden, fehlen in vielen Unternehmen ein Verständnis und eine Verantwortung für die Information selbst. Die Trennung von Informationen und Informationssystemen ist jedoch wichtig, um die Verantwortung für Informationsinhalte und deren Verfügbarkeit von der technischen Bereitstellung von Datenbanken und IT-Anwendungen zu trennen und zuweisen zu können.

Wie in Abb. 1.12 dargestellt, sind die Informationen selbst (oder entspr. im angelsächsischen Umfeld die Daten – *data*) das schwächste Glied in der Informationsversorgung, weil sie nicht durch eine eigenständige Verantwortung im Unternehmen bewirtschaftet werden („Noone's watching the store"). Weder die IT-Organisation, die die technische Infrastruktur in Form von IT-Systemen verantwortet und damit verantwortlich ist für die Speicherung und den Transport von Daten, noch die Fachfunktionen, die als solche einen fachlich-spezifischen Tätigkeitsschwerpunkt besitzen, sind in der Lage, die gesamthafte Verantwortung für sämtliche unternehmensrelevanten Informationen zu übernehmen. Im Zeitalter der Digitalisierung und Big Data ist es nicht mehr möglich, über dieses strukturelle Organisationsdefizit hinwegzusehen. Werden Informationen nicht als strategische Ressource betrachtet und durch ein verantwortliches Informationsmanagement (hier: der Chief Data Officer oder CDO) bewirtschaftet, drohen Informationen „in die Grube" zu fallen. Niemand kümmert sich dann um die Qualität und die Verfügbarkeit dieser Informationen.

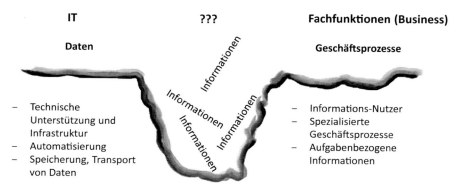

Abb. 1.12 Wer ist verantwortlich für Informationen? (nach Moss 2014)

Mit der Positionierung des „Chief Data Officer" wird zunehmend eine zentrale Verantwortung für das Management von Informationen geschaffen (Goldbloom 2012; Suh 2013). Die Entwicklung dieser für die meisten Unternehmen neuen Position wird aktuell geprägt von Unternehmen im Banken- und Versicherungsumfeld, also Unternehmen, für die Information nicht nur eine, sondern die einzige Kernressource darstellt. Hierzu gehören neben dem Versicherungskonzern AIG (Wilson 2014) auch die Bank Credit Suisse oder der amerikanische Online-Broker-Dienst TD Ameritrade (Moss 2014). Im Folgenden sind die primären Aufgaben des CDO kurz zusammengefasst:

- „Erlangung von Kenntnis über die Informationen des Unternehmens": Dies schließt alle Arten von Daten mit ein, gleich ob diese unstrukturiert oder strukturiert vorliegen, in welcher Qualität und in welchem Format sie vorliegen.
- Über die Kenntnis von Informationen hinaus übernimmt der CDO die Verantwortung für die von Verwendung von analytischen Methoden sowie für die Gestaltung der notwendigen technischen Infrastruktur (Speicher- und Rechenkapazitäten)
- Der CDO ist verantwortlich dafür, dass der für die Analyse von Informationen notwendige Aufwand einen entsprechenden Gegenwert für das Unternehmen zur Folge hat. Dies entspricht der Bewertung des wirtschaftlichen Potenzials von Informationen oder auch dem Informationswert.
- Der CDO verantwortet die einheitliche, konsistente Definition von Informationen im Unternehmen (Abschn. 4.1).
- Der CDO steuert alle Aktivitäten zur Verbesserung der Informationsqualität und der Verfügbarkeit von Informationen (Abschn. 4.2).
- Der CDO verantwortet das Budget für die Gestaltung der Informationsinfrastruktur.

In der unter anderem von Larissa Moss[17] vorgeschlagenen Form besitzt die Position des „Chief Data[18] Officer" eine umfassende, unternehmensweite Verantwortung und Gestaltungsmacht, um die Informationssilos, das Informationschaos und die fragmentierten Verantwortlichkeiten für Informationen unternehmensweit zu koordinieren. Will das Unternehmen die Gestaltung seines Informationsraums als Ressource nutzen, dann kann das

---

[17] Larissa Moss ist Mitglied des Cutter Consortiums und seit über 30 Jahren als Beraterin für das Informationsmanagement tätig. Sie ist Autorin mehrerer Bücher, unter anderem „Data Quality", auf das hier mehrfach Bezug genommen wird.

[18] Im angelsächsischen Umfeld stellt sich die Gewichtung der Begriffe Daten und Informationen umgekehrt dar wie im deutschen Sprachgebrauch, deshalb sprechen die US-amerikanischen Kollegen eher von Daten als von Informationen, wenn sie Informationen im ursprünglichen Sinne meinen. Im deutschsprachigen Raum lassen sich über die etymologischen Inhalte der Begriffe die sachlichen Inhalte in der Regel gut differenzieren.

Informationsmanagement in diesem Falle nicht mehr, wie in der Vergangenheit gerne praktiziert, als Randressort oder gar Stabsstelle innerhalb einer Fachfunktion oder als Teil der IT-Organisation positioniert werden, sondern erlangt eine eigene Management-Kompetenz. Der Governance-Anspruch des Informationsmanagements, der sich hieraus ableitet, wird zunehmend in Unternehmen umgesetzt.

Ziel des strategischen Informationsmanagements ist es, Informationen nachhaltig für das Unternehmen nutzbar zu machen durch die Integration aller Informationen und die zentrale Koordination. Darüber hinaus benötigen die Unternehmen auch das Durchhaltevermögen, das für die erfolgreiche Umsetzung von Veränderungsprozessen unerlässlich ist. Als Unternehmensberater habe ich einige Unternehmen kennengelernt, in denen dieser Mut zu einem konsequenten Informationsmanagement fehlte und die ihren fehlenden Mut täglich teuer bezahlen, weil die rasant wachsende Informationswelt durch konkurrierende Unternehmen im Markt, die ihrerseits auf ein dediziertes Informationsmanagement setzen, auf die Informationsbedürfnisse einzelner Unternehmen keine Rücksicht nimmt. Entsprechend der Darwin'schen Evolutionstheorie bleiben solche Unternehmen mittelfristig zurück, verschwinden vom Markt oder werden durch Konkurrenten „aufgefressen"... „wohl bekomm's".

Think Big – von der Unternehmensstrategie zum strategischen Informationsmanagement

2

Zusammenfassung

Der erste und wichtigste Schritt auf dem Weg zu einem umfassenden Informations-management ist die Entscheidung der Unternehmensleitung für ein umfassendes In-formationsmanagement. Sobald diese Entscheidung getroffen wurde, kann mit der Entwicklung einer Informationsstrategie begonnen werden. Das folgende Kapitel führt zunächst die Instrumente des Informationsraums und die Verwendung der „Pro-gressive Information Strategy Map" als Steuerungsinstrument für die Bewertung und Gestaltung von Informationen und Informationsprozessen ein. Auf der Grundlage der Unternehmensstrategie, der Unternehmenssteuerung und aller Geschäftsprozesse wird der aktuelle Zustand der Informationsversorgung bewertet, die Strategie für das Infor-mationsmanagement formuliert und das strategische Informationsmanagement in der Unternehmensorganisation verankert.

Think Big!

© Springer Fachmedien Wiesbaden 2015
D. Knauer, *Act Big – Neue Ansätze für das Informationsmanagement,*
DOI 10.1007/978-3-658-06751-9_2

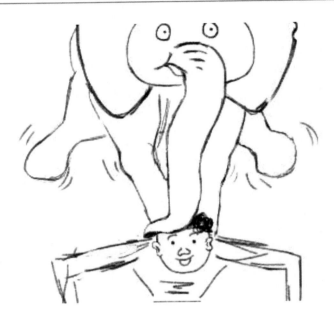

Mit der Formulierung der Unternehmensstrategie werden die Kernziele des Unternehmens verkündet: „Wachstum", „hohe Kundenzufriedenheit", „Produktführerschaft", „hoher Deckungsbeitrag" sind strategische Statements und meist höchst relevant für den Unternehmenserfolg und finden umgehend Eingang in die Steuerungsinformationen des Unternehmens. Die Verfügbarkeit dieser Informationen bildet die Voraussetzung für die erfolgreiche Umsetzung der Unternehmensziele. Die komplexe und intensive Arbeit der Formulierung einer Unternehmensstrategie muss daher begleitet werden durch eine Strategie, wie eine funktionierende Informationsversorgung mit Informationen im Unternehmen erreicht und nachhaltig etabliert werden kann: die Informationsstrategie.

Die Informationsstrategie orientiert sich zunächst an den Informationen selbst und an den zugehörigen Informationsprozessen, unabhängig von Informationstechnologien. Um die Fehler der Vergangenheit nicht zu wiederholen, muss das Unternehmen als Ganzes, seine Umwelt, aber auch die zukünftige Entwicklung bewertet und in ein agiles Gesamtkonzept für die künftige Informationsversorgung gegossen werden. Die Informationsprozesse im Unternehmen müssen derart gestaltet sein, dass sie sich künftigen Anforderungen anpassen können, d. h., sie müssen agil sein, und ebenso muss sich die korrespondierende technologische Infrastruktur (IT) entsprechend den Anforderungen im Markt und im Unternehmen weiterentwickeln.

Praxisbeispiel fehlende zentrale Steuerung der Informationsprozesse

In einem Unternehmen hatte ich die Informationsprozesse im Controlling zu analysieren, ausgehend von den Informationsquellen der Tochtergesellschaften des Konzerns, und über alle Ebenen des Unternehmens bis hin zur Management-Berichterstattung der

Konzernleitung. Der Informationsprozess war gekennzeichnet durch das Sammeln und Aggregieren spezifischer Informationen (Finanzkennzahlen) über die Unternehmenshierarchie (Informationsprozess: Sammeln und Aggregieren von Kennzahlen). Die für die Konzernsteuerung relevanten Informationen waren jedoch für das lokale Management nicht von Interesse. Es entstand ein hoher Aufwand, die gewünschten Kennzahlen in den lokalen Systemen zu erzeugen und für den Management-Bericht bereitzustellen. Die Kennzahlen konnten zwar mit aggregierten Durchschnittswerten der KPIs des Unternehmens verglichen werden, sie waren jedoch für das Management der lokalen Gesellschaft nur sehr eingeschränkt hilfreich. Der gleiche Informationsprozess hätte auch als Grundlage für weitere Informationen im Bereich der Produktion verwendet werden können, weil der Vergleich mit anderen Produktionsstätten des Unternehmens für die lokale Produktion als Benchmark hätte verwendet werden können. Dieser fast identische Informationsprozess befand sich jedoch nicht im Scope der Unternehmensleitung. In der Folge wurden zwei IT-Systeme entwickelt, die jeweils getrennt voneinander fast identische Informationsprozesse darstellten.

Die heute vielfach vorhandene Fragmentiertheit der Informationsinfrastruktur erschwert oft eine einfache, überschaubare Strukturierung der Informationen im Unternehmen. Variantenreiche Begründungen der Geschäftsprozessverantwortlichen künden davon, dass es unmöglich sei, Informationsprozesse im Unternehmen zu vereinfachen. Komplexe Kalkulationen sorgen dafür, dass die Verantwortung für spezielle Informationen an einzelne Personen gebunden ist, die ihr Mikromanagement vehement verteidigen und gleichzeitig aufgrund von Partikularinteressen im Unternehmen protegiert werden. Hierzu gehört auch die brennende Frage, wem die Daten gehören. Wie verstehen die Beteiligten die Begrifflichkeiten („Die Informationen“ – „die Dateien“, „die Kennzahlen“, „Die Berichte“)? Wer wacht darüber? Wer übt letztendlich die *Herrschaft über Informationen* (Abschn. 3.3) aus und wacht über deren Qualität und Verfügbarkeit? Wer bestimmt darüber, wer welche Informationen im Unternehmen verwenden darf und wer nicht? Diese grundlegenden Fragen nach der Governance für Informationen müssen im Rahmen der Entwicklung einer Informationsstrategie beantwortet werden.
Aber:

- wird diese Verantwortung nicht bereits durch die IT-Organisation wahrgenommen?
- Können diese Fragen nicht im Rahmen der Entwicklung von IT-Strategien beantwortet werden?

IT-Strategien sind selten in der Lage, diese Fragen zu beantworten – es ist auch gar nicht ihre Aufgabe. Der Bebauungsplan einer IT-Architektur sagt uns nichts über Informationsqualität. Ebenso scheitern die in den vergangenen Jahren populärer gewordenen Business-Intelligence-Strategien am Anspruch, ein umfassendes Informationsportfolio mit Hilfe von Data-Warehouse-Systemen, Datenbanken und Analysetools abzudecken. In der Regel dienen BI-Strategien der technischen Umsetzung eng umrissener Informationsbedarfe wie z. B. des Berichtswesens für Finanzen und Controlling, oder der Logistik, oder für einen speziellen Teil der Produktion. Die Disziplin der IT-dominierten Business Intelligence hat es nicht geschafft, aus dem Schatten der Informationstechnologie herauszutreten. Dementsprechend fehlt in den meisten Unternehmen eine unabhängige Instanz, die die Verantwortung für die Gestaltung der Informationsversorgung trägt. Die Frage des Einsatzes einer bestimmten Informations-Technologie ist dagegen nicht Gegenstand der Informationsstrategie bzw. wird durch das Informationsmanagement erst gestellt, wenn die für die Informationsstrategie gestellten Fragen geklärt sind.

Heutige Unternehmen strotzen vor IT-Systemen, BI-Tools, Schatten-IT-Systemen und Datenbanken. Und täglich kommen neue Technologien hinzu. Claims sind abgesteckt in Bezug auf die Herrschaft über die Quellsysteme und die Exklusivität des Zugriffs.

Die Informationsstrategie eines Unternehmens muss eine umfassende Strategie für alle unternehmensrelevanten Informationen und Informationsprozesse darstellen – und dies zunächst unabhängig von der Technologie. Wir wollen uns daher auf einen rein fachlichen Ansatz zur Formulierung strategischer Ziele und Maßnahmen für die Gestaltung des Informationsmanagements konzentrieren. Bislang sind nur wenige Unternehmensstrategien eng mit der Strukturierung der Informationsversorgung verknüpft. Die Formulierung einer neuen Informationsstrategie als „Business Intelligence 2.0" erfordert daher ein radikales Umdenken im Unternehmen. Eine Informationsstrategie wird nicht auf einer grünen Wiese entwickelt. Im Hinblick auf den notwendigen Kulturwandel entscheidet die Informationsstrategie darüber, inwieweit sich ein Kulturwandel hin zu einem „informationsgestützten Unternehmen" erfolgreich umsetzen lässt und welche wirtschaftlichen Potenziale gehoben und welche Ressourcen in deren Nutzung investiert werden sollen. Die vier wichtigsten Schritte einer Strategie für das Informationsmanagement seien hier kurz genannt:

- Positionsbestimmung – Wie gehen wir heute mit Informationen um?
  - Aufbau und Bewertung des Informationsraums des Unternehmens
  - Kostenbewertung in Bezug auf den heute vorhandenen Informationsraum
- Potenzialbestimmung
  - Bewertung der enthaltenen Informationen (Stärken und Schwächen, Nutzen und Potenzial)
  - Vision und Mission: Welchen Nutzen ziehen wir mittelfristig aus unseren Informationen?
- Skizzierung des Zielszenarios
  - Beschreibung der Bedeutung von Informationen für das Unternehmen – Definition von Informationen
  - Bestimmung der Verantwortlichkeiten
  - Definition der Bandbreite: Was sind Informationen, welche Bandbreite von Informationen soll durch das Informationsmanagement gestaltet werden?
  - Wie viel ist dem Unternehmen die Zielerreichung wert?
  - Skizzierung von Benchmarks und Milestones für die Zielerreichung
  - Dimensionierung und Strukturierung der notwendigen Ressourcen

• Roadmap/Szenarien
  – Beschreibung der für eine Zielerreichung aus heutiger Sicht möglichen Vorgehensweisen und Alternativen
  – orientiert sich an der bestehenden Unternehmensstrategie

2.1   Der Informationsraum

Der Informationsraum repräsentiert die Gesamtheit der Informationen, die für ein Unternehmen relevant sind. Da die Informationsquellen und ihre Verwendung sich mit der Zeit ändern, ist der Informationsraum hoch dynamisch (Engelbach 2008). Gleichzeitig vermehrt sich die schiere Menge an Informationen weiterhin rasant, und mit ihr die Zahl externer und interner Informations- und Datenquellen. Für das Informationsmanagement bedeutet es deshalb die vornehmlichste Aufgabe, alle unternehmensrelevanten Informationen (Abb. 2.1) so zu strukturieren und zu bewerten, dass sie als Teil der Informationsinfrastruktur auch Teil des Lösungsangebotes für Informationsanforderungen sein können.

Der Informationsraum beschreibt gleichzeitig auch die neuralgischen Punkte der Informationslandschaft. Strategisch relevante Informationen müssen im Unternehmen in einer definierten Qualität zur Verfügung stehen, um zeitnah entscheidungsrelevante Informa-

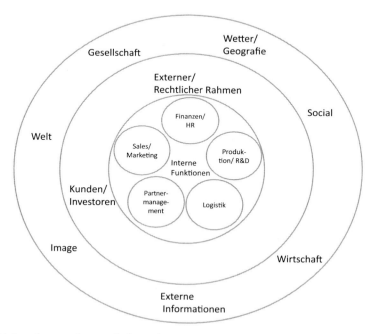

Abb. 2.1 Unternehmensrelevante Informationen

tionen in geeigneter Form an der richtigen Stelle zur Verfügung zu haben. Der Aufwand für die Aufbereitung dieser Informationen soll so gering wie möglich gehalten werden. Entsprechend signalisieren diejenigen relevanten Informationen dringenden Handlungsbedarf, die im Falle der Anforderung nicht zur Verfügung stehen würden, beispielsweise aufgrund fehlender oder inkonsistenter Definitionen von Kennzahlen, nicht verwertbarer Stammdatenqualität, fehlender Ansprechpartner oder ungewisser Zuständigkeiten. Wesentlich dabei bleibt, dass es für ein Unternehmen nur einen einzigen, umfänglichen Informationsraum gibt, der alle Informationen enthält, welche für das Unternehmen hinsichtlich der Erfüllung der betrieblichen Ziele von Bedeutung sind. Hierzu gehören nicht nur diejenigen Informationen, die für das Unternehmen erreichbar sind, sondern auch diejenigen Informationen, über die es zu einem bestimmten Zeitpunkt weder verfügt noch Zugriff hat.

Der Bestand an Informationen, die für ein Unternehmen relevant sind, ist in der Regel so groß und unübersichtlich, dass er aus der Perspektive des einzelnen Mitarbeiters kaum sinnvoll nutzbar erscheint. Dies gilt insbesondere für schwach strukturierte, wissensintensive Informationsprozesse mit unterschiedlichen Akteuren wie zum Beispiel sich ergänzende oder überlappende Geschäftsprozesse (Engelbach 2004). Oftmals haben die unterschiedlichen Akteure noch nicht einmal Kenntnis voneinander, was dazu führt, dass Informationen an einer Stelle gesucht werden, die wiederum an anderer Stelle selbstverständlich verfügbar sind.

Die traditionellen Ansätze eines koordinierenden Informationsmanagements, beispielsweise in Form eines BI Competence Centers, scheitern vielfach daran, dass Informationen als individuelles Eigentum von Bereichen, Abteilungen oder auch legalen Einheiten (z. B. Tochterunternehmen, Werke, Standorte) betrachtet werden und nicht als das, was sie sind, nämlich eine zentrale Ressource für das Unternehmen. Zusätzlich leidet die Qualität der Informationen, weil kein gesamthaftes Bild des Informationsraums erkennbar ist. Die Informationen werden nur gepflegt, soweit es für die Erfüllung der eigenen Anforderungen erforderlich oder zentraler Informationsanforderungen zwingend notwendig ist. Top-down-Ansätze zur Strukturierung einer umfassenden Informationsversorgung stoßen schnell an ihre Grenze, wenn die Kenntnis über den Informationsraum und dessen Inhalte fehlt. Nicht nur die Komplexität des Informationsraums, auch die verwendeten Definitionen zum Beispiel für Kennzahlen in unterschiedlichen Bereichen des Unternehmens erschweren die Schaffung eines konsistenten Verständnisses für Informationen und deren Wert für das Unternehmen. Klassische Ansätze des Informationsmanagements scheitern auch daran, dass sich über Jahre respektive Jahrzehnte eine Unternehmenskultur entwickelt hat, die einen exklusiven Umgang mit Informationen erlaubt. Wenn das Unternehmen keine Kontrolle über unternehmensrelevante Informationen hat, sinkt das Vertrauen in die Werthaltigkeit von Informationen. Die Folge sind separate Informationssilos, seien es Notizen, abteilungsinterne Datenbanken, Gedächtnisleistungen oder Ähnliches. Der Informationsraum (oder die Informationslandschaft, ganz wie Sie wollen) wird infolge dessen zunehmend fragmentiert.

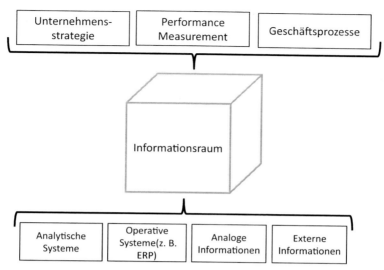

Abb. 2.2 Faktoren des Informationsraums

Für ein Unternehmen ist daher es existenziell wichtig, Kenntnis über die für den Betrieb wichtigen Informationen zu besitzen und diese in einer für das Unternehmen profitablen Art und Weise nutzen zu können. Hierbei ist es vollkommen unerheblich, ob es sich bei diesen Informationen um unstrukturierte, strukturierte, viele oder wenige, Big Data oder traditionelle Finanzkennzahlen, Streaming, soziale oder sonstige Informationen handelt (Abb. 2.2). Da es sich um Unternehmensinformationen und unternehmensrelevante Informationen handelt, sind sie zwangsläufig auch Teil des Informationsraums. Dies bedeutet wiederum, dass sie als unternehmensrelevante Ressource auch einer umfassenden Koordination bedürfen, um künftige Informationsinfrastrukturen[1] effizienter und leistungsfähiger zu gestalten.

Informationen im Informationsraum eines Unternehmens müssen eindeutig sein. Nicht eindeutige Informationen führen zu Missverständnissen, Irritationen, Fehlentscheidungen und wirtschaftlichem Verlust. Die Mitarbeiter eines Unternehmens müssen über dieselben Dinge kommunizieren, deshalb sollten sie nicht dieselben Informationen auf unterschiedlichen Wegen beziehen oder ein gemeinsames Verständnis für bestimmte Informationen immer neu erarbeiten müssen. Kenntnis darüber zu haben, auf welche Informationen in welcher Form und Qualität das Unternehmen innerhalb welcher Zeit zugreifen kann, ist im Zweifel entscheidend für das wirtschaftliche Überleben des Unternehmens. Um den Informationsraum derart zu strukturieren und die Eindeutigkeit von Informationen im Informationsraum zu gewährleisten, ist eine stringente Governance in Form eines handlungsfähigen Informationsmanagements unerlässlich.

---

[1] Informationsinfrastruktur: Informationen und Informationsprozesse, in Abgrenzung zur technischen Infrastruktur oder IT-Infrastruktur. Vgl. Kap. 1.

Abb. 2.3 Eindeutige Informationen als Voraussetzung für horizontale und vertikale Konsistenz von Informationen

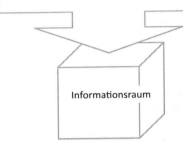

- Finanzinformationen
- Produktionskennzahlen, Qualitätsinformationen
- Lokale und globale Informationen
- Fachliche, technische, organisatorische Informationen
- Unstrukturierte Informationen, Ablagen, Texte
- Industrie 4.0, Automatisierung
- Sicherheitsinformationen (Security)
- Soziale Informationen (Social Networks)
- …….

Informationsraum

Die Grundstruktur des Informationsraums ist recht einfach. Nachdem wir in unserem räumlichen Vorstellungsvermögen auf drei Dimensionen beschränkt sind, wird auch der Informationsraum anhand dreier Dimensionen aufgespannt (Abb. 2.3):

- Relevanz der Informationen,
- Ihre Qualität und der
- Grad an Verfügbarkeit.

Informationen lassen sich anhand dieser Kategorien einfach und transparent bewerten. So lässt sich in der Folge die dreidimensionale Struktur mit Informationen füllen, angefangen bei einem einfachen Stammdatum wie zum Beispiel einem Buchungs-Konto im Accounting bis hin zur strategischen Kennzahl oder einem Störungssignal der Produktionsmaschine. Alle Informationen, die für das Unternehmen von Relevanz sind, können auf diese Art bewertet werden und bilden gemeinsam den Informationsraum. Wenn eine Information im Informationsraum enthalten ist, kann sie Bezüge zu weiteren Informationen enthalten, wie die Beschreibung des Informationsprozesses, der Informationsquelle oder der Entstehung von Informationen. Zusammenfassend kann somit ein Bewertungsschema erstellt werden, das sich an den in Tab. 2.1 erläuterten Dimensionen bzw. Kriterien orientiert:

Der aus der Bewertung der drei Bewertungsdimensionen *Relevanz, Qualität und Erreichbarkeit* entstehende Informationsraum enthält sämtliche, das Unternehmen betreffenden Informationen. Als Grundlage und zur Orientierung bei der Erfassung der im Informationsraum enthaltenen Informationen dient die vorhandene Informationsinfrastruktur

Tab. 2.1 Dimensionen des Informationsraums

Kategorie/Dimension des Informationsraums	Erläuterung
Relevanz von Informationen	Bezug zu Unternehmensstrategie und Unternehmenssteuerung
	Bewertung durch das Management
	Auswirkungen durch Nichtvorhandensein
Qualität von Informationen	Eindeutige Definition
	Vollständigkeit
	Genauigkeit
Grad der Erreichbarkeit/Verfügbarkeit von Informationen	Quelle ist vorhanden und dokumentiert
	Information kann abgerufen werden
	Information steht zur Verfügung (z. B. in Form einer Applikation oder eines Berichts)

in Form der bestehenden Informationsprozesse und Informationssysteme. Die strategisch relevanten Informationen leiten sich zunächst direkt *aus der Unternehmensstrategie,* aus dem *Steuerungskonzept und aus der Beschreibung der Kerngeschäftsprozesse* des Unternehmens ab. Die generischen Informationsanforderungen setzen sich entlang des Informationsprozesses über alle Unternehmensebenen und -bereiche fort. Die Informationsquelle kann eine beliebige Datenbank, ein Dokumentenspeicher oder auch ein E-Mail-Server im Unternehmen sein. Genauso sind externe Datenquellen wie soziale Netzwerke oder Maschinendaten (z. B. von an Kunden ausgelieferten Maschinen, Fahrzeugflotten etc.) als Quellen unternehmensrelevanter Informationen zu untersuchen. Es ist die Aufgabe des Informationsmanagements, Kenntnis über diese Informationen zu haben.

Dem ambitionierten Informationsmanager wird von Zeit zu Zeit vorgeworfen: „Ja wollen Sie denn alles sammeln?" Im Zeitalter von „Big Data" und Industrie 4.0 kann die Antwort auf diese Frage nicht Nein lauten. Jedoch müssen wir uns (was wir ja gerade tun) überlegen, wie wir die Aufgabe des Sammelns definieren: hierfür eine Formulierung zu finden, ist die Aufgabe der Informationsstrategie. Für die Darstellung des Informationsraums benötigen wir effiziente Werkzeuge. Werkzeuge wie Datenbanken und Monitoring-Systeme für die Beschreibung des Zustandes des Informationsraums oder die Bewertung von Informationen sind heute überhaupt nicht oder nur rudimentär im Einsatz. Die Mittel, mit denen traditionell Informationen und Informationsanforderungen erfasst werden, sind vielmehr Teil des Problems, das das Informationsmanagement und auch die die Business Intelligence in der Vergangenheit zu lösen versuchten[2]. Um den Informationsraum des Unternehmens effizient zu erfassen und zu bewerten, benötigt es zumindest ergänzende, unabhängige, leistungsfähige Informationssysteme, insbesondere im Sinne der künftigen, inhaltlichen Integration.

---

[2] Vgl. Einstein, A.: Die Probleme dieser Welt lassen sich nicht mit jenen Methoden lösen, mit denen sie hervorgerufen wurden.

„Gibt es überhaupt irrelevante Unternehmensinformationen?"
Wenn ja, dann würden Informationen im Unternehmen existieren, die niemand benötigt, sondern die lediglich Aufwand und Kosten verursachen. Eine solche Situation ist möglich, wenn im Zeitverlauf Informationsanforderungen obsolet geworden sind, aber der dazugehörige Informationsprozess weiter betrieben wird.

Beispiel Management der Verfügbarkeit von Informationen

So entfällt in Deutschland für abgepackte Nudeln künftig per Gesetz das Verfallsdatum. Der hinter dem Verfallsdatum stehende Informationsprozess ist komplex und erstreckt sich vom Herstellerunternehmen über die Lieferkette bis in den Supermarkt. Der Hersteller der Nudeln, ein über Jahrzehnte gewachsenes Konzernunternehmen, hat sich auf die Praxis der Verwendung des Verfallsdatums eingestellt. Wenn diese Information in einem bestimmten Land aufgrund geänderter gesetzlicher Rahmenbedingungen obsolet wird, müssen aufgrund des Wegfalls der Kennzeichnungspflicht signifikante Teile des Informationsprozesses neu geordnet werden. In anderen Ländern muss der Informationsprozess erhalten bleiben oder sogar neu geschaffen werden. Die Information ist also regional relevant, ein Monitoring der Anforderungen durch ein zentrales Informationsmanagement ist notwendig, um den Aufwand für die Gestaltung der Informationsprozesse so gering wie möglich zu halten.

Wie schnell sich die strategische Relevanz von Informationen ändern kann, zeigt sowohl die öffentliche Diskussion über den Umgang mit sozialen Medien, mit „Big Data" oder auch die Entwicklung von Informationsanforderungen in der Produktion[3]. Es ist in sozioökonomischen Systemen nicht immer möglich, Bewertungen nach rein objektiven Maßstäben zu treffen. Entscheidend sind auch die kluge Voraussicht und Erfahrung des Bewertenden, um eine Information im Informationsraum richtig einordnen zu können. Diese Bewertungskriterien sind zwar subjektiv, aber ebenso Teil der Erfassung und Bewertung des Informationsraums (Tab. 2.2).

Um die Informationen richtig einzuordnen und in der Folge auch für das Informationsmanagement ein Monitoring mit Unterstützung der Unternehmensfunktionen zu ermöglichen, ist es sinnvoll, in die Bewertung der Informationen die beteiligten Stakeholder und die Nutzer der Informationen mit einzubeziehen. Wie wir später noch sehen werden, basiert das Informationsmanagement nicht auf einer losgelösten Organisationsstruktur im Unternehmen, sondern erlangt seine Stärke hinsichtlich des unternehmerischen Mehrwerts aus der intensiven Kommunikation und Vernetzung im Unternehmen (Abb. 2.4).

Um den informationsraum effizient koordinieren und gestalten zu können, muss dieser „geordnet" und „beherrschbar" sein (Najarro 2003). Das bedeutet, dass es für das Management von Informationen eindeutige Verantwortlichkeiten geben muss. Ist dies nicht der Fall und gibt es im Unternehmen immer wieder Gerangel um Zuständigkei-

---

[3] Vgl. „Internet der Dinge", VDI, 2007, S. 132.

Tab. 2.2 Objektive und subjektive Bewertung der Relevanz

Objektive Bewertung	Subjektive Bewertung
Die Information hat einen direkten Bezug zur Unternehmensstrategie	Wichtigkeit aus Sicht des Informationsanforderers
Ohne die Information können essenzielle Leistungen nicht erbracht werden	Einschätzung der Bedeutung der Information (global, lokal)
Die Verwendung der Information hat eine direkte oder mittelbare Auswirkung auf den Unternehmenserfolg	

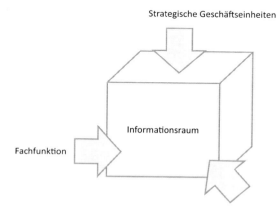

Abb. 2.4 Einbindung der Unternehmensfunktionen an der Bewertung des Informationsraums

ten und Zugriffsmöglichkeiten, verfällt das globale Informationssystem schnell in einen Zustand, den man als „Informationschaos" beschreiben kann, weil unterschiedlichste Interessengruppen (Stakeholder) im Unternehmen Einfluss auf Qualität und Verfügbarkeit von Informationen nehmen, und dies nicht immer zum Wohl des Gesamtunternehmens. Die Gestaltung des Informationsraums gibt dem Unternehmen und dem Informationsmanagement Gelegenheit, Informationen, Informationszusammenhänge, Interessenssphären und damit auch Verantwortungsbereiche transparent darzustellen. Grundlage für die Zusammenfassung inhaltlich verbundener Informationen ist die Differenzierung der Informationen nach Verantwortungsbereichen in Form eines „Clusterings" von Informationen. Durch die Zusammenfassung von Informationsbündeln in Informations-Clustern wird die Information nicht mehr nur isoliert betrachtet, sondern als Verbund von Informationen betrachtet. Dabei gilt es, insbesondere das Zusammenwirken unterschiedlicher Informationen zu beachten, d. h. Wirkzusammenhänge verschiedener Informationen innerhalb des Informations-Clusters zu bestimmen (Petersohn 2014). Während Einzelinformationen, wie zum Beispiel ein Kundenname, für sich genommen einigermaßen einfach zu bewerten und zu kontrollieren sind, stellen zusammengesetzte Informationen, wie zum Beispiel die „Kundenadresse" oder der „Umsatz pro Kunde", eine zusammengesetzte Menge von Einzelinformationen dar, die vor allem in Organisationen mit einer heterogenen IT-Landschaft sowie mannigfaltigen fachlichen Partikularinteressen eines koordinierenden Managements bedürfen. Der Informationscluster kann somit auch als Grundlage für die Neustrukturierung (Assignment Abschn. 4.2) von Verantwortlichkeiten dienen.

Die Erarbeitung einer Informationsstrategie sollte nicht daran scheitern, dass die Erfassung und Bewertung des Informationsraums zu einer allzu langwierigen Angelegenheit wird. Deshalb ist für die Erfassung der unternehmensrelevanten Informationen ein konzertiertes Vorgehen in Projektform sinnvoll. Auch die Vorgehensweise für die Bewertung des Potenzials (Abschn. 2.3) sollte so gewählt sein, dass eine künftige Verwendung und Weiterentwicklung des Informationsraums gewährleistet sind. Die Bestandsaufnahme aller erreichbaren Informationen ist zudem meist nicht ohne Überwindung unternehmensinterner Widerstände zu lösen. Die geschilderten Beispiele zeigen, wie eng der Spielraum für Veränderungen und Anpassungen der Informationssysteme im Konzernumfeld geworden ist. In diesen Fällen zahlt es sich aus, wenn bereits in der Vergangenheit im Sinne eines unternehmensweiten Informationsmanagements betriebswirtschaftliche Fragen auf Unternehmensebene vorgedacht wurden und Know-how über die Inhalte des dem Unternehmen eigenen Informationsraums vorhanden ist.

2.1.1 Relevanz von Informationen

Alle Informationen, die im Unternehmen erzeugt, verwendet oder nachgefragt werden, sind zweifellos relevant (wenn nicht, müssten wir uns ernsthafte Gedanken um den Zustand des Unternehmens machen). Darüber hinaus verwenden Unternehmen auch externe Informationen, beispielsweise von Zulieferern, Kunden, aus sozialen Medien, aus Maschinensignalen, von Informations-Anbietern für Markt- und sonstige Daten. Sind die Informationen relevant im Sinne der strategischen Geschäftsziele und erleichtern die Informationen die Umsetzung der Mission, dann wird das Unternehmen große Anstrengungen unternehmen, um die betreffenden Informationsquellen zu erschließen. Eine sehr hohe und globale Relevanz besitzt eine Information, wenn sie mit direktem Bezug zur Unternehmensstrategie oder als Bestandteil der Unternehmenssteuerung definiert ist. Die Information muss dann global an allen Standorten im Unternehmen als Indikator für die Unternehmenssteuerung verfügbar sein.

Wie in Abb. 2.5 dargestellt, können Informationen auf verschiedene Arten relevant sein. Sie können beispielsweise durch die Unternehmensleitung als strategisch wichtig erachtet werden. Diese Anforderungen sind direkt mit der Unternehmensstrategie und dem Steuerungsansatz verknüpft. Die Relevanz von Informationen kann sich aber auch auf geografische Regionen oder einzelne Standorte beziehen. In diesem Fall ist die Information nur lokal oder regional relevant. Sie spielt dann zwar als Teil des Informationsraums eine ebenfalls entscheidende Rolle, wird aber nur regional eingeschränkt betrachtet und meist nicht auf globaler Ebene berichtet. Das zentrale Informationsmanagement, bzw. der Informationsraum, erkennt diese Information und übernimmt die Verantwortung für die Einhaltung von Eindeutigkeit und Konsistenz der Informationen auf Gesamtunternehmensebene.

Abb. 2.5 Relevanz von
Informationen

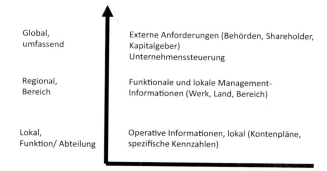

Global,
umfassend

Regional,
Bereich

Lokal,
Funktion/ Abteilung

Externe Anforderungen (Behörden, Shareholder,
Kapitalgeber)
Unternehmenssteuerung

Funktionale und lokale Management-
Informationen (Werk, Land, Bereich)

Operative Informationen, lokal (Kontenpläne,
spezifische Kennzahlen)

Ebenso unstrittig sind diejenigen Informationen, die zwingend aufgrund regulatorischer Bestimmungen im Rahmen des externen Berichtswesens für Behörden, Eigentümer, Kapitalgeber bereitzustellen sind. In diesem Fall müssen die Informationen zu einem bestimmten Zeitpunkt in einer definierten Informationsqualität (2.1.2) zur Verfügung stehen. Die Firma hat nicht die Wahl, aus eigenen Stücken die Parameter dieser Informationen hinsichtlich Zeitpunkt oder Qualität zu variieren. Sie sind deshalb ebenfalls von höchster Relevanz, wie sich beispielsweise an den Bestrebungen im Banken- und Versicherungsumfeld, eine durchgehend konsistente Informationsversorgung zu etablieren, ablesen lässt.

2.1.2   Informationsqualität

Eine weitere Messgröße zur Einordnung von Informationen im Informationsraum ist die Informationsqualität, mit der eine Aussage über die inhaltliche Beschaffenheit von Informationen gegeben wird. Je relevanter Informationen für das Fortkommen der Unternehmung sind, desto höher ist auch der Anspruch an die Qualität der Information. Die Information muss richtig sein, also korrekt, die Information muss möglichst vollständig sein und sie muss eindeutig sein. Zudem muss die Information in einem Unternehmen konsistent sein, das heißt, ihre Definition muss zeitlich invariant sein und sie muss in allen Ebenen und in allen funktionalen Einheiten und Regionen die gleiche Bedeutung besitzen. In der Literatur wird der Begriff Informationsqualität häufig gleichgesetzt mit Datenqualität (Wang 2002) und entsprechend mit Anforderungen an Datenintegrität und Formate beschrieben. Die Trennung von Anforderungen an Daten und Anforderungen an Informationen ist jedoch wichtig und im betrieblichen Zusammenhang unerlässlich, da hierdurch eine Abgrenzung erreicht wird zwischen der Perspektive des technischen Lagerung und Bereitstellung einerseits und der inhaltlichen Bestimmung von Informationen und Informationsprozessen andererseits. Dementsprechend bezieht sich der hier verwendete Begriff der Informationsqualität auf die inhaltliche Beschaffenheit von Informationen, entsprechend der in Tab. 2.3 dargestellten Abgrenzung.

Qualität bedeutet nun im Rahmen des Managements von Informationen deren Beschaffenheit im Hinblick auf die Informationsanforderungen im Unternehmen. Informationsan-

Tab. 2.3 Abgrenzung Informationsqualität – Datenqualität

Informationsqualität	Datenqualität
Information (Quelle: www.duden.de): Aufklärung, Benachrichtigung, Informierung, Unterrichtung; Angabe, Antwort, Auskunft, Bescheid, Hinweis, Mitteilung, Nachricht, Neuigkeit; Botschaft	Datum: 1. Plural von Datum, 2. (durch Beobachtungen, Messungen, statistische Erhebungen u. a. gewonnene) [Zahlen]Werte, (auf Beobachtungen, Messungen, statistischen Erhebungen u. a. beruhende) Angaben, formulierbare Befunde, 3. (EDV) elektronisch gespeicherte Zeichen, Angaben, Informationen
Beschaffenheit des Informationsinhalts, wobei die Qualitätskriterien abhängig sind vom Betrachtungsobjekt. Ein Fahrrad kann mehr oder weniger grün sein, wenn grün ein Qualitätskriterium darstellt, eine Information kann grün enthalten oder nicht, die Information kann aber auch die Auskunft „mehr oder weniger grün" enthalten.	Der Zahlenwert, der die gemessene mehr oder wenige „Grünheit" des betrachteten Fahrrades als Messwert in Form eines Datenbankeintrags mit dem Inhalt „5" darstellt und der als binärer Eintrag in einer Datenbank gespeichert wird. Es existiert nur die „5" als binärer Wert, die Interpretation und Verwendung als Information ist an dieser Stelle nicht gegeben. Jedoch kann der Interpretationsvorgang auf die Datenqualität angewiesen sein (aber das steht in einem anderen Buch)
Welche Farbe hat das Fahrrad? Mehr oder weniger grün	Wie heißt der Wert der Farbe, im Falle dass x = Fahrrad ist? Fünf Tausend!

forderungen enthalten neben der Definition des Informationsinhalts (Definition der Frage) auch Anforderungen an die Vollständigkeit der angeforderten Information (der Antwort) ebenso wie an deren Konsistenz und die Korrektheit. Die Qualität lässt sich demnach in drei Kriterien unterteilen, die für die Positionierung der Informationen im Informationsraum herangezogen werden können und den Grad der Erfüllung von inhaltlichen Anforderungen an Informationen darstellbar machen. Die ideale Information ist hinsichtlich ihrer Qualität vollständig, konsistent und korrekt. Tabelle 2.4 zeigt die Bewertungskriterien für die Informationsqualität in einer Übersicht.

Die Beschreibung der Informationsqualität enthält noch keinen Hinweis darauf, ob die gewünschte Information überhaupt verfügbar ist (Abb. 2.6). Die Informationsqualität beschreibt also lediglich die Beschaffenheit einer Information im Vergleich zur Informationsanforderung. Dabei ist es zunächst vollkommen unerheblich, ob die Information überhaupt existiert. Die Verfügbarkeit (oder Erreichbarkeit) einer Information ist ein weiteres Kriterium für die Bewertung und Positionierung von Informationen im Informationsraum, aber eben nicht Teil der Qualitätsbetrachtung.

Mit der Aufnahme der Informationsqualität als Dimension des Informationsraums wird die inhaltliche Beschaffenheit als Indikator für den Zustand des Bestandes an unternehmensrelevanten Informationen sichtbar und damit steuerbar.

Tab. 2.4 Bewertung der Informationsqualität

Anforderung an die Informationsqualität	Erläuterung
Vollständig	Existiert eine Informationsanforderung im Unternehmen, so existiert auch ein Maßstab für die Bewertung, wann eine Frage vollständig beantwortet ist. Die Erfüllung einer Informationsanforderung kann hinsichtlich des Grades an Vollständigkeit gemessen werden
	Wenn die Frage lautet: „Wie wird das Wetter morgen am Südpol?", und mit: „ Es wird sonnig" beantwortet wird, dann enthält diese Aussage nur eine unvollständige Information über das Wetter, da die Niederschlagswahrscheinlichkeit und die Temperaturen und die Windvorhersage sicherlich auch von Interesse sind. Die Anforderung an die Qualität der Information „Wetter" muss also im Voraus festgelegt sein
	Der Anspruch an die Vollständigkeit von Informationen kann im Unternehmen lokal unterschiedlich hoch sein, dies macht jedoch keinen Unterschied bei der Bewertung, ob die Information vollständig ist (oder sein muss)
Konsistent	Die Information muss im Unternehmen auf allen Ebenen (vertikale Konsistenz) und in allen Teilen, regional oder funktional (horizontale Konsistenz) sowie im Zeitverlauf identisch definiert sein. Dies bedeutet, dass in allen Teilen des Unternehmens das gleiche Verständnis über die Kernaussage der Information vorhanden ist
	Horizontale Konsistenz: Informationen sind in allen Gesellschaften, Regionen, fachlichen Funktionen auf identisch definiert und werden auf gleiche Weise verstanden
	Vertikale Konsistenz: Informationen werden über alle Hierarchieebenen des Unternehmens hinweg auf die gleiche Weise verstanden
	Die Antwort auf die Frage nach dem Wetter kann zum Beispiel lauten: „Es schneit", allerdings wird diese Aussage einem Inuit nicht sehr viel weiter helfen, weil es in seiner Sprache über 100 verschiedene Wörter für die unterschiedlichsten Formen von Schnee gibt und eine derart aggregierte Aussage wie „Es schneit" in der Arktis keinen besonderen Informationsgehalt hat
	Auch hier kann das Beispiel des Umsatzes angeführt werden. Häufig besitzen Tochtergesellschaften in Konzernen ein eigenes Verständnis von einer Kennzahl, so dass sie der durch das Unternehmen definierten Information nicht entspricht. Der Informationsaustausch im Konzern erfordert dann eine Übersetzungsleistung, ein Mapping, eine Umrechnung, was wiederum einen hohen Aufwand, hohe Kosten und eine signifikante Quelle für Missverständnisse in sich birgt. Dies gilt nicht nur für eine Umsatz-Definition, sondern genauso für viele andere Definitionen, Angefangen bei „Account" oder „Anlage" und lange nicht zu Ende mit der Definition des „Zulieferers"
	Insbesondere die Konsistenz im Zeitverlauf stellt in vielen Unternehmen eine Herausforderung dar, insbesondere wenn Unternehmen fusionieren, oder wenn sich gravierende Veränderungen in der Unternehmensphilosophie oder der Unternehmensorganisation ergeben. Hier stellt die Sicherstellung z. B. der Vergleichbarkeit von zeitbezogenen Informationen häufig eine maßgebliche Herausforderung dar

Tab. 2.4 (Fortsetzung)

Anforderung an die Informationsqualität	Erläuterung
Korrekt	Selbstverständlich müssen Informationen korrekt sein, oder? Viele Informationsprozesse finden außerhalb von Informationssystemen statt. Man nehme nur das Management-Berichtswesen. In vielen Fällen werden Management-Berichte manuell auf Basis von zuliefernden Informationsprozessen erstellt. Eine automatisierte, durchgängige Berichterstattung findet in den meisten Unternehmen nicht statt. Das muss kein Fehler sein, jedoch birgt der manuelle Erzeugungsaufwand für Informationen ein hohes Fehlerrisiko, das bereits bei der Erfassung der Informationsinhalte beginnt
	Um sich auf die Information verlassen zu können, als Grundlage für Entscheidungen, muss die Information richtig sein, jedenfalls in dem Moment ihrer Erzeugung, um ein realistisches Abbild des Unternehmens zu liefern (und vor allem, um die Erfassung aufgrund von notwendigen Korrekturen nicht doppelt und dreifach durchführen zu müssen)

Abb. 2.6 Informationsqualität

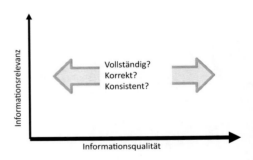

2.1.3   Erreichbarkeit von Informationen

Die dritte Dimension des Informationsraums beschreibt die Erreichbarkeit von Informationen. In dieser Dimension wird die Möglichkeit bewertet, Informationen zu erlangen und in der Folge Informationsanforderungen zu erfüllen. Die Kenntnis über die Erreichbarkeit von Informationen ist ein unabdingbarer Bestandteil des Informationsmanagements. Lässt sich beispielsweise die Information des „Umsatzes pro Kunde" noch einigermaßen einfach beschreiben, so sind doch manche Konzernunternehmen heute nicht in der Lage, diese Information über das Unternehmen hinweg zu ermitteln. Stellen Sie sich vor, Sie haben eine bestimmte Informationsanforderung (Sie möchten beispielsweise den Umsatz für einen bestimmten Kunden im vergangenen Jahr wissen, der bisher nicht Teil der Analyseanforderungen war) und konsultieren das Informationsmanagement. In vielen Fällen, insbesondere in Konzernorganisationen, ist heute noch eine Antwort nicht möglich. Nicht nur, weil es die Informationsanforderung bis heute nicht auf Konzernlevel gab, sondern

Abb. 2.7 Erreichbar-
keit und Verfügbarkeit von
Informationen

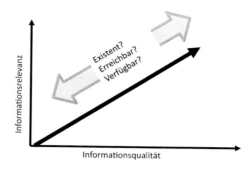

auch, weil es derzeit schlicht unmöglich erscheint, die Information über den gesamten Konzern hinweg zu analysieren. Die Antwort könnte also lauten: „Wir wissen es nicht, weil es diese Anforderung bisher nicht gab" oder „Die Information ist nicht verfügbar". In der Folge muss eine Recherche initiiert werden, oder die Fachfunktion muss sich selbst auf die Suche nach passenden Informationen machen. Die Suche nach Informationen in vielen Unternehmen die Regel, sobald Informationen nachgefragt werden (LexisNexis 2008). Weder gibt es eine zentrale Sammelstelle für „Informationen jeder Art", noch existiert eine Verantwortung für Informationen, die heute nicht nachgefragt werden, aber dennoch für das Unternehmen relevant sind.

Wenn Informationen jedoch verfügbar sind, dann stehen sie für eine Verwendung, zur Analyse, zur Auswertung, für die Planung bereit. Wenn Informationen im Unternehmen beschrieben sind und Verantwortlichkeiten für Informationen existieren, ist der Informationsraum strukturiert und eine Auskunft darüber möglich, ob Informationen verfügbar, erreichbar oder schlicht nicht vorhanden sind. Die Dimension zur Bewertung der Erreichbarkeit von Informationen ist in Abb. 2.7 dargestellt.

Grundsätzlich muss bei der Formulierung von Informationsanforderungen geklärt werden, ob es die zu ihrer Erfüllung notwendigen Informationen überhaupt gibt. Selbstverständlich gibt es Informationsanforderungen, die nicht erfüllbar sind, weil die Information selbst gar nicht existiert. Trotzdem kann die Frage formuliert werden, die die Definition der notwendigen Informationsinhalte ermöglicht. In unserem Beispiel ist es die Kennzahl „Umsatz pro Kunde", die in unserem fiktiven Unternehmen nicht existiert. Niemand hat sie je definiert, sie hat keine Quelle. Und dennoch gelingt es uns, die Frage zu formulieren, welchen „Umsatz unser Unternehmen mit einem bestimmten Kunden" macht. Weiterhin ist es wahrscheinlich, dass es mindestens eine Definition der Kennzahl „Umsatz" im Unternehmen gibt. Und weiterhin können wir zur Information gehörende Zeitraster, Kundengruppen, die Aufschlüsselung über Lieferung und Leistungen an den Kunden definieren, die ebenfalls Bestandteile dieser Information sind oder von ihr abgeleitet werden könnten, wenn es die Information denn gäbe. Zum Zeitpunkt der Fragestellung sind beide Kennzahlen, der Umsatz und der Kunde, vollkommen unabhängig voneinander und können in keinerlei Beziehung zueinander gesetzt werden. Deshalb ist die Information in diesem Beispiel nicht erreichbar.

Praxisbeispiel Risiken durch fehlendes Informationsmanagement

In manchen Konzernen kommt es vor, dass das Unternehmen nach der Philosophie einer „dezentralen Steuerung" geführt wird. Diese Unternehmen betrachten die Konzerngesellschaft als eine Art „Finanzholding" und sich lediglich für die regelmäßige Bereitstellung einer konsolidierten, aggregierten Finanzsicht in Form einer Bilanz oder GuV interessiert, um sich einen Eindruck über den Zustand des Gesamtunternehmens zu machen. Das mag in manchen Fällen sinnvoll sein. In vielen Unternehmen, die über Jahrzehnte, manche nur über Jahre, ein dezentrales Steuerungsmodell als eine Art „Finanzholding" umgesetzt haben, können jedoch kaum noch konkrete, detaillierte Fragen in Bezug auf das Gesamtunternehmen beantwortet werden, die nicht auf dem Top Level Bilanz/GuV heraus ersichtlich waren. So können sich beispielsweise Fragen nach Erlösbeiträgen einzelner Kunden ergeben, die jedoch im Konzern nicht in der erforderlichen Detailtiefe (Granularität) oder Genauigkeit bereitgestellt werden weil die Information in der Vergangenheit nicht nachgefragt wurde. Zudem wird auch die Relevanz dieser Information sowohl aus den Business-Funktionen heraus als auch in der IT-Funktion nicht in Betracht gezogen. In wirtschaftlich anspruchsvolleren Zeiten kann es hierdurch schnell zu einer Krise in der Informationsversorgung kommen, und das ist in den letzten Jahren nicht selten passiert. Die auf eine solche Disruption folgende, durch einen extremen Handlungsdruck gekennzeichnete Phase der Konsolidierung der Berichtsprozesse im Konzern ist gekennzeichnet durch hohe Aufwände und Kosten zur Wiederherstellung eines gemeinsamen Verständnisses der relevanten Informationen (häufig in Form von Projekten, die direkt und spontan durch die Unternehmensleitung initiiert werden), sowie der Restrukturierung der internen Prozesse, um die Informationen künftig verfügbar zu halten.

In vielen Fällen sind Informationen nicht erreichbar, weil die für eine Erfassung der Informationen erforderliche Technologie noch nicht vorhanden ist oder die betreffenden Informationen in der erforderlichen Form nicht erhoben werden. Auch Informationen, die heute nicht erreichbar sind, aber für das Unternehmen relevant, gehören selbstverständlich auch mit zum Informationsraum des Unternehmens, um die mit ihnen verbundenen Fragestellungen künftig beantworten zu können. Die Erreichbarkeit bzw. Verfügbarkeit unternehmensrelevanter Informationen ist somit maßgebend für die Einschätzung, ob und wie schnell Informationsanforderungen in welcher Form erfüllt werden können (vgl. Tab. 2.5).

2.2 Die Positionsbestimmung

Für das Informationsmanagement reicht es jedoch nicht aus, den Zustand der einzelnen Informationen des Informationsraums zu kennen. Um einen Ausgangspunkt für die künftige Gestaltung des Informationsraums und der Informationsprozesse im Unternehmen zu erlangen, benötigen wir ein Steuerungsinstrument, das geeignet ist, die Entwicklung des Informationsraums zu koordinieren. Dabei soll die Möglichkeit bestehen, den Informationsraum als Ganzes beurteilen und schließlich auch planen zu können.

Tab. 2.5 Erreichbarkeit von Informationen

Erreichbarkeit der Informationen	Erläuterung
Nicht existent	Die Antwort auf die gestellte Frage gibt es nicht, die Information lässt sich nicht beschaffen, vorhandene Informationen stehen in keinem Zusammenhang zur gestellten Frage/zur gestellten Informationsanforderung
Existent, aber unerreichbar	Die Antwort existiert, jedoch ist sie für den Informationsanforderer unerreichbar, sei es aufgrund von Protektionismus, weil die Information versteckt ist oder weil sie möglicherweise in der Anschaffung zu teuer ist
Erreichbar, aber nicht verfügbar	Die Antwort kann gegeben werden, jedoch liegt die angeforderte Information nicht vor, sondern muss gegebenenfalls durch weitere Aktivitäten, durch Bestellung von Unterlagen oder das Laden in eine Datenbank, nutzbar gemacht werden
Verfügbar	Die Information ist verfügbar und kann zur Erfüllung der Informationsanforderung verwendet werden

Darüber hinaus ist die Funktion des Informationsmanagements kein Selbstzweck, sondern bildet einen geeigneten Anknüpfungspunkt für die Verbindung von Unternehmensstrategie, Geschäftsmodell und Steuerungsansatz des Unternehmens, um ein konsistentes Abbild des Informationsraums zu erlangen. Ein solches Werkzeug sollte im fachlich-funktionalen Umfeld zu finden sein, da die Informationsversorgung aus betriebswirtschaftlicher Sicht eine Kernaufgabe des Controllings darstellt (Weber 2005).

Da dem Informationsmanagement zudem die Aufgabe zukommt, die Informationsinfrastruktur hinsichtlich möglicher Risiken durch Veränderungen und neue Informationsanforderungen (z. B. durch Marktveränderungen oder organisatorische Anpassungen im Unternehmen) vorauszusehen und in die Anforderungen an eine agile Informationsversorgung zu integrieren, müssen die Methoden und Instrumente für das Informationsmanagement in der Lage sein, mögliche Veränderungen des Informationsraums und in der Informationsversorgung zu prognostizieren, beispielsweise in Form von Szenarien. Die im Folgenden dargestellte Verwendung der betriebswirtschaftlichen Instrumente wie der „Balanced Scorecard" und insbesondere der „Strategy Map" stellen ein solches Werkzeug und eine BestPractice dar, durch welche die Informationsinfrastruktur als Gegenstand des Informationsmanagements in den betriebswirtschaftlichen Inhalten der Unternehmensfunktionen widergespiegelt werden kann.

2.2.1 Projektion des Informationsraums mit der Progressive Information Strategy Map (PRISM)

Schon zu Beginn meines Berufslebens, damals als Finanzcontroller im Eisenbahnbau, war ich auf der Suche nach einer Methode, die es mir ermöglicht, die wechselnden Informationsanforderungen in meiner Position im Konzerncontrolling und die Verantwortung

Tab. 2.6 Beispielhafte Kennzahlen in einer Balanced Scorecard

Perspektiven der Balanced Scorecard	Kennzahlen, Beispiele
Finanzielle Kennzahlen	ROCE, DCF, Materialkosten, Investitionen
Kundenkennzahl	Kundenzufriedenheit, Anzahl Kunden, Marktanteil
Prozesskennzahlen	CO_2 -Emissionen Amortisationsdauer, Personaleffizienz
Ressourcenkennzahl	Anzahl emissionsminimierter Anlagen weltweit, Personalstärke

für die Informationsversorgung im Konzern zu verbinden. Auch damals war die Aufgabe der Informationsversorgung durch volatile Informationsanforderungen aus allen Teilen und Hierarchieebenen des Unternehmens und durch die verschiedensten Informationsformate wie Texte, Kennzahlen, Maßnahmen komplex. Über die vergangenen Jahre habe ich immer wieder verschiedene Steuerungsansätze bzw. Governance-Ansätze verglichen. Nachdem der Ansatz der Darstellung des Informationsraums schon so lange gereift war, fehlte letztlich, um das Instrument tatsächlich griffig und handhabbar zu machen, eine Art Projektionsfläche für den Informationsraum, um die Ebene der Qualität und der Verfügbarkeit, abhängig von der Relevanz der vorhandenen Informationen, so widerspiegeln zu können, dass sie als eine Art Barometer für die Umsetzung einer gesamthaften Informationsversorgung im Unternehmen nutzbar wäre. Das geeignete Instrumentarium für diesen Zweck schien mir letztlich der betriebswirtschafliche Werkzeugkasten der sogenannten Balanced Scorecard zu sein.

Die Balanced Scorecard ist wohl mit das bekannteste Bild eines integrativen, umfassenden Steuerungsansatzes für Unternehmen. Der Anspruch der Balanced Scorecard, durch den Einsatz verschiedener Perspektiven ein Gesamtbild der Unternehmung zu zeichnen und somit alle Unternehmensebenen zu durchdringen, lässt sich gut mit dem Ansatz eines umfassenden Informationsraums verbinden. Die Stärke und der Vorteil des Balanced-Scorecard-Ansatzes gegenüber anderen Steuerungsansätzen ist die Integration von finanziellen Kennzahlen und nicht-finanziellen Informationen zu einem umfassenden und integrierten Modell der Unternehmenssteuerung.

Im Zuge der Formulierung strategischer Ziele für die Unternehmensstrategie werden auf der Grundlage des Scorecard-Ansatzes konkrete Maßnahmen und Messgrößen in Bezug auf die Unternehmensziele vereinbart, um kontinuierlich den Erfolg der eingeschlagenen strategischen Richtung nachvollziehen zu können. Im Rahmen der Etablierung einer Balanced Scorecard in einem Unternehmen kommt auch ein Werkzeug zum Einsatz, das die Abhängigkeiten unterschiedlicher strategischer Ziele und Geschäftsprozesse miteinander in Beziehung setzt: die sogenannte „Strategy Map". Die Strategy Map dient vor allem der Darstellung gegenseitiger Abhängigkeiten der für das Unternehmen definierten Ziele, also der Mechanik der in der Balanced Scorecard verankerten Messgrößen. Sie kann folglich als Projektion der (Informations-)Inhalte der Balanced Scorecard verstanden werden, die eine detaillierte und übersichtliche Darstellung der Vernetzung der in der Balanced Scorecard enthaltenen, aber dort separat betrachteten Informationen ermöglicht (vgl. Tab. 2.6). Im Folgenden soll das Werkzeug der „Strategy Map" in einer erweiterten Form als Grundlage für die Bewertung des Informationsraums verwendet werden.

Background Balanced Scorecard und Strategy Map

Die Balanced Scorecard (BSC) ist ein Verbindungsglied zwischen Strategiefindung und -umsetzung. In ihrem Konzept werden die traditionellen finanziellen Kennzahlen durch eine Kunden-, eine interne Prozess- und eine Lern- und Entwicklungsperspektive ergänzt (Gabler Wirtschaftslexikon). Sie ist ein von den Professoren Kaplan und Norton Anfang der 1990er Jahre entwickelter, integrierter Management-Ansatz (Norton 2003), der finanzielle und nicht-finanzielle steuerungsrelevante Informationen als gesamthaften Wirkungszusammenhang im Hinblick auf die für das Unternehmen strategischen Ziele und Maßnahmen betrachtet. Die Balanced Scorecard wurde als Managementmodell (Kaplan und Norton 2003) konzipiert, das sich bereits grundsätzlich an strategisch relevanten Informationsprozessen sowohl nach innen als auch im Verhältnis des Unternehmens nach außen orientiert (Abb. 2.8).

Die Balanced Scorecard als Steuerungsmodell erlebte ihre Blüte als Trend in großen Unternehmen Ende der 1990er, Anfang der 2000er Jahre, bevor sie über längere Zeit mehr oder weniger in der Versenkung verschwand. Man könnte auch sagen, dass die BSC in der Mottenkiste der Steuerungsansätze verstaut wurde, nachdem sich die Umsetzung des Steuerungsgedankens aufgrund der hohen Anforderungen an die Gestaltung der Informationsprozesse, die Erfassung und Verarbeitung der BSC-Informationen als komplex und politisch im Unternehmen als kaum durchsetzbar erwies.

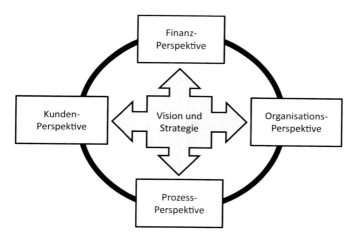

Abb. 2.8 Balanced Scorecard. (nach Kaplan und Norton)

Die Balanced Scorecard wird in der Literatur und im realen Leben als „Work in Progress" verstanden, in dessen Verlauf sich strategische Ziele, Maßnahmen und Messgrößen ändern. Sich ändernde strategische Ziele, Maßnahmen und auch Kennzahlen sorgen dafür, dass sich auch die Anforderungen an die Informationsversorgung über die Zeit ändern können. Richtet sich die Aufgabe der Informationsversorgung statisch an einem in Stein gemeißelten Steuerungsansatz aus und gestaltet dementsprechend die Informationssysteme, können Anpassungsprozesse in der Informationsversorgung zu einem eklatanten Risiko sowohl für die Unternehmenssteuerung als auch für die Informationsversorgung werden (Abb. 2.9).

Der Wirkungszusammenhang der unterschiedlichen Kennzahlen (Informationen) wird anhand einer sogenannten Strategy Map dargestellt, die sich in vier, für die Balanced Scorecard typische, Grundsegmente aufteilt. Die Strategy Map kann dementsprechend auch als Projektion der BSC verstanden werden. Der Vorteil hierbei ist, dass das Management und die Mitarbeiter ein „Gefühl" für die gegenseitige Abhängigkeit der Aktivitäten und Maßnahmen im Unternehmen bekommen

sowie eine Darstellung der gegenseitigen Abhängigkeiten der strategischen Schwerpunkt, die so
alle Ebenen des Unternehmens durchdringen. Die Perspektiven der Balanced Scorecard und das
Konzept der Strategy Map stellen nachfolgend die Ausgangsbasis bzw. einen geeigneten Rahmen
dar, um den Informationsraum, seinen Ist-Zustand und auch sein Potenzial auf praktische Art sichtbar zu machen.

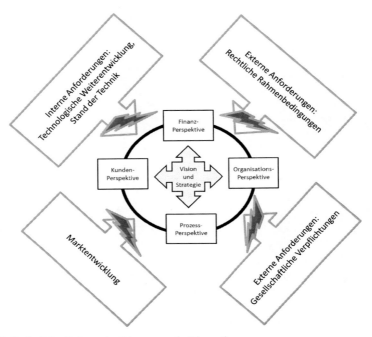

Abb. 2.9 Veränderliche Rahmenbedingungen als Disruptionen

Die Strategy Map ist ein bewährtes Werkzeug, um die Unternehmensstrategie und die
strategisch relevanten Ziele strukturiert darzustellen und miteinander in Beziehung zu setzen. Abbildung 2.10 zeigt beispielhaft eine Strategy Map als Projektion der strategischen
Felder der Balanced Scorecard, die jeweils durch eigene strategische Ziele formuliert werden können[4]. Wenn sich die relevanten Unternehmensziele über die gesamte Organisation
des Unternehmens in Form der Strategy Map abbilden lassen (Kaplan und Norton 2006),
sollten sich diese auch auf die zugehörigen Informationen darin abbilden lassen. Jedoch
sind nicht nur strategische Kennzahlen und Informationen, sondern sämtliche unternehmensrelevanten Informationen Bestandteile des Informationsraums. Hierzu muss das Instrument der „Strategy Map" an die Anforderungen des Informationsmanagements und für

---

[4] Auf die Wirkungsbeziehungen der einzelnen strategischen Themenfelder und Zielformulierungen
wurde an dieser Stelle zugunsten einer allgemeineren Darstellung verzichtet.

Finanzen, Externe Rahmenbedingungen	Wertbeitrag (Steigerung)	Umsatz (Steigerung)	Finanzierungexterne Bewertung	Externe Berichtsanforderungen
Kunden, Leistungen	Kundenzufriedenheit	Kundenerreichbarkeit	Image, Marke	Kundengruppen (z.B. Milieus)
Interne Prozesse	Produktion und Supply Chain	Kundenmanagement	Emissionen	Zahlungsziele
Ressourcen	Motivation d. Mitarbeiter	Engagement, Mitarbeiter-Innovationen	Entwicklung der Infrastruktur	Partner-schaften

Abb. 2.10 Ebenen und Elemente einer Strategy Map

die Nutzung der Gesamtheit an unternehmensrelevanten Informationen angepasst werden, über die begrenzte Auswahl bestimmter strategischer Kategorien und Kennzahlen hinaus.

Die „Strategy Map" muss sich zudem an die Dynamik und das Wachstum des Informationsraums anpassen und in ein Instrument für das Monitoring des Informationsraums verwandelt werden. Da der Informationsraum des Unternehmens hochdynamisch ist und sich ständig erweitert und zudem das Instrument des Strategy Map an die Bedürfnisse des Informationsmanagements angepasst und entsprechend weiterentwickelt wurde, wird die hier dargestellte, angepasste Form der Darstellung einer Strategy Map im Folgenden als Progressive Information Strategy Map oder PRISM bezeichnet. Mit PRISM wird nun neben dem Informationsraum das zweite zentrale Werkzeug für ein agiles, umfassendes, strategisches Informationsmanagement vorgestellt.

Die Progressive Information Strategy Map (PRISM) kann als Projektion des Informationsraums betrachtet werden, wie in Abb. 2.11 dargestellt. Die Projektion der gegenwärtigen Informationen des Informationsraums in PRISM stellt die augenblickliche Abdeckung der Informationsanforderungen durch die existierende Informationsinfrastruktur dar.

PRISM wird so zum Bindeglied zwischen der Formulierung der strategischen Unternehmensziele und dem Informationsraum. Die beiden Eigenschaften des starken Wachstums des Informationsraums einerseits („Progressive") und die Konzentration auf die Information selbst („Information") gaben den Ausschlag für die Bezeichnung „Progressive Information Strategy Map".[5]

---

[5] Zudem bot sich die Verwendung der Abkürzung PRISM auch aufgrund des tagesaktuellen Bezugs zu dem von der NSA verwendeten Programm zur Ausspähung von Telekommunikationsinhalten an, das wiederum in vielen Medien mit dem Begriff der Business Intelligence gleichgesetzt wurde.

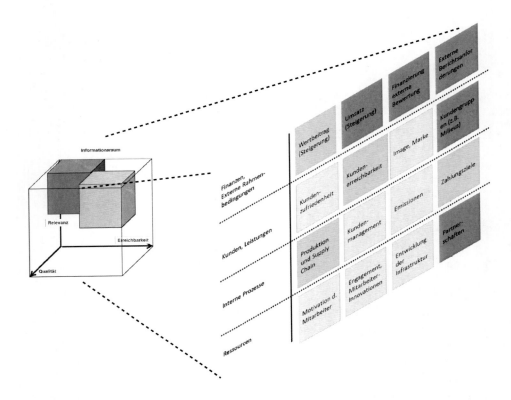

Abb. 2.11 Projektion der Informationen des Informationsraums auf die Progressive Information Strategy Map (PRISM)

Der Vorteil der Nutzung dieser Darstellungsform liegt auch darin, dass hierdurch eine weitgehende Transparenz über den Informationsraum des Unternehmens und auch über Verantwortungsbereiche für Informationen geschaffen wird. Durch Zuweisung von Informationen zu den Elementen der PRISM lassen sich Informations-Cluster definieren, die wiederum die Zuordnung von Verantwortlichkeiten und ein kontinuierliches Monitoring des Informationsraums ermöglichen. In Verbindung mit der mehrdimensionalen Anordnung der Informationen im Informationsraum lassen sich zudem die Verantwortlichkeiten bis hin zum Ursprung von Informationen nachvollziehen und steuern.

Zuallererst jedoch soll der augenblickliche Zustand des Informationsraums des Unternehmens dokumentiert werden. Das bedeutet, dass die aktuellen Informationsanforderungen im Unternehmen gemessen werden an den Parametern des Informationsraums:

• Strategische Relevanz
• Verfügbarkeit und
• Qualität der Informationen

▶ Rahmenbedingungen für die Verwendung von PRISM für das Informationsma-
  nagement:
  • Orientierung an Balanced Scorecard und Strategy Map
  • Nach Themengebieten und Verantwortlichkeiten geordnete Informations-
    cluster
  • Definierte Relevanz der projizierten Informationen
  • Farbliche Darstellung des Versorgungsgrades und/oder der Informations-
    qualität

Die Informationen des Informationsraums werden in unterschiedliche Kategorien unter-
teilt, die sich an ihrer Relevanz orientieren. Je nach Kategorie unterscheidet sich die
Einordnung der hinsichtlich ihrer Qualität und Verfügbarkeit bewerteten Informationen.
Abbildung 2.12 zeigt beispielhaft eine Ergebnismatrix als PRISM-Darstellung mit farb-
licher Kennzeichnung des Versorgungsgrades. Die rot markierten Felder weisen auf eine
problematische Informationsversorgung hin, die sich bei näherer Analyse beispielsweise
als Qualitätsproblem der Quelldaten, manuelle Informationsaufbereitung oder unvollständige Verfügbarkeit der angeforderten Informationen offenbart. Ebenso zeigt PRISM die
Verfügbarkeit aller anderen, strategisch relevanten Informationen, die nicht direkt aus der
Unternehmensstrategie abgeleitet wurden.

PRISM betrachtet die Gesamtheit der unternehmensrelevanten Informationen und
nicht nur einen bestimmten Ausschnitt des Informationsraums. Eine Positionsbestimmung
hinsichtlich des aktuellen Zustandes der Informationsversorgung muss möglichst ein Gesamtbild über die Informationsversorgung schaffen, um danach Maßnahmen ergreifen zu
können, die der Gesamtheit der Informationen und Informationsanforderungen im Unternehmen entsprechen. Zu häufig sind Ansätze zur Unternehmenssteuerung schon im Sande
verlaufen, weil sie entgegen dem ursprünglichen Anspruch von BI oder dem strategischen

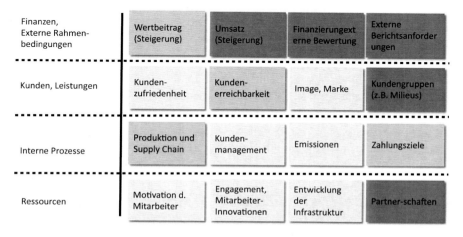

Abb. 2.12 Ergebnismatrix der Positionsbestimmung

Informationsmanagement nur für ein bestimmtes, eingeschränktes Problem eine Lösung suchten.

Der Informationsraum ist äußerst dynamisch (Engelbach 2004). Die Anforderungen an die Informationsversorgung im Unternehmen ändern sich heute rapide, kontinuierlich werden neue Informationen erzeugt oder empfangen und müssen bewertet werden. Demzufolge ändert sich auch ständig der Umfang der durch das Informationsmanagement zu koordinierenden Informationen. Insbesondere die kontinuierlich notwendige Kommunikation im gesamten Unternehmensumfeld, die die Basis für das umfassende Informationsmanagement bildet, kann sich auf die Darstellung in PRISM stützen.

Angelehnt an die in der Unternehmensstrategie formulierten Ziele und Werte lassen sich anhand der PRISM die Informationsprozesse und der Grad der Informationsversorgung für alle Bereiche des Unternehmens beschreiben. Dies gilt sowohl für die Messgrößen selbst als auch für deren inhaltlichen Zusammenhang. Ein Beispiel hierfür sind die Zieldefinitionen für CO_2-Emissionen im Rahmen der Nachhaltigkeitsbestrebungen des Unternehmens, die je nach Unternehmen eine beträchtliche Außenwirkung haben und deshalb ein signifikantes Risiko für das Bild des Unternehmens in der Öffentlichkeit darstellen können. Zudem sind CO_2-Werte im Rahmen eines Sustainability Reportings oder künftig des integrierten Reportings (entsprechend IIRC) und möglicherweise auch Teil eines künftig verpflichtenden externen Berichtswesens sowie Grundlage für viele Analysen und Simulationen, insbesondere im Produktionsumfeld. Führende Konzernunternehmen erfassen diese Kennzahlen über Tabellenkalkulationsprogramme oder übertragen die Daten manuell aus E-Mail-Nachrichten in ein dafür vorgesehenes Formblatt, da es für diese Art von Informationen, die neben reinen Messgrößen auch noch andere Informationsformate wie Texte, Erläuterungen, Kommentare verwenden, häufig noch keine standardisierten Informationsprozesse gibt. Auf der Grundlage von PRISM können alle mit den für die Informationsversorgung in diesem Bereich erforderlichen Informationen in einem Informationsbündel zusammengefasst und gemeinsam (als Informations-„Cluster") in PRISM bewertet dargestellt werden (Vgl. Abb. 2.12).

Mit PRISM haben wir nun ein Werkzeug zur Verfügung, welches im Unternehmen einen kontinuierlichen, gesamthaften Überblick über den Zustand des Informationsraums ermöglicht und als Steuerungsinstrument die Governance-Aufgaben des Informationsmanagements wesentlich erleichtern kann. Gemeinsam mit dem Informationsraum wurden nun zwei grundlegende Werkzeuge für ein effizientes, agiles Informationsmanagement eingeführt. Nun bleibt im Rahmen der Positionsbestimmung des Informationsraums noch eine der wichtigsten Rahmenbedingungen für eine funktionierende Informationsversorgung zu analysieren: Was kostet es: die Informationskosten.

2.2.2 Der Blick von unten – die Informationskosten

Informationskosten umfassen die pagatorischen Kosten für den Kauf einer Information sowie die Kosten aus dem Aufwand an Zeit (Opportunitätskosten), den ein Entscheider benötigt, um Informationen zu beschaffen, zu überprüfen und zu verarbeiten (Gabler Wirtschaftslexikon 2014). Informationskosten sind also Kosten, die dafür verwendet werden, Information verfügbar zu machen. Der hierfür benötigte Aufwand enthält die die Suche, die Erstellung bzw. Erzeugung, den Transport, die Integration und die Kosten für den Kauf der Informationen, falls diese nicht frei verfügbar sind oder selbst erstellt wurden.

Zunächst entsteht eine Informationsanforderung an einer bestimmten Stelle im Unternehmen. Beispielsweise fragt der Vertriebsvorstand, wie hoch der durchschnittliche Deckungsbeitrag für den Kunden „Hans Gustav Bötticher" über alle im Konzern gehandelten Produkte und Dienstleistungen sei. Wenn diese Information nicht bereits unternehmensweit definiert und verfügbar ist, dann muss sie neu erzeugt bzw. beschafft werden. Häufig müssen solche Informationen über Medien wie Telefone, E-Mail, aus Ordnerarchiven zusammengetragen werden, weil eine Unterstützung durch Informationssysteme nicht vorhanden ist bzw. sie nicht vorbereitet waren und somit keine Antwort geben können. Der Prozess, Informationen zur Erfüllung plötzlicher, signifikanter Informationsanforderungen zu beschaffen, kostet (viel) Zeit und Geld, er beinhaltet sowohl die Recherche nach der gesuchten Information im analogen Papier-Archiv als auch die Analyse großer Datenmengen beispielsweise im Internet oder in Forschungsdatenbanken.

Unglücklicherweise sind die Informationskosten im Unternehmen selten en détail bekannt. Anders ist dies beispielsweise im Falle von Unternehmen, deren einziges Handelsgut bzw. Produkt die Information selbst ist. Sehr anschaulich sind hierfür die Beispiele der aus Schweizer Banken entwendeten „Steuer-CDs". In diesem reinen Handelsumfeld tritt sehr konkret der Wert der Information selbst klar zutage. Beachtenswert sind oftmals die Beträge, zu denen diese Informationen den Besitzer wechseln. Jedoch ist der Begriff des „Besitzerwechsels" nicht richtig. Informationen sind die einzige Unternehmensressource, die, wenn sie nicht allzu sorglos behandelt wird, in einem Informations-, Produktions- oder sonstigem Prozess nicht verbraucht, sondern immer wieder verwendet werden kann, ohne notwendigerweise an Qualität einzubüßen.

Die Informationskosten lassen sich unterteilen in die Kosten für Informationen, die ad hoc verfügbar sind, und jene, die einem Beschaffungsprozess unterliegen und damit Aufwand darstellen, der dann als Kosten dargestellt werden kann. Ad hoc verfügbare Informationen entsprechen dem Wissen, mit dem eine Frage in dem Augenblick, in dem sie gestellt wird, beantwortet werden kann. Alle anderen Informationen, seien sie „auf Knopfdruck" verfügbar oder „auf Bestellung", unterliegen einem Informationsprozess, der durchlaufen werden muss, bevor die Antwort auf „die Frage" zur Verfügung steht. Etwa ein Drittel der Zeit im Büro verbringen wir damit, Informationen zu suchen, und wiederum zu einem Drittel finden wir das Gesuchte nicht einmal (Redman 2013). Diese Zeit könnte erheblich verkürzt werden, wenn wir Kenntnis zumindest über den aktuellen, vor allem aber auch über den prognostizierten Inhalt und Zustand des Informationsraums hätten.

Man könnte die Kosten der Informationsversorgung, wie in Abb. 2.13 dargestellt, mit einem Kometen vergleichen. Die sichtbaren Kosten, die für vorhandene Informationen aufgewendet werden, bilden nur einen kleinen Teil des tatsächlichen Aufwandes ab, der

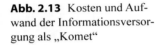

Abb. 2.13 Kosten und Aufwand der Informationsversorgung als „Komet"

von der Informationsanforderung bis zur Bereitstellung tatsächlich notwendig ist. Diese sind die Kosten für den Einkauf von Informationen und die Aufwendungen für deren Aufbereitung. Hiermit sind mitnichten nur die in Datenbanken gespeicherten, digitalen Informationen gemeint. Der Informationsraum des Unternehmens umfasst, wie bereits angesprochen, alle, also auch alle nicht-digitalen Informationen, die für das Unternehmen relevant sind. Allen Medien, ob nun digital, analog oder biologisch-anatomisch in den Gehirnen der Mitarbeiter, haben jedoch eines gemeinsam: Die darin gespeicherten Informationen sind nicht leicht zu finden. Informationen sind eng mit den Geschäftsprozessen des Unternehmens verknüpft, was sie zu einem spezifischen Gut macht, das vielfach nur den am (Geschäfts-)Prozess beteiligten Mitarbeitern bekannt ist. Außerhalb dieser „Informationssilos" bedarf es eines teilweise hohen Aufwandes, die Informationen zu erkennen und verfügbar zu machen, wenn sie nicht durch ein umfassendes Informationsmanagement koordiniert werden.

Der Schweif des Kometen bildet dementsprechend diejenigen Aufwände ab, die über den gesamten Prozess der Beschaffung und Zurverfügungstellung von Informationen eintreten. Unter der Annahme, dass die richtige Frage zunächst einmal gestellt und formuliert werden muss, ist dies der erste Schritt in der Aufwandskette hin zu einem kalkulierten Gesamtaufwand. Danach müssen folgende Aufgaben gelöst werden:

- Die Definition der Informationsanforderung
- Die Abstimmung der Definition im Unternehmen
- Die Recherche nach bereits erreichbaren, vorhandenen oder verfügbaren Informationen, die einen Beitrag zur Erfüllung der Informationsanforderung leisten könnten
- Die Recherche nach möglichen Quellen für die Beschaffung der angeforderten Information (oder deren Bestandteile)
- Die Formulierung der Verarbeitungsmethode für die benötigten Informationsbestandteile
- Das Überprüfen der Informationsquelle
- Fehlerkorrektur (Abschn. 2.2.3)

Tab. 2.7 Bestandteile von Informationskosten (Allokation)

Prozessschritt	Frage (Informationsanforderung)
Informationsanforderung	Deckungsbeitrag pro Kunde
Differenzierung der Information (Verstehen)	Ist der DB im Unternehmen definiert?
	Was sagt die Betriebswirtschaftslehre?
	Wie wird der DB im Unternehmen verstanden? (Was ist der Umsatz, was ist unter einem „Kunden" zu verstehen?)
	Welche Kalkulationen werden angewendet?
	Welches sind die Quellen für den DB?
	Sind die Quellen homogen?
Abfrage der Information im Unternehmen	Anfrage an die Unternehmensteile (Töchterunternehmen oder Divisionen)
	Identifizierung der Datenquellen
	Bereitstellen einer zentralen Definition der DB-Kalkulation für den speziellen Fall
Informationsverarbeitung	Schaffung einer homogenen, konsistenten Datenbasis, als Grundlage für die Information („Data Cleansing"), Zuordnung finanzieller Kennzahlen zum Kunden (oder einem anderen Analyseobjekt)
	Kalkulation, Erläuterung einzelner Kalkulationsbestandteile
Qualitätsprüfung	Überprüfung der Informationen hinsichtlich der erforderlichen Informationsqualität
Lieferung der angeforderten Information	Darstellung und Präsentation

Eine Allokation dieser Aufwände im Rahmen eines beispielhaften Beschaffungsprozesses für Informationen finden Sie in Tab. 2.7. Hinzu kommen die Kosten für die Bereitstellung und Nutzung der IT-Infrastruktur, d. h. die Planung und Entwicklung von IT-Applikationen zur Unterstützung der Informationsversorgung, die jedoch, zumindest was den Aufwand der IT- oder externer Dienstleister angeht, leichter zu messen ist. Anders sieht es im Bereich der Fachfunktionen aus, die die Informationen anfordern. Deren Aufwände gehen im Rahmen von IT-Projekten, zum Beispiel im Hinblick auf die Entwicklung von Fachkonzepten oder das Testen der Applikationen, in den Personalkosten der Kostenstelle leicht unter, wenn sie nicht explizit betrachtet werden.

Praxisbeispiel Informationskosten

In Konzernunternehmen benötigt der gesamte Planungs- und Budgetierungsprozess leicht ein halbes bis ein dreiviertel Jahr. Eigentlich sind im Rahmen einer Kostenstellenplanung lediglich die Kosten und die Erlöse auf der Kostenstelle getrennt nach Erlös- und Kostenarten vom Kostenstelleninhaber zu erfassen. Die detaillierten Informationen, die der Kostenstelleninhaber für seine Budgetplanung benötigt, finden sich aber nur sehr eingeschränkt in den vorhandenen Informationssystemen wieder. Also steht sie bzw. er vom Arbeitsplatz auf, telefoniert mit Kollegen, nimmt an Meetings teil, um sich über die allgemeinen Planungsbedingungen zu informieren.

Um nun alle diese benötigten Informationen zu beschaffen, die nicht ad hoc verfügbar sind, nimmt er die Arbeitszeit von Kollegen, Assistenten, Vorgesetzten in Anspruch, um Informationen als Grundlage für die eigene Planungsaufgabe zu sammeln. Möglicherweise müssen auch noch externe Informationen eingeholt werden, um die vorhandenen Informationen zu ergänzen oder zu verifizieren. All das kosten Zeit und Geld. Aber dieser Aufwand wird im Unternehmen nicht als Informationskosten ausgewiesen, die die Produktivität häufig nachhaltig beeinflussen.

Es erweist sich in den meisten Unternehmen als schwierig bis unmöglich, die Kosten für die Informationsversorgung im Unternehmen umfassend zu benennen. Noch weit schlimmer ist allerdings aus Sicht des Informationsmanagements, wenn der ernsthafte Versuch der Kalkulation der Gesamtkosten für die Informationsversorgung unternommen wird und diese Kosten das Management derart unvorbereitet treffen, dass das Entsetzen über die tatsächlichen Kosten zunächst in schierem Unglauben und in Panik mündet. Im Einzelfall kann die Schaffung von Transparenz über Informationskosten ein abenteuerliches Unterfangen sein.

Mit der Aufgabe, den Aufwand der Informationsversorgung (und nicht nur der Investitionen in Informationstechnologie) als Ganzes darzustellen, sollte im Rahmen der Entscheidung über ein dediziertes Informationsmanagement die Chance ergriffen werden, Informationen als Ressource im Unternehmen bewertbar und damit auch steuerbar zu machen. Zudem kann die Transparenz über Informationskosten auch einen entscheidenden Beitrag bei der Entwicklung einer Unternehmensstrategie leisten, weil die Nutzung der mit der Ressource Information verbundenen wirtschaftlichen Potenziale auch in die strategischen Zieldefinitionen einfließt. Aus diesem Grund sollte im Rahmen der Erhebung des Informationsraums auch besonderer Wert auf die Allokation der Kosten für das Informationsmanagement gelegt werden.

Der für die einzelnen Verfahrensschritte notwendige Aufwand geht somit in die Kalkulation der Informationskosten ein, um ein vollständiges Bild über die Informationsversorgung im Unternehmen zu erlangen. Selbstverständlich muss auch der Aufwand zur Gestaltung und für den Betrieb von Informationssysteme bzw. IT-Applikationen Beachtung finden, gleichgültig ob dieser letztendlich organisatorisch den IT-Investitionen oder dem Aufwand des Informationsmanagements zuzurechnen ist. Weil viele Unternehmen die Kosten ihrer Informationsversorgung in erster Linie lediglich auf die notwendigen Kosten für Informationstechnologie beziehen, sind Informationskosten in ihrer Gesamtheit heute im Regelfall nicht darstellbar und können folglich auch nicht gesamthaft gesteuert werden. Zwar werden die Kosten für IT-Projekte (z. B. Lizenz- und Entwicklungskosten für einzelne Anwendungen) und die hierfür notwendigen Ressourcen im Allgemeinen bekannt. Trotzdem kann auch dann meist nicht zwischen den Kostenanteilen für die Informationsversorgung und den Kosten für die Informationstechnologie unterschieden werden (Piontek 2005), da sich die Allokation dieser „Projektkosten" auf die IT-Investition und nicht auf den Aufwand zur Informationsversorgung als Ganzes bezieht.

Ein strategisches Budget für die Umsetzung definierter strategischer Ziele in der Informationsversorgung setzt voraus, dass sich das Unternehmen über den Gesamtaufwand der Informationsversorgung im Klaren ist und gleichzeitig auch das Potenzial der Informationsinfrastruktur erkennt, so dass die Gesamtbetrachtung des Potenzials und der unternehmensweiten Informationskosten letztlich in einer gesamthaften Informationsstrategie münden. Wenn die Informationsversorgung weder eine Orientierung im Zusammenhang mit der strategischen Orientierung des Unternehmens besitzt, noch über ein gesamthaftes strategisches Budget verfügt, besteht die Gefahr, dass Budgets für IT-Projekte nicht gesamthaft und strategisch ermittelt, sondern vielmehr scheibchenweise portioniert werden (Abschn. 1.4.1). Hierfür stehen stellvertretend die folgenden beiden Symptome:

- Die Weiterentwicklung der Informationsversorgung ist nicht strategisch, sondern punktuell und projektbezogen.
- Die rein projektbezogene Budgetierung verstellt zunehmend den Blick auf die Gesamtheit der Informationsprozesse und einen strategischen Ansatz für die Informationsversorgung im Unternehmen.

Dies geschieht einerseits, um das zu beantragende Budget im Investitionsprozess nicht zu gefährden, andererseits aber auch, um die durch die Fachbereiche gestellten, partikulären Anforderungen schnell umzusetzen und „das spezielle Problem erst einmal gelöst zu haben". Ein solches Vorgehen ist geeignet zur Budgetierung möglichst kleiner Einzelprojekte. Abgeschottet und somit nicht vergleichbar mit den Gesamtkosten der Informationsversorgung fällt das einzelne Projekt (z. B. das BI-Projekt) bei der Budgetierung des Vorhabens und im Rahmen des Investitionsprozesses nicht so sehr ins Gewicht. Um darüber hinaus die Gesamtkosten transparent darzustellen und somit auch das Potenzial von Informationen für das Unternehmen auf den Prüfstand zu stellen, bedarf es einer weitergehenden Betrachtungsweise der informationsbezogenen Kosten sowie des Potenzials der Informationsinfrastruktur als Ganzes. Es lohnt sich deshalb, dieser Aufgabe besondere Aufmerksamkeit zu schenken.

Informationskosten der Vergangenheit als Grundlage für die Vergleichbarkeit künftiger Informationskosten sind jedoch meist schwer zu ermitteln, geschweige denn getrennt nach Kosten für Technologie und Kosten für Informationsversorgung auszuweisen. Es mag daher leichter erscheinen, von einer Analyse der bisherigen Informationskosten Abstand zu nehmen und sich auf die künftigen Informationskosten zu konzentrieren. Jedoch würde eine bezugslose Prognose von Informationskosten die Unternehmensführung in eine blanke Schockstarre versetzen, sollte sie nicht vorher durch eine valide Kostenhistorie vergleichbar gemacht werden. Um also für die künftigen Kosten der Informationsversorgung eine Vergleichbarkeit zu schaffen – und auch Transparenz über die bisherigen, wahren, Kosten für die Informationsversorgung –, müssen im Rahmen der Positionsbestimmung die bisherigen laufenden und Gestaltungskosten für den Informationsraum benannt werden.

Tab. 2.8 Beispiel Kostenarten der Informationskosten

Kostenarten
Hardwarekosten (Lizenzen)
Betrieb der Hardware
Softwarekosten/Lizenzkosten für IT (Datenbanken, BI-Tools)
Interne Implementierungskosten und Wartung IT
Externe Implementierungskosten und Wartung IT
Informationskosten extern/Lizenzen (zur Nutzung von Informationen)
Initialisierungskosten, Recherche, Informationssuche
Analyseaufwände intern
Kosten der Fehlersuche und -bereinigung
Kosten für die Informationserfassung

Mit der vergangenheitsorientierten Analyse der Kosten für die Informationsversorgung wird die Transparenz in Bezug auf die Bereitstellung von Informationen geschaffen und der Kulturwandel im Sinne eines umfassenden Managements von Informationen und Informationskosten aktiv unterstützt (s. Tab. 2.8).

Ich habe bisher noch kein Unternehmen erlebt, das die Kosten für die Gestaltung der Informationsinfrastruktur überschaubar und ohne viel Aufwand für das Unternehmen darstellen kann. Lediglich die reinen Technologiekosten (Investitionen in Hard- und Software) sowie Ressourcenkosten (interne und externe Entwicklungsleistungen in Implementierungsprojekten) werden, wenn auch nicht sehr differenziert, erfasst. Insbesondere der Aufwand in den beteiligten, funktionalen Bereichen kommt in diesen Kalkulationen selten zur Geltung. In vielen Fällen besitzt das Business eigene Ressourcen für die Pflege und den Umgang mit Informationssystemen (z. B. im Falle von Self-Service-IT/-BI oder Schatten-IT-Systemen).

Insbesondere ist dies der Fall bei fachbereichseigenen, mit externer Unterstützung realisierten IT-Projekten. Hinzu kommen die internen Aufwände in den Fachbereichen selbst, die im Nachhinein kaum noch nachzuvollziehen sind. Insbesondere sind die fachbereichsseitigen Kosten der dauerhaften Aufrechterhaltung der Informationsversorgung nur im laufenden Budget der Personalkosten zu finden und ebenfalls nicht als Informationskosten ausgewiesen. Wenn man sich erst einmal daran macht, diese Aufgabe zu lösen, ist es gar nicht mehr so schwer. Die Kosten für die Informationsversorgung ergeben sich aus den bisherigen IT-Budgets für Ressourcen und Projekte als auch aus den laufenden Budgets der Fachabteilungen. Eine Aufsplittung der Kosten für die Informationsversorgung in jene für Informationsbereitstellung bzw. Informationsverarbeitung und jene für technische Bereitstellung (z. B. Datenbanken), Betrieb, Archivierung, Netzwerke, Strom etc. ist gleichzeitig eine Chance für das Unternehmen, den Wert von Informationen besser einschätzen zu können, Fehlinvestitionen aufgrund falscher Annahmen zu vermeiden und das Potenzial vorhandener Informationsprozesse und -systeme noch besser zu verstehen. Eine solche Umstellung geht aber auch einher mit einen Bewusstseinswandel und Organisations-

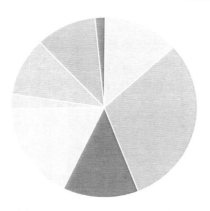

- Softwarekosten/ Lizenzkosten für IT (Datenbanken, BI-Tools)

- Interne Implementierungskosten und Wartung IT

- externe Implementierungskosten und Wartung IT

- Informationskosten extern (zur Nutzung von Informationen)

- Initialisierungskosten, Recherche, Informationssuche

- Analyseaufwände intern

- Kosten der Fehlersuche und -bereinigung

- Kosten für die Informationserfassung

Abb. 2.14 Beispiel Kostenanteile für die Informationsversorgung

veränderungen. Abb. 2.14 zeigt beispielhaft die Aufteilung der Informationskosten nach fachlich-funktionalem Aufwand und dem Aufwand, den die IT-Organisation beisteuert. In diesem Beispiel eines produzierenden Unternehmens, lässt sich eine ungefähr hälftige Aufteilung von IT- und fachbereichsseitigen Aufwänden erkennen, die jedoch zunächst in der Fachfunktion so nicht gebucht waren. Das Beispiel zeigt, dass die verborgenen Informationskosten in etwa gleich hoch sind wie die „sichtbaren" Kosten der IT-Infrastruktur.

Der ganze Aufwand einer Kostenkalkulation für die Informationsversorgung nutzt uns allerdings gar nichts, wenn die beschafften Informationen falsch sind, in diesem Fall sind auch die auf ihnen basierenden Entscheidungen häufig falsch. Das Vertrauen, das durch falsche Informationen verloren geht, und die negativen Auswirkungen sowohl im Markt (z. B. Verlust von Kunden, schlechte Produktqualität, schlechtes Image) als auch im Unternehmen (z. B. durch Verlust von Vertrauen in die Informationssysteme, Schatten-IT, Fehlerkorrekturen) sind beträchtlich und müssen deshalb in der Kostenbetrachtung besondere Beachtung finden. Deshalb soll im Folgenden jener Kostenanteil, der für die Wiederherstellung und die Überprüfung der Informationsqualität aufgrund von Fehlern aufgewendet werden muss, separat betrachtet werden.

2.2.3   Kosten schlechter Informationsqualität

Die Informationsqualität und die damit verbundene Datenqualität sind dauerhaft stark diskutierte Themen (TDWI 2013). Wie in Abb. 2.15 dargestellt, stellen unvollständige und falsche Daten als Grundlage für Informationen immer das größte Risiko für die Verfügbarkeit von verwertbaren Informationen dar. Das Risiko, durch falsche oder unvollständige Informationen, zum Beispiel aufgrund schlecht aufbereiteter oder unvollständiger Daten, das Vertrauen der Informationsempfänger zu verlieren, ist ebenfalls hoch.

Die Kosten, die dieses Risiko in sich birgt, sind in der Folge immens, da sich die Wiederherstellung des Vertrauens über einige Zeit erstreckt, falls es überhaupt wieder hergestellt werden kann. Unternehmen leiden unter schlechter Informationsqualität genauso, als

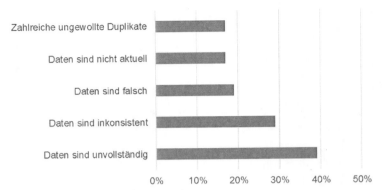

Abb. 2.15 Datenqualität in deutschen Unternehmen

wenn die Informationen nur teilweise oder gar nicht zur Verfügung stünden. Je schlechter die Informationsqualität, desto höher die Wahrscheinlichkeit von Fehlentscheidungen und dauerhaft verlorenes Vertrauen in die Unternehmens-Informationen. Dasselbe Risiko trifft den internen Überbringer der Informationen, also das Informationsmanagement.

Die Kosten der Informationsqualität lassen sich in zwei Kategorien unterteilen:

a) Einerseits fließen die Kosten der Aufbereitung von Informationen als Kosten der Qualitätsprüfung und des, falls alternativlosen, „Data Cleansing" als Grundbestandteil der Informationskosten ein. Diese Kosten entstehen bei jedem Informationsprozess. Auch wenn keine Aufbereitung der Daten und Informationen stattfinden muss, so muss doch im Verlauf des Informationsprozesses zumindest an einer Stelle eine Überprüfung der Konsistenz und Validität der Informationen durchgeführt werden, bevor die Information den Empfänger erreicht.

b) Darüber hinaus müssen auftretende Fehler, zum Beispiel die Unvollständigkeit von Informationen (wie sie beispielsweise häufig im CRM-Umfeld, insbesondere bei Kundenstammdaten vorkommen) im Nachhinein meist aufwendig korrigiert werden. Dieser Korrekturaufwand umfasst ein Mehrfaches des Aufwandes, den eine von vornherein korrekt erfasste Information in Anspruch genommen hätte (Redman 2008).

In Tab. 2.9 werden die zur (Wieder-)Gewinnung der erforderlichen Informationsqualität notwendigen Aufwände beschrieben und kategorisiert.

Das Thema der Kalkulation der Kosten für Informationsqualität ist nicht neu. Studien belegen seit beinahe zwanzig Jahren am Beispiel der Datenqualität in IT-Systemen, dass schlechte Datenqualität in den Unternehmen zu gravierenderen, teuren Fehlern und zu einem immer höheren Aufwand hinsichtlich der Fehlerkorrektur führt. Leider lassen sich vielfach die Kosten schlechter Datenqualität in aller Regel nicht direkt messen, es sei denn, die durch sie unterstützten Entscheidungsvorgänge führen zu einem direkten wirtschaftlichen Verlust, wie zum Beispiel dem Verlust eines Auftrags oder Kunden. Anhand von Umfragen lassen sich die Aufwände, die aus einer mangelhaften Datenqualität resultieren, jedoch trotzdem sinnvoll schätzen. Weitaus schwieriger hingegen lassen sich die

Tab. 2.9 Allokation von Qualitätskosten

Kostentreiber	Erläuterung
Qualität schaffen	Die Qualität einer Information entscheidet sich an ihrem Entstehungsort. Wenn die zu einer Information gehörigen Daten in hoher Qualität bereits im Ursprung geschaffen werden, entsteht in der Folge der geringste Aufwand durch weitere Bearbeitungsmaßnahmen wie Data Cleansing oder Korrekturen
Qualität prüfen	Bevor die Information den Empfänger erreicht, muss die Informationsqualität geprüft werden. Meist gibt es in einem Informationsprozess mehrere Prüfstellen, die sowohl die Datenqualität bei der Informationsentstehung prüfen als auch im Verlauf der Aufbereitung und Verarbeitung
	Auch wenn diese Aufwände häufig standardisierbar sind, können sie schon allein zur Risikovermeidung nicht entfallen, sondern müssen bei einer gesamthaften Betrachtung der Informationsinfrastruktur mit kalkuliert werden
Qualität herstellen/ Datenaufbereitung (Cost of poor data quality)	Die Datenaufbereitung stellt einen für die Informationsanforderung notwendigen Zwischenschritt im Informationsprozess dar, der die Qualität der Information durch Fehlerkorrekturen, Ergänzungen oder auch durch Datenharmonisierung herstellt, so dass die Information in Richtung des Empfängers in der geforderten Qualität weitergeleitet werden kann
	Die Kosten für die Datenaufbereitung sind teilweise immens und kennzeichnen einen Bruch der vertikalen Konsistenz von Informationen im Unternehmen. Diese Kosten müssen kritisch betrachtet werden, da sie möglicherweise ein Hinweis auf fehlende Informationsqualität bereits an der Informationsquelle sind
Kosten des Qualitätsrisikos	Die Einschätzung der Kosten für das Risiko schlechter Informationsqualität müssen ebenfalls differenziert betrachtet werden:
	Als Kosten, die durch gescheiterte Projekte verursacht werden
	Als Kosten, die durch den Verlust des Empfängervertrauens entstehen
	Als Kosten, die durch die nachträgliche Bearbeitung (zum Beispiel Datenaufbereitung) entstehen, die durch eine qualitativ bessere Erfassung nicht notwendig gewesen wäre

Verluste kalkulieren, die dem Unternehmen durch langfristig entgangene Umsätze und Wettbewerbsnachteile (z. B. schlechter Ruf) entstehen, die durch eine mangelhafte Informationsversorgung hervorgerufen werden (vgl. Tab. 2.10).

Praxisbeispiel Erwartungen an neue Technologien

Für einen Telekommunikationskonzern führte ich eine Untersuchung über die Qualität der Informationsversorgung durch. Im Zuge der Projektinitialisierung sollte jedoch von Seiten der Unternehmensleitung aus die Informationsqualität der bereits vorhandenen Systeme keine Rolle mehr spielen. Stattdessen wurde insbesondere das Interesse für die Themen „Big Data" und „Predictive Analytics" in den Vordergrund gestellt und

Tab. 2.10 Kalkulation der Qualitätskosten für Informationen

Kostentreiber	Medium	Kalkulation der Qualitätskosten
Informationsentstehung	Definition der Information	Zeitlicher und personeller Aufwand
	Unternehmensweite Abstimmung der Information (Schaffung einer horizontalen Konsistenz)	
	Bewertung weiterer, möglicher Infomationsanforderungen, die mit dieser Information erfüllt werden können (Prädiktion, Schaffung einer vertikalen Konsistenz)	
Informationsaufbereitung	Zusammenführung unterschiedlicher Informationen zu einer gemeinsamen Information	I2: Zeitlicher und personeller Aufwand
		Kosten einer Applikation, falls die Zusammenführung automatisiert stattfindet
Korrektur/Fehlerbereinigung	Ergänzung der Information um notwendige Elemente, die im Rahmen der Informationsentstehung nicht erfasst wurden	I3 (Cost of poor data quality): Zeit und Aufwand zur Recherche, Kontrolle und Überarbeitung der Information, variabel nach Aufwand.
	Dieser Schritt ist normalerweise durch manuelle Tätigkeiten dominiert (jemand muss sich kümmern)	(Vorschlag I1 *x 10)

die Frage danach, wie man eine Prognose hinsichtlich künftiger Margenanteile kalkulieren könne. Nun stand nicht mehr die Informationsversorgung für das Unternehmen als Ganzes im Mittelpunkt, sondern ein einzelnes fachlich-funktionales Problem (Abschn. 1.4.1). Weiterhin erhoffte sich die Unternehmensleitung, mit der Thematik „Big Data" und den damit verbundenen Technologien auch gleichzeitig das Problem das über zehn Jahre angesammelte, hausgemachte Informationschaos zu lösen. Die Problematik der bestehenden, schlechten Informationsversorgung im Unternehmen, die Unzufriedenheit der Nutzer und das Misstrauen gegen jedwede Form von Informationen, die im Unternehmen verfügbar waren, die dadurch hervorgerufene schwache Leistungsbilanz der Informationsversorgung im Unternehmen waren vergessen. Weil Hype-Themen sexy sind und pointiert punktuelle Probleme und Partikularinteressen in den Vordergrund stellen, geraten die eigentlich gravierenden Probleme in der Informationsversorgung für den Moment in den Hintergrund.

Abb. 2.16 Beispiel Zyklus zur Korrektur von Daten

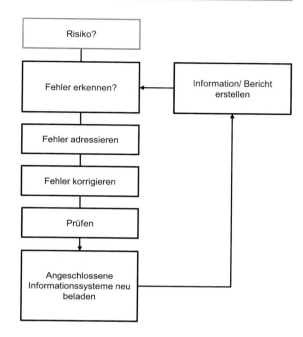

Der Aufwand für die Korrektur von Fehlern und schlechter Datenqualität wird häufig gering priorisiert und nicht konsequent ermittelt. Die Ermittlung des Kostenfaktors Fehlerkosten im Rahmen der Positionsbestimmung ist also meist erst der Beginn eines offensiven Umgangs mit den Themen Informationsqualität und Datenqualität und damit eine zentrale Aufgabe des Informationsmanagements (Abb. 2.16).

Nehmen wir als Maßstab für die Reparatur falscher oder unvollständiger Daten wie vorgeschlagen (Redmond 2013) das Zehnfache an Aufwand an, das für die ursprüngliche Eingabe erforderlich war, so ist es nur logisch, ebenfalls anzunehmen, dass sich auch die Kosten für die nachträgliche Datenbereinigung verzehnfachen. Die wirtschaftlichen Nachteile, die durch fehlerhafte Informationen entstehen, insbesondere mögliche Fehlentscheidungen, sind hier noch nicht einmal einkalkuliert. Abb. 2.16 zeigt schematisch den Korrekturprozess. Bereits ein kleiner Korrekturbedarf verursacht einen immensen Aufwand, da er ja zuerst einmal erkannt und veranlasst werden muss.

2.3 Das Potenzial des Informationsraums

Vor dem Hintergrund der durchgeführten Positionsbestimmung stellt sich nun die Frage, welches Leistungsvermögen der Informationsraum über die aktuelle Nutzung hinaus besitzt. Ist die Verfügbarkeit von Informationen tatsächlich gegeben und wird nur nicht genutzt? Können Qualität und Verfügbarkeit gesteigert werden, um die Informationsversorgung im Unternehmen zu verbessern? Kann der Nutzen des Informationsraums erhöht werden? Wie könnte, unter den gegebenen Rahmenbedingungen, angesichts der vorhandenen Informationsinfrastruktur und der existierenden IT-Infrastruktur die Nutzung des Informationsraums idealerweise verbessert werden, um zusätzlichen Mehrwert für das Unternehmen zu schaffen? Und wie kann dieser Mehrwert letztlich aussehen?

Die Frage nach dem Potenzial des Informationsraums stellt sich sowohl hinsichtlich der Parameter, die wir für Informationen formuliert haben (Qualität und Verfügbarkeit), als auch in Bezug auf die mögliche Steigerung der wirtschaftlichen Leistungsfähigkeit durch effiziente Nutzung von Informationen. Das Potenzial der Informationsinfrastruktur setzt also den Status quo der Informationsversorgung in Beziehung zu den existierenden und möglichen künftigen Informationsanforderungen in der Unternehmensorganisation. Hierzu zählen:

- die Anforderungen aus den Unternehmensfunktionen (fachliche Anforderungen zum Beispiel über alle Geschäftsprozesse hinweg),
- mögliche externe Anforderungen von Regulatoren oder Kunden (zum Beispiel zusätzliche Anforderungen für die Erläuterung bestimmter Bilanzpositionen),
- und vor allem jedoch auch der Vergleich mit dem Informationsraum anderer Unternehmen, um eine Relation der im Markt üblichen Anstrengungen hinsichtlich der Nutzung der Ressource Information zu erkennen.

Das Potenzial des Informationsraums reflektiert die Einschätzung der Unternehmensorganisation hinsichtlich der aktuellen und künftigen Leistungs- und Konkurrenzfähigkeit der Informationsinfrastruktur. Informationen stellen für Unternehmen begrenzte Ressourcen dar. Zwar ist die Information, wenn sie sorgfältig gepflegt wird, immer wieder verwendbar und unterliegt keinem physischen Verfallsprozess. Ihr Wert jedoch kann sich verringern, sei es durch Verlust an Aktualität als Bestandteil der Informationsqualität, oder die Zunahme an Beliebigkeit, weil die Kosten der Informationsbeschaffung geringer werden und somit im Markt keinen signifikanten Wettbewerbsvorteil mehr darstellen. Zudem kann das Unternehmen nicht grenzenlos in die Nutzung von Informationen investieren, da die finanziellen Ressourcen des Unternehmens normalerweise ebenfalls begrenzt sind. Je mehr relevante, also für die Umsetzung des Geschäftsmodells notwendige Informationen im Unternehmen existieren und je vielfältiger und volatiler diese sind, desto höher sind auch die Anforderungen an die Informationsinfrastruktur und desto notwendiger ein dediziertes Management von Informationen. Pflegt das Unternehmen seinen Informationsraum nicht, dann steigt das Risiko, dass Informationen nicht oder nur ungenügend zur Verfügung stehen. Gleichzeitig sinken die Effizient und Produktivität im Unternehmen, weil mehr und mehr Informationen nachgefragt werden, die nicht verfügbar sind. Das Potenzial des Informationsraums, das sich hinter einem stringenten Management von Informationen

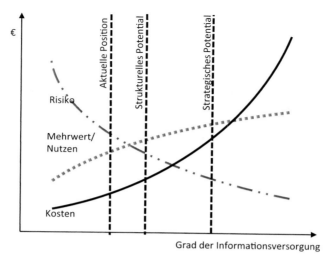

Abb. 2.17 Beispielhafte Potenziale des Informationsraums

verbirgt, ist daher beträchtlich. Hierbei kann zwischen dem *strukturellen Potenzial,* das sich an der augenblicklichen Informationsinfrastruktur und der IT-Infrastruktur orientiert, und dem *strategischen Potenzial,* das sich durch die Möglichkeit von Investitionen in die Erschließung neuer Informationsquellen, in zusätzliches Personal, in neue Technologien oder die Erweiterung der bereits existierenden technischen Möglichkeiten auszeichnet, unterschieden werden. Wie in Abb. 2.17 dargestellt, muss die Potenzialbewertung des Informationsraums die Parameter Risiko, Kosten und Mehrwert in Einklang bringen mit der Steigerung des Nutzens des Informationsraums.

Abbildung 2.17. zeigt weiterhin, dass mit zunehmender Investitionstätigkeit der erwirkte zusätzliche Nutzen kleiner wird. Im Falle spezieller Investitionen, wie zum Beispiel dem Einsatz einer beispiellosen Technologie, kann zwar tatsächlich auch ein überproportionaler Nutzenanstieg oder Anstieg des Wertbeitrags aufgrund von signifikanten Kosteneinsparungen oder Erfolgen im Markt die Folge sein. Normalerweise entstehen aber Vorteile im Markt nicht unbedingt durch teureren Technologieeinsatz, sondern durch bessere Koordination und dadurch effizientere Nutzung der vorhandenen Informationen – seien es Kundeninformationen, Konjunkturentwicklungen oder Umsatzprognosen oder auch nur das rechtzeitige Wissen um das zukünftige Wetter, insbesondere wenn man ein Eisverkäufer ist. Glückliche Zufälle ausgenommen, ist die Bewirtschaftung des Informationsraums im Unternehmen das maßgebliche Element für die Schaffung wirtschaftlicher Vorteile. Wenn wir heute über den Nutzen und das Potenzial von Informationen nachdenken, stehen wir in der Regel nicht mehr vor technologischen Hürden. Nach dem Wegfall technologischer Grenzen bleiben uns also noch die Restriktionen humaner und monetärer Ressourcen.

Beispiel aus der Praxis

Mit dem Aufkommen der Billigfluglinien Mitte der 1990er Jahre, die durch die extensive Nutzung des Potenzials ihres Informationsraums aller verfügbaren Informationen einen signifikanten Wettbewerbsvorteil erreichten, wurde der Markt für Flugreisen vollkommen umgekrempelt. Die Boston Consulting Group schätzt, dass Billigfluglinien im Jahr 2010 einen Marktanteil von 25 % erreichten (Germanwatch 2014). Beispielsweise konnte sich Ryanair nicht in erster Linie durch ein neues Geschäftsmodell von den Konkurrenten differenzieren, sondern weil die Summe aller einzelnen Bestandteile des Geschäftsmodells „Airline" als Teil des Informationsraums für die Optimierung der Kostenstruktur verwendet wurde. Dass die Nutzung von Informationen nicht einmalig erfolgen kann, sondern kontinuierlich durch ein dediziertes Informationsmanagement erfolgen muss, sehen wir in der Realität daran, dass die Optimierungsansätze der Billigfluglinien von großen Luftverkehrsgesellschaften adaptiert werden und der Vorsprung im Markt ständig neu geschaffen werden muss. Wie schwer es ist, können wir an der Entwicklung der Air Berlin erkennen, die mittlerweile einen jährlichen hohen Millionenverlust erleidet. Eine Frage, die ich in diesem Zusammenhang in den letzten Jahren immer häufiger erlebe, ist die Frage danach, was das Unternehmen denn verdient, pro Kunde beispielsweise oder pro Flugzeugtyp, also die Frage nach dem „Deckungsbeitrag pro Kunde", die wir bereits kennengelernt haben. Wie auch immer der Deckungsbeitrag im konkreten Fall zu definieren ist, ist es doch schwierig bis unmöglich, eine eindeutige Aussage darüber zu treffen, was das Unternehmen an einem bestimmten Kunden verdient hat. Eine Aussage über konkrete Margenanteile treffen zu können, spielt jedoch gerade in Bereichen mit niedrigen Margen und hohen Kostenrisiken wie in der Luftfahrtindustrie eine herausragende Rolle.

Der Informationsraum schließt keine Informationen aus. Er umfasst also auch alle operativen Informationen aus Produktions-, Administrations- und sonstigen Geschäftsprozessen. Alle diese Informationen fließen mit in die Bewertung des Potenzials und damit des potenziellen Mehrwerts durch die bessere Nutzung von Informationen ein. Wir sind aufgrund der Unmengen von erreichbaren Informationen herausgefordert, unseren Informationsraum so zu strukturieren (und zu managen), dass unser Unternehmen von der gezielten Nutzung seines Informationsraums bestmöglich profitiert. Darüber hinaus wird durch die tendenzielle Technologieunabhängigkeit des Informationsmanagements die Lösung bisher unbeantworteter, aber auch neuer Fragestellungen möglich. In Tab. 2.11 sind die Parameter für das Potenzial des Informationsraums beschrieben.

Natürlich bewegen wir uns nicht in einem luftleeren Raum, in dem es vorher keine Informationsversorgung gab. Jedoch ist in Unternehmen meist traditionell eine iterative und generische Entwicklung vorherrschend, d. h. an speziellen Problemstellungen im Business und in der Informationstechnologie orientiert. Ein solches Vorgehen lässt sich künftig aufgrund der zunehmenden digitalen Durchdringung aller unternehmerischen Prozesse nicht mehr beibehalten. Nur die Betrachtung des gesamthaften Potenzials, bezogen auf den Informationsraum des Unternehmens, in Relation zu den wahrscheinlichen, künftigen wirt-

Tab. 2.11 Potentiale des Informationsraums

Parameter	Beschreibung
Risiko	Risikominimierung durch Informationsmanagement: Verringern von Nachteilen gegenüber der Konkurrenz durch effizientere Nutzung der vorhandenen Informationsinfrastruktur
Kosten	Laufende Kosten zur Bewirtschaftung und Pflege des Informationsraums
	Investitionen in die Informationsinfrastruktur (Kauf von Investitionsquellen, Investitionen in die Weiterentwicklung der Investitionsprozesse)
	Investitionen in die IT-Unterstützung, z. B. durch neue Technologien
Mehrwert	Stärkung der Wettbewerbsposition durch Entwicklung der Informationsinfrastruktur
Positionsanalyse	Aktueller Zustand der Informationsinfrastruktur (unabhängig von der Informationstechnologie)
Strukturelles Potential	Aktuelle Elastizität der Informationsinfrastruktur auf der Grundlage der organisatorischen und technologischen Rahmenbedingungen
Strategisches Potential	Potentielle Leistungsfähigkeit der Informationsinfrastruktur nach speziellen Investitionen in die Informationsinfrastruktur und in die Informationstechnologie

schaftlichen Herausforderung, ermöglicht eine reife Beurteilung und in der Folge auch die erfolgreiche Gestaltung der Informationsversorgung im Unternehmen.

Wenn wir bei der Entwicklung und Darstellung des Informationspotenzials einen prognostizierten, wirtschaftlichen Mehrwert als Pendant zu einem der beiden Potenziale ermitteln wollen (ökonomisches Potenzial), dann muss sich dieser auch an den für die Nutzung des Potenzials notwendigen Kosten orientieren. Das bedeutet, dass es zwischen dem Potenzial der Informationsinfrastruktur und dem wirtschaftlichen Mehrwert zu einem Ausgleich kommen müsste, der sowohl das mögliche Potenzial des Informationsraums als auch den damit verbundenen wirtschaftlichen Aufwand in Einklang bringt. Dies ist aber allzu häufig nicht der Fall, weil sich in der Unternehmensrealität häufig Partikularinteressen durchsetzen (Abschn. 3.4) und die wirtschaftliche Leistungsfähigkeit, die sich mit der Gestaltung des Informationsraums verbindet, nicht priorisiert betrachtet wird. Das tatsächliche Potenzial des Informationsraums orientiert sich deshalb zwingend an der zu erwartenden Performanceverbesserung des Unternehmens als Ganzem aufgrund der möglichen effizienteren Nutzung der verfügbaren Informationen.

2.3.1 Das strukturelle Potenzial

Für ein Unternehmen gibt es unterschiedliche Arten von Anlässen, sich um die Verbesserung der Nutzung von Informationen zu bemühen. Solche Anlässe, Fragen und Informationsanforderungen können eine mögliche Störung der Stabilität der Informationsversorgung darstellen, wenn das Informationsmanagement nicht im Voraus diese Informationsanforderungen erkennt oder wenn der Informationsraum derart starr strukturiert ist, dass neue Informationsanforderungen nur schwierig zu erfüllen sind. Häufig sind dies Ereignisse, die von außen auf das Unternehmen einwirken, wie zum Beispiel:

- signifikante Konkurrenzsituationen im Markt, die ein unmittelbares Handeln des Unternehmens und eine plötzliche Anpassung der Informationsversorgung erforderlich machen,
- oder Merger und Akquisitionen, die das Unternehmen zur Konsolidierung der Methoden und Prozesse der Informationsversorgung zwingen und insgesamt einen neuen Informationsraum erschaffen.

Das strukturelle Potenzial bezeichnet die Möglichkeit, ad hoc bestehende Informationsanforderungen erfüllen zu können und somit das Risiko akuter Nichtverfügbarkeit von Informationen zu senken. Hierbei ist es unerheblich, in welcher Form die Informationen verfügbar sind, ob in einer Datenbank oder in Papierform, solange sie die Erfüllung der Informationsanforderung ermöglichen. Eine Informationsinfrastruktur, die dagegen starr nur Informationsanforderungen erfüllen kann, die heute verlangt werden, trägt ein immenses Risiko, aufgrund von Fragen bzw. Informationsanforderungen, die sie nicht umgehend erfüllen kann, wirtschaftliche Nachteile zu erleiden. Das strukturelle Potenzial stellt also einen Maßstab dar, ob und wie schnell auf Informationsanforderungen reagiert werden kann. Wenn eine solche Informationsanforderung, wie sie sich verstärkt in Umbruchphasen wie Organisationsänderungen oder auch aufgrund neuer Anforderungen im Rahmen der externen Berichterstattung ergibt, nicht im Voraus durch das Informationsmanagement erkannt wird, stellt dies eine Störung (Disruption) der Stabilität der Informationsversorgung dar.

Für den Informationsraum bedeutet das, dass sich die Relevanz bestimmter Informationen verändern kann und hierdurch eine neue Bewertung hinsichtlich der Qualität und Verfügbarkeit der Informationen ergibt. Das strukturelle Potenzial stellt daher die Fähigkeit des Informationsraums und der Informationsprozesse dar, auf die Disruptionen schnell zu reagieren, ohne durch zusätzliche Investitionen in Organisation oder Technologie in größerem Maßstab Anpassungen vornehmen zu müssen. Das strukturelle Potenzial, wie in Tab. 2.11 beschrieben, ist somit nicht Teil eines investiven Verbesserungsprozesses, sondern vielmehr eine bestehende (strukturelle) Elastizität in Bezug auf Störungen und zusätzliche Anforderungen an die Informationsversorgung.

Diese Elastizität liegt nicht nur in der Anpassungsfähigkeit der Informations- bzw. IT-Systeme, sondern wird durch die Agilität der Organisation insgesamt dargestellt. Neben der Anpassungsfähigkeit der IT-Systeme sind dies auch manuelle Leistungen der Mitarbeiter, die mit Know-how und guter Kommunikation Engpässe und Disruptionen in der Informationsversorgung zu überbrücken in der Lage sind, d. h. die das Funktionieren des Informationsraums trotz einer disruptiven Einwirkung aufrechterhalten.

Eine massive Änderung kann beispielsweise die Neuentwicklung oder Umstellung des Geschäftsmodells mit vollkommen neuen Zielen, Prozessen und neuen Informationsanforderungen sein, Gleiches gilt im Falle eines Mergers, in dem traditionelle Informationsprozesse, aber auch Teile des Informationsraums verloren gehen und andererseits neu entwickelt werden müssen. Derartige Anpassungen sind von Investitionen geprägt, die wiederum eine signifikante Auswirkung aus die Unternehmensorganisation und Unternehmensprozesse haben.

Um das strukturelle Potenzial bewerten zu können, muss zunächst die Position des bestehenden Informationsraums hinsichtlich des aktuellen Versorgungsgrades bekannt sein. Grundlage hierfür ist der Informationsraum und dessen Reflexion anhand der PRISM. Die Bewertung des Informationsraums mit Hilfe der PRISM gibt uns zunächst einen Einblick in die tatsächliche Nutzung der Informationsinfrastruktur. Inwieweit aber die vorhandenen Informationen und Informationsprozesse geeignet sind, auf neue Anforderungen oder Disruptionen zu reagieren, darüber muss im Rahmen der Potenzialanalyse eine Aussage getroffen werden. Es stellt sich schlicht die Frage, ob und wie wir auf plötzliche Anforderungen mit der vorhandenen Informationsinfrastruktur (Informationsraum + Informationsprozesse) reagieren zu können. Wie in Abb. 2.18 gezeigt, wird der Zustand des Informationsraums nicht verändert, d. h. im besten Falle nicht verschlechtert oder sogar verbessert. Neue Informationsanforderungen können auf der Grundlage der vorhandenen Informationsinfrastruktur erfüllt werden.

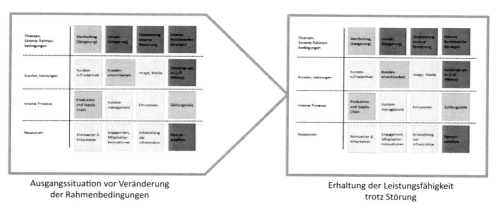

Ausgangssituation vor Veränderung　　　　　　　　Erhaltung der Leistungsfähigkeit
der Rahmenbedingungen　　　　　　　　　　　　　　　trotz Störung

Abb. 2.18 Strukturelles Potenzial Erhaltung der Fähigkeit der Informationsversorgung

Limitiert wird das strukturelle Potenzial also durch die bestehende Informationsinfrastruktur. Informationen, die für das Unternehmen nicht oder nicht ohne zusätzliche Anstrengungen (Investitionen) erreichbar sind, oder nicht Informationsprozesse begrenzen die Möglichkeiten einer Ad-hoc-Anpassung an sich ändernde Informationsanforderungen. Eine essenzielle Voraussetzung für die Elastizität der Informationsinfrastruktur sind daher die Kenntnis über Informationen und Informationsprozesse sowie ein umfassendes, dediziertes Informationsmanagement als koordinierende Instanz, wie bereits in der Einführung des Informationsraums gezeigt wurde.

Verschlechtert sich die Bewertung des Informationsraums aufgrund sich ändernder Informationsanforderungen, beispielsweise weil sich die Erwartung an die Qualität gegenüber der aktuellen Position des Informationsraums erhöht, stellt sich die Frage, wie diese Informationsanforderungen unter Ausnutzung der strukturellen Elastizität (bzw. des strukturellen Potenzials) und unter den bestehenden Rahmenbedingungen erfüllt werden können (Abb. 2.19).

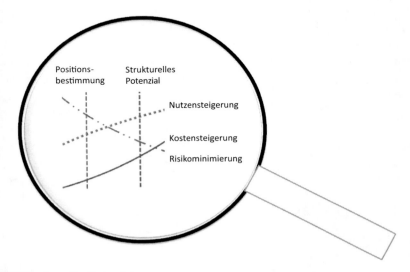

Abb. 2.19 Strukturelles Potenzial

- Ändern sich die Qualitätsanforderungen an Informationen, muss eine höhere Informationsqualität darstellbar sein (z. B. die Anreicherung von Kundenstammdaten, um detailliertere Kenntnisse über das Kundenverhalten zu gewinnen). Ist die Ad-hoc-Anpassung der Informationsqualität nicht möglich, entsteht ein wirtschaftliches Risiko für das Unternehmen und die Position des Informationsraums verschlechtert sich.
- Werden Informationen im Unternehmen benötigt, die nicht unternehmensweit oder im Unternehmen gar nicht verfügbar sind, stellt sich die Herausforderung, diese Informationen zu generieren oder zu beschaffen. Sind diese Informationen nicht erreichbar und werden diese Informationen beispielsweise von Konkurrenzunternehmen zu dessen Vorteil im Markt genutzt, entsteht ebenfalls ein wirtschaftliches Risiko.

In der Literatur finden sich viele Hinweise auf Bewertungsmodelle wie zum Beispiel das Kano-Modell oder auch die Wiegers'sche Priorisierungsmatrix, um Informationen und Informationsanforderungen (z. B. „Kundenwünsche") zu bewerten. Diese Modelle sind aus meiner Erfahrung normalerweise für einen klar umrissenen, meist applikationsbezogenen Scope im Rahmen von IT-Projekten (Totok 2010) denkbar. Die diesen Modellen innewohnende Komplexität und der hohe Aufwand ihrer Anwendung stellen sich jedoch in der Projektarbeit schnell als problematisch dar (Zehntner 2012), besonders wenn die Informationslandschaft als Ganzes zu bewerten ist oder wenn ein Instrument zur kontinuierlichen Bewertung des Informationsraums gesucht wird. Die oben genannten Bewertungsmodelle sind jedenfalls geeignet, ein Projektteam über einige Zeit mit komplizierten Fragen zu beschäftigen. Allerdings ist ihre Verwendung auch in vielen Fällen so kompliziert, dass sie in der Regel nur ein einziges Mal zur praktischen Anwendung kommen. In der Folge kaum noch auf die durchgeführte Bewertung Bezug genommen werden. Für das Management der Informationsversorgung wurde deshalb mit der Bewertung des Informationsraums und PRISM Werkzeuge gefunden, die nach einer initialen Bewertung weiter kontinuierlich als Managementinstrument verwendet werden können. Um das Vorgehen zu ergänzen, können die genannten Bewertungsmethoden im Einzelfall Anwendung finden. Ihr Einsatz sollte sich jedoch stark an den Erwartungen des Managements und an der individuellen Problemstellung orientieren

Dass, wie in Abb. 2.20 dargestellt, trotz stabiler Ausgangslage höhere Kosten zur Ausschöpfung des strukturellen Potenzials bzw. der Elastizität des Informationsraums erzeugt werden, zeigt, dass auch im Falle, dass eine Informationsanforderung aus dem bestehenden Informationsraum kurzfristig erfüllt werden kann, ein Umsetzungsaufwand entsteht. Beispielsweise müssen Datenbankabfragen gemacht, Ordnerschränke durchsucht oder Telefonate geführt werden – die Information muss möglicherweise, nein – ganz sicher– gesucht werden, um dann aufbereitet, geprüft und für die Verwendung freigegeben zu werden. Zudem ist es möglich, dass die Informationsanforderung nicht nur einmalig, sondern dauerhaft in einen standardisierten Informationsprozess eingebunden werden soll. All dies erfordert Kenntnisse, Engagement und Organisation, um das vorhandene strukturelle Potenzial des Informationsraums auch tatsächlich nutzbar zu machen. Dementsprechend bilden die Kosten- bzw. der zur Erfüllung der Informationsanforderungen notwendige Aufwand ein entscheidendes limitierendes Element für das strukturelle Potenzial.

In den meisten Fällen hat die verwendete Informationstechnologie keinen direkten Einfluss auf die Qualität von Informationen, da diese von Menschen erstellt werden. Investitionen in Technologien können aber helfen, eine allgemeine Plattform für die Gestaltung von Informationsprozessen bereitzustellen oder zumindest die Speicherung von Informationen zu vereinfachen, indem sie nicht mehr in Ordnerschränken, sondern auf digitalen Speichermedien gelagert werden. Im Vergleich zu einer Papierspeicherung erhöht sich durch digitale Speicherung die Verfügbarkeit von Informationen und, falls die Informationen als solche unternehmensweit definiert sind, in den meisten Fällen auch die Qualität und Einheitlichkeit dieser Informationen im Unternehmen.

2.3.2   Das strategische Potenzial

Wenn Informationsanforderungen auf der Grundlage der existierenden Informationsprozesse und der vorhandenen IT-Infrastruktur nicht erfüllt werden können, muss geklärt werden, inwieweit die Informationsinfrastruktur und die IT-Infrastruktur durch Investitionen angepasst bzw. weiterentwickelt werden können. In die Bewertung des strategischen Potenzials der Informationsinfrastruktur fließen zusätzlich zur Betrachtung der Informationen und Informationsprozesse auch die technologischen Rahmenbedingungen ein.

Der existierende Informationsraum verhält sich insofern widersprüchlich, als dass die umfassende Informationsversorgung im Unternehmen eine sehr hohe Stabilität aufweist, die sich nur sehr langsam und ungerne an Veränderungen der Rahmenbedingungen wie neue Informationsprozesse, neue Informationsanforderungen anpasst. Eben diese Stabilität stellt sowohl hinsichtlich der Informationsinfrastruktur (Informationen und Informationsprozesse) als auch hinsichtlich der technischen oder IT-Infrastruktur ein Risiko für Veränderungsprozesse dar. Die Weiterentwicklung und ständige Anpassung aller Komponenten der Informationsversorgung sind jedoch überlebenswichtig. Und eben die kontinuierliche Verbesserung der Informationsversorgung insgesamt ist die Aufgabe des Informationsmanagements.

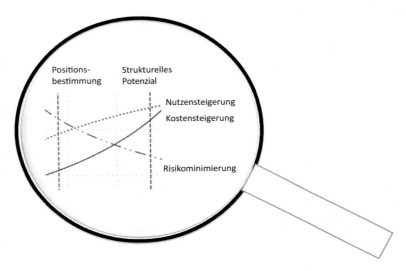

Abb. 2.20 Strategisches Potenzial

Abbildung 2.20 zeigt den Ausschnitt der Potenzialdarstellung, der die derzeit prognostizierbare Entwicklungsfähigkeit des heutigen Informationsraums und der IT-Infrastruktur beschreibt. Typischerweise werden für die Umsetzung des strategischen Potenzials Investitionen benötigt, sicherlich müssen neue Technologien eingekauft werden. Die Anwendungsbereiche des Entwicklungspotenzials sind durch die PRISM darstellbar.

Häufig werden partikuläre Informationsanforderungen, d. h. individuelle Probleme im Business durch schnelle, begrenzte Aktivitäten gelöst, die zwar den individuellen Informationsprozess verbessern, jedoch nicht unbedingt die Informationsversorgung insgesamt, weil weder die Informationen noch ein möglicher neuer Informationsprozess im Unternehmen bekannt gemacht werden. Ebenso häufig werden unterschiedliche Projekte in verschiedenen Bereichen des Unternehmens angestoßen, die eigentlich dieselben Probleme lösen, sei es die Verfügbarkeit bestimmter Informationen zu erhöhen, oder bestimmte Informationsprozesse zu verbessern.

Erfassungsprozesse etwa sind ein typisches Beispiel für Informationsprozesse, die auf atomisierter Basis die unterschiedlichsten Lösungsansätze im Unternehmen hervorbringen, gepaart mit mannigfaltigen IT-Lösungen. So sind die grundlegenden Informationsprozesse sowohl im Compliance Management, im Audit-Umfeld und auch im Nachhaltigkeitsmanagement in der Regel sehr ähnlich. Dennoch werden die unterschiedlichsten Softwarelösungen, nicht selten auch unabhängig von der IT oder von einem koordinierenden Informationsmanagement beschafft. Zudem sind die Fachfunktionen nicht in der Lage, aus Informationssicht eine Koordination innerhalb des Unternehmens zu betreiben, da sie einerseits eigene, fachspezifische Aufgaben zu erledigen haben und andererseits keine Kenntnis über die vorhandenen Informationsprozesse besitzen. Da ein isoliertes Problemlösen die Probleme der Informationsversorgung nicht löst und einen Verlust an Wirtschaftlichkeit und Effizienz bedeutet, sollte diese Art des Vorgehens künftig keine Rolle mehr im Unternehmen spielen.

Das verantwortliche Informationsmanagement muss deshalb Kenntnis über diese vorhandenen Informationsanforderungen besitzen, um für das Unternehmen als Ganzes Lösungsvorschläge erarbeiten zu können. Das Informationsmanagement hat die Aufgabe, den Informationsraum stetig weiterzuentwickeln. Hierfür ist es notwendig, künftige Informationsanforderungen vorauszusehen und in Relation zu den betrieblichen Rahmenbedingungen zu setzen. Die Einschätzung des strategischen Potenzials gestaltet sich naturgemäß komplexer als die Einschätzung der kurzfristigen Reaktionsfähigkeit des Informationsraums, der strukturellen Elastizität. Da sich das strategische Potenzial auf eine zeitliche Perspektive von mehreren Jahren beziehen kann, umfasst die Prognose möglicher Anforderungen an die Informationsversorgung auch makroökonomische Aspekte wie auch Aspekte der prognostizierten technologischen Entwicklung. Die Aufgaben des Informationsmanagements teilen sich einerseits in die kontinuierliche Weiterentwicklung des Informationsraums auf der einen Seite sowie die Prognose zukünftiger Informationsanforderungen und deren Integration in den Informationsraum.

Aufgaben des Informationsmanagements
- Kontinuierliche Verbesserung der Informationsversorgung
- Verbesserung der Informationsqualität und Informationsverfügbarkeit
- Künftige Informationsanforderungen erkennen und einschätzen
- Integration der makroökonomischen Rahmenbedingungen in die Prognose
- Technische Trends im Voraus erkennen und einschätzen

Auch im Falle des strategischen Potenzials des Informationsraums wird die Prognose auf Grundlage der existierenden Rahmenbedingungen hinsichtlich des vorhandenen Informationsraums (Abschn. 2.2) und der geplanten Ressourcen erstellt. Limitiert wird das strategische Potenzial von den für das Informationsmanagement bereitgestellten Ressour-

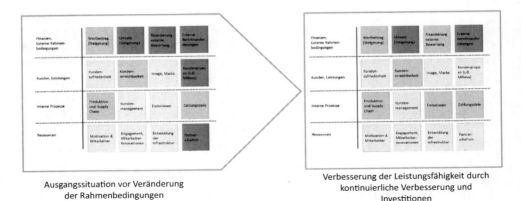

Ausgangssituation vor Veränderung   Verbesserung der Leistungsfähigkeit durch
der Rahmenbedingungen   kontinuierliche Verbesserung und
                                           Investitionen

Abb. 2.21 Strategisches Potenzial des Informationsraums

cen. Kurzum: Es geht um Geld. Die Umsetzung des strategischen Potenzials erfordert selbstverständlich ein entsprechendes Budget und eine entsprechende Planung und hängt von der Investitionsbereitschaft des Unternehmens und des mit der Investition verbundenen, prognostizierten Mehrwerts für das Unternehmen ab. Hierbei stellt sich die Frage der nachhaltigen wirtschaftlichen Investitionen im Sinne des Gesamtunternehmens. Im Falle von Investitionsvorhaben muss der künftige Wertbeitrag unter Berücksichtigung aller mit einer Unterlassung der Investition verbundenen Risiken der Investitionen für das Unternehmen prognostiziert werden, um die Ausgaben und den mit einer technologischen Anpassung einhergehenden zusätzlichen Aufwand im Unternehmen zu rechtfertigen (Abb. 2.21).

Im heutigen industriellen Umfeld steht beispielsweise die Notwendigkeit von Investitionen in neue Technologien wie In-Memory-Datenbanken oder die Nutzung spezieller Dienste, die als Cloud-Anwendung als Services zur Verfügung gestellt werden, zur Disposition, um die Effizienz der Nutzung von Informationen im Unternehmen steigern zu können oder auch um bislang ungenutzte Informationen für das Unternehmen zu erschließen, wie es häufig im Umfeld von Big-Data-Anwendungen der Fall ist. Eine Investition in neue Technologien und der damit ermöglichte Einsatz stochastischer Analyse und Analysen in Echtzeit versetzt das Unternehmen in die Lage, bereits bestehende Fragen, die bislang aufgrund technischer Restriktionen nicht beantwortet werden konnten, zu lösen. Somit sind auch Optionen zur Investition in die IT-Infrastruktur Teil des strategischen Potenzials (und der verbundenen Kosten).

Idealerweise erfolgt eine solche Einschätzung durch ein zentral positioniertes Informationsmanagement, das Kenntnis über den Informationsraum des Unternehmens hat, in Zusammenarbeit mit der IT-Organisation, die die technische Infrastruktur beurteilen kann. Auf der Grundlage der gemeinsamen Bewertung des strategischen Potenzials können Maßnahmen in Form von

- neuer Technologie (z. B. Rechnerleistung),
- neuer Software (z. B. Datenbanken),
- durch die Einstellung zusätzlicher Mitarbeiter,
- durch die Beschaffung der Information selbst

zur Ausschöpfung der langfristigen Entwicklungsfähigkeit vorgenommen, die Risiken mangelhafter Informationsversorgung minimiert und die Überlebensfähigkeit des Unternehmens gestärkt werden.

Praxisbeispiel Informationsmanagement in einem Logistikunternehmen

In einem Logistikunternehmen können Kostenvorteile erreicht werden, indem eine weitgehende Transparenz über aktuelle geografische Positionen der Transportmittel (Straßenverkehr, Luftverkehr, Schiene, Wasser) sowie die aktuellen Auftragseingänge mit einer Prognose über die künftige Auftragsentwicklung verknüpft und somit Lagerkapazitäten für die Zwischenlagerung von Gütern einspart. Ein zusätzlicher Vorteil im Markt kann erreicht werden, wenn unterschiedliche Verkehrswege in die Kalkulation von Transportaufträgen mit einbezogen werden und das für den Kunden günstigste Gesamtpaket geschnürt werden kann. Diese Aufgaben waren in der Vergangenheit in weiten Teilen aufgrund technischer Begrenzungen und des damit verbundenen hohen Aufwandes schlicht nicht darstellbar. Mit Wegfall technischer Limitationen lassen sich solche Optimierungsvorhaben heute darstellen. Entscheidend ist die Frage, inwieweit die Informationen für das Unternehmen verfügbar sind und welche Qualität die Informationen haben. Das Unternehmen muss Kenntnis über die Informationen haben, die es ermöglichen, Routen effizienter zu nutzen und eine höhere Auslastung für die Transporteure zu erreichen. Entscheidend für die Erlangung eines Vorteils sind die Kapazitätsangaben, die Kenntnis über die idealen Fahrstrecken, die Möglichkeit, abzuwägen und Szenarien zu prüfen, bevor eine Entscheidung über eine alternative Route oder die Ablehnung eines dringenden Transportauftrags aufgrund von Kapazitätsengpässen getroffen wird. Alle diese Informationen verlangen eine hohe Qualität und Zuverlässigkeit, da die Transportrouten durch ein zentrales Fuhrparkmanagement häufig ad hoc koordiniert werden müssen. Vor allem aber müssen alle diese Informationen zunächst definiert werden und letztlich zur Verfügung stehen, damit ein Fuhrpark effizient organisiert werden kann. Um eine differenzierte Kostenkontrolle und letztlich auch eine Deckungsbeitragsrechnung durchführen zu können, müssen alle Kosten in allen Tochtergesellschaften identisch gebucht und zugeordnet werden. Eine Deckungsbeitragsrechnung (wir kommen immer wieder darauf zurück) lässt sich nur darstellen, wenn Konten und Kennzahlen eindeutig definiert sind und es einheitliche Buchungsstandards gibt, sonst sind alle Kalkulationen schnell wertlos. Gleichzeitig werden Buchungsdaten auch noch in anderen betrieblichen Funktionen genutzt, wie zum Beispiel im Einkauf.

Wie im obigen Beispiel dargestellt, nimmt die Menge an relevanten Informationen, die in ihrer Gesamtheit einen Wertbeitrag für das Unternehmen erzeugen können, beständig und rasant zu. Die Menge an Informationsanforderungen ließe sich im vorliegenden Beispiel beliebig erweitern. Die beschriebenen Informationen sind in weiten Teilen voneinander abhängig und haben unterschiedlichste Auswirkungen auf allen Ebenen und in der gesamten Breite der Organisation. Je besser das Informationsmanagement den Informationsraum strukturiert und kontrolliert, desto einfacher lassen sich ad hoc Aussagen über die Verfügbarkeit von Informationen treffen. Bezüglich des strategischen Potenzials des Informationsraums stellt sich auch die Frage nach seiner Ausschöpfung. Welche dieser Potenziale wollen wir mit welchem Aufwand erschließen? In welchem zeitlichen Rahmen? Um für die zentrale unternehmerische Entscheidung, ob, wie und in welche Richtung sich unsere Informationsinfrastruktur weiterentwickeln soll, die bestmögliche Unterstützung zu liefern, müssen wir das Potenzial unserer aktuellen und unserer möglichen Informationsinfrastruktur kennen. In diesen Fällen ändern sich sowohl die technologischen als auch die funktionalen Rahmenbedingungen für die Informationsversorgung. Noch schwieriger ist die Frage zu beantworten, ob vor dem Hintergrund technologischer Entwicklungen Investitionen jetzt oder in Zukunft vorgenommen werden sollten:

Prognose künftiger technologischer Möglichkeiten und künftigem Zugang zu Informationen
- Ist eine Lösung der Anforderungen im Rahmen regulärer Ersatzinvestitionen in die vorhandene technologische Infrastruktur denkbar?
- Können strukturelle Veränderungen, zum Beispiel die Einführung einer einheitlichen betrieblichen Software, die Nutzung von Informationen im (Gesamt-) Unternehmen erleichtern?
- Sind technologische Trends ersichtlich, die eine Lösung des Problems möglich erscheinen lassen?
- Entwickeln sich neue Zugangsmöglichkeiten zu heute noch verschlossenen Informationen?
- Ergeben sich durch technologische Trends neue Anforderungen an den Umgang mit Informationen (Möglichkeiten zur Konsolidierung, Vereinheitlichung, Standardisierung on Informationen)?

Das Potenzial der Informationsversorgung und die gesamthaften Kosten müssen gegenübergestellt sein, genauso der mögliche (gesamte) Wert der Informationen (Informationswert) beziehungsweise das mit Inaktivität verbundene Risiko. Entscheidend ist die stets gesamthafte Betrachtung der technischen und funktionalen Infrastruktur. Nur so lässt sich eine umfassende, nachvollziehbare, erklärbare Bewertung auch der Gesamtperformance

Abb. 2.22 Integration der
Potenzialbeurteilung in die
Informationsstrategie

der Informationsversorgung darstellen und eine gesamthafte Informationsstrategie für die
Erschließung des strategischen Potenzials des Informationsraums entwickeln (Abb. 2.22).
Bereits bei der Erfassung des Informationsraums stand die zentrale Frage im Mittelpunkt: „Stecker raus oder Stecker rein?" – was wäre, wenn wir die Information heute nicht
(mehr) zur Verfügung hätten? Im Falle der Potenzialermittlung stellt sich die Frage erneut:
Was wäre, wenn die Information nicht zur Verfügung stünde? Vielfach werden Entscheidungen über Investitionen in die Weiterentwicklung der bestehenden Informationsinfrastruktur immer weiter vertagt, ohne dass die Konsequenzen der Untätigkeit hinsichtlich
des entgangenen Mehrwerts und des dadurch entstandenen Risikos für das Gesamtunternehmen ins Kalkül gezogen werden.

2.4   Die Entscheidung

Was sind nun die Konsequenzen, die im Unternehmen sowohl aus der Positionsbestimmung als auch aus der Einschätzung des Informationspotenzials gezogen werden? Die
Entscheidung, die das Unternehmen an dieser Stelle zu treffen hat, ist letztlich, ob es in
derselben organisatorischen und prozessualen Struktur weiterarbeiten kann und will wie
in der Vergangenheit.

- Oder muss organisatorisch eine Veränderung stattfinden, um das Unternehmen für zukünftige Herausforderungen zu rüsten?
- Ist die Aufgabe des CIO, des IT-Leiters oder die des CFO noch geeignet, um den Wandel der Unternehmenskultur hin zu einer „Informationskultur" zu bewerkstelligen?

Eine reine Zuweisung neuer oder erweiterter Aufgaben innerhalb bestehender Funktionen
reicht in aller Regel nicht aus, um einen signifikanten Wandel der Unternehmenskultur
hin zu einem informationsbasierten Unternehmen zu bewerkstelligen. Vielmehr bedarf es
einer neuen Funktion im Unternehmen, die die zentrale Koordination von Informationen
und Informationsprozessen im Unternehmen verantwortet: dem strategischen Informationsmanagement. Dieser Schritt stellt einen Paradigmenwechsel dar, weg von einer tech-
nologieorientierten, fragmentierten Sicht des IT-orientierten Daten-Managements – hin

zu einem umfassenden Begriff von Information, der sich nicht auf digitale Prozesse und Technologien beschränkt, sondern das gesamthafte Funktionieren des Unternehmens auf der Grundlage von Informationen und Informationsprozessen unterstützt.

Praxisbeispiel Strategieberatung

In einer Vorstandssitzung präsentierte ich die Ergebnisse einer strategischen Potenzial-analyse der Informationsinfrastruktur vor dem Hintergrund der aktuellen Ausgangs-lage im Unternehmen. Die Krise, d. h. die bisherigen negativen Auswirkungen auf den Betrieb und die nun möglichen Alternativen wurden dargelegt, insbesondere wurde auch der Aufbau eines dedizierten Informationsmanagements zur Verbesserung der In-formationsversorgung im Unternehmen vorgeschlagen. Die IT-Leitung widersprach, weil dies nach dessen Auffassung doch ihre Aufgabe und Domäne sei. Eine weitere organisatorische Einheit neben der IT und einen scheinbaren Kompetenzverlust sollte es nicht geben. Wohingegen die Geschäftsführung trocken mit den Worten antwortete: „Weshalb haben Sie es dann in den vergangenen zehn Jahren nicht getan?"

Wenn wir die Aufgabe des Informationsmanagements im Rahmen der stattfindenden Di-gitalisierung der Gesellschaft und der Unternehmen ernst nehmen, müssen wir diese Auf-gabe des Informationsmanagements auch konsequent betreiben und ernsthafter als in den vergangenen zehn bis zwanzig Jahren. Aus diesem Grund ist eine sorgsame Beurteilung der Entwicklungsfähigkeit der Organisation eine essenzielle Voraussetzung für das In-formationsmanagement. Wenn sich ein Unternehmen entscheidet, ein konsequentes und mandatiertes Informationsmanagement zu betreiben und Informationen als strategische Ressource zu nutzen, stellt dies einen eminenten Beitrag für die Zukunftsfähigkeit des Unternehmens dar.

Abb. 2.23 Management statt „Management Commitment"

Die Entscheidung zu einem unternehmensweiten, gesamthaften, zentralen Manage-ment für Informationen geht weit über das in der Vergangenheit häufig geforderte „Ma-nagement Commitment" für das Informationsmanagement hinaus und belegt das Informa-tionsmanagement mit einer eindeutigen Verantwortung. Erst wenn sich das Unternehmen zu einer Form der Organisation entschlossen hat, die ein konsequentes Management der unternehmensrelevanten Informationen ermöglicht (Abb. 2.23), lohnt es sich, eine Strate-gie für das Informationsmanagement – eine Informationsstrategie – zu formulieren. Der Anspruch an die Umsetzung einer Strategie im Sinne eines umfassenden Informationsma-nagements ist hoch, weil die Erwartungshaltung der Informationsempfänger und – Nutzer an die Verbesserung der Informationsversorgung ebenfalls hoch ist: Viele Mitarbeiter im

Unternehmen warten schon lange Zeit auf Lösungsansätze, um den Informationen und Informationsanforderungen im täglichen Betrieb überhaupt noch Herr werden zu können.

Die Strategie ist zudem über die Zeit vielen Einflüssen ausgesetzt – technologischen, fachlichen und nicht zuletzt internen, politischen Faktoren im Unternehmen. Aus diesem Grund muss zu Beginn einer Strategieentwicklung die Entscheidung stehen, ob und in welcher Form die Verantwortung für die Informationsversorgung im Unternehmen ausgestaltet werden soll. Diese Entscheidung ist auch deshalb von fundamentaler Bedeutung, weil sie das in der Regel bestehende Konzept des Dualismus von (partikularen) Fachbereichsinteressen und Informationstechnologie (IT) hinter sich lässt. Durch die rechtzeitige Positionierung des Informationsmanagements als Managementaufgabe kann im Rahmen der Entwicklung einer Informationsstrategie das Informationsmanagement bereits die Rolle spielen, die ihm in der Folge als koordinierende und gestaltende Instanz im Unternehmen zukommt. Informationen werden fortan als eigene strategische Ressource mit einer expliziten Verantwortung betrachtet. Die Konsequenzen eines designierten Informationsmanagements sind weitreichend. Ein neuer Aufgabenbereich erfordert eigene Prozesse und Ressourcen, muss sich etablieren und vor allem: Er ordnet auch das Spielfeld von Fachbereichen und IT neu, wobei das Informationsmanagement die koordinierende Funktion übernimmt. Dies zu ordnen, ist nun eine zentrale Aufgabe im Rahmen der Entwicklung der Informationsstrategie.

2.4.1   Positionierung des Informationsmanagements

Nachdem ein Unternehmen erst einmal den Wert und die Notwendigkeit eines aktiven Informationsmanagements entdeckt hat, ist der nächste Schritt die Schaffung einer organisatorischen Definition mit entsprechender Verantwortung. Die Etablierung einer belastbaren, handlungsfähigen Organisation für das Informationsmanagement beginnt mit der Positionierung des Informationsmanagements. Sie sollte an erster Stelle einer Informationsstrategie stehen und nicht am Ende der Formulierung einer Informationsstrategie, da die neue Organisation so die Strategieentwicklung aktiv gestalten und ihre eigene Position vertreten kann. Die Alternative, die Organisation eines Informationsmanagements an das Ende der Strategieentwicklung zu stellen, wie es die generischen Ansätze in aller Regel vorschlagen, setzt die neue Organisation dem Risiko aus, von vornherein durch andere Unternehmensfunktionen dominiert und letztlich als Marginalfunktion keine ausreichende Gestaltungskraft mehr entwickeln zu können.

Die Notwendigkeit für ein dediziertes Informationsmanagement ergibt sich nicht zuletzt aus den unzähligen – oft gescheiterten – Ansätzen, ein solches Informationsmanagement innerhalb bestehender Organisationsstrukturen zu etablieren. Die Aufgabe der Mandatierung einer Verantwortlichkeit für Informationen in Form eines dedizierten Informationsmanagements fällt im Unternehmen häufig nicht leicht, da sich etablierte Organisationen nur mit einigem Aufwand durch neue Organisationsstrukturen wie zum Beispiel einem „Chief Data Officer" ergänzen lassen, ohne dass es zu Verwerfungen im Sozialgefüge des Unternehmens kommt (Abschn. 1.4.2). Die Vorbereitung eines dedizierten Mandates für das Informationsmanagement muss daher sorgfältig vorbereitet werden und besteht grob aus drei Schritten:

- Definition des Aufgaben- und Kompetenzspektrums für das Informationsmanagement
- Analyse der bestehenden Funktionen hinsichtlich möglicher Überschneidungen
- Neuordnung der Funktionen, Ressourcen und Schnittstellen

Eine besondere Konsequenz der Entscheidung für ein dediziertes, strategisches Informationsmanagement ist es, dass es im Unternehmen sichtbar wird, indem es neue Prozesse etabliert hinsichtlich einer zentralen Koordination für alle unternehmensrelevanten Informationen, Informationsanforderungen und Informationsprozesse.

Das Informationsmanagement nimmt damit keinesfalls die Position des CIO oder der IT-Leitung ein, denn die Verantwortung für die technische Infrastruktur bleibt unverändert. Durch die technologisch dominierte Aufgabe der Position eines zentralen IT-Leiters geraten häufig nur jene Informationsprozesse in den Blickpunkt, die bereits informationstechnisch abgebildet sind oder für die die Anforderung seitens einer fachlichen Funktion besteht, diese in Systemen abzubilden. Das Informationsmanagement ergänzt das funktionale Spektrum der Unternehmensorganisation um die Verantwortung für den Informationsraum, der mitnichten nur die digital erfassten Daten enthält.

Eine Verantwortung für Informationen übernimmt die IT-Organisation in aller Regel nicht und weist sie aktiv von sich. Im Fokus stehen vielmehr die spezifischen Informationsprozesse und Informationsbedarfe aus dem Fachbereich, nicht aber die Information selbst oder die Informationsprozesse als solche. Sowohl auf IT-Seite als auch auf Seite der Geschäftsprozesse entstehen somit Interessenkonflikte, die ein umfassendes Informationsmanagement unmöglich machen. Das funktionale Business wiederum hat alles andere zu tun, als eine unternehmensweite Verantwortung für Informationen zu übernehmen, sondern konzentriert sich auf seinen jeweiligen Part im Funktionenreigen des Unternehmens, so dass das Erreichen einer umfassenden Verfügbarkeit und einer homogenen Qualität von Informationen im Unternehmen nicht erreichbar ist.

Damit einher geht gleichzeitig der Anspruch, tatsächlich Herrschaft über die Informationen und Informationsprozesse ausüben zu können. Genau diese Spannweite einer Herrschaft über Informationen wird im Rahmen der Entwicklung einer Strategie für das Informationsmanagement definiert. Falls das strategische Informationsmanagement in Form eines „Chief Data Officer" als Mitglied der Unternehmensleitung mit einem maximal gestaltungsfähigen Mandat ausgestattet ist, ist es auch für sämtliche unternehmensrelevanten Informationen verantwortlich.

Wird die Verantwortung für das strategische Informationsmanagement explizit positioniert, existiert in der Folge nur noch ein einziger „Data Owner", nämlich in Form des Informationsmanagements selbst. Zudem stellt das Informationsmanagement gleichzeitig die zentrale „Informations-Governance" dar. Die Frage, ob Informationen in die Verantwortung des Informationsmanagements fallen, lässt sich dann in den allermeisten Fällen durch eine einzelne Frage sehr einfach beantworten: Sind die Informationen für das

Unternehmen relevant? Das bedeutet, dass Antworten auf die folgenden Fragen gegeben werden müssen:

Fragen

- besitzen die Informationen einen Bezug zum Unternehmenszweck und zur Unternehmensstrategie?
- Sind sie „steuerungsrelevant"?
- Sind sie Bestandteil der Geschäftsprozesse?
- Werden sie bereits im Unternehmen verwendet?

Wenn dies der Fall ist, dann werden diese Informationen durch das zentrale Informationsmanagement koordiniert. Hierzu gehören sämtliche Informationen, die im Rahmen der Geschäftsprozesse entstehen oder die für die Durchführung der geschäftlich bedingten Aktivitäten benötigt werden. Sie sind Teil des Betriebs und sollten koordiniert werden, um eine einheitliche Informationsstruktur im Unternehmen zu gewährleisten Dies betrifft sämtliche Informationen, über die das Unternehmen heute verfügt. Egal in welcher Form, ob auf Papier, auf Tonband oder digital gespeichert (die mündliche Überlieferung wollen wir hier außen vor lassen), ob strukturiert oder unstrukturiert, Informationen, die aus Massendaten herausgefiltert werden und Informationen, die aus Sensorsignalen von Maschinenparks ermittelt werden. Hinzu kommen all die Informationen, die wir gerne verwenden würden, wenn wir sie denn hätten. Die Aufgabe des Informationsmanagements ist es ja gerade, nach Lösungen zur Bereitstellung solcher Informationen Ausschau zu halten, die heute nicht erreichbar sind.

Die Verantwortung des Informationsmanagements durchdringt das gesamte Unternehmen in seiner vollen Breite und Tiefe, sowohl in seiner Funktion als Information Governance als auch als diejenige Instanz, die die transparente Bereitstellung relevanter Informationen organisiert.

Wenn wir den Informationsraum des Unternehmens betrachten, scheint es kaum eine Alternative zu einer herausgehobenen Positionierung des strategischen Informationsmanagements zu geben, wie sie in Abb. 2.24 dargestellt ist. Jede Alternative birgt das Risiko einer nicht handlungsfähigen Organisation des Informationsmanagements und damit des Scheiterns der Informationsstrategie. Trotzdem sollen zwei Möglichkeiten, die Position des Informationsmanagements eine Ebene tiefer in der Unternehmenshierarchie zu etablieren, im Folgenden geprüft werden.

Das strategische Informationsmanagement berichtet an den CIO oder den COO.

- Beide Positionen, sowohl die der IT-Leitung (oder CIO) als auch die der operativen Geschäftsführung (COO), sind geprägt von der Aufgabe, den Geschäftsbetrieb zu

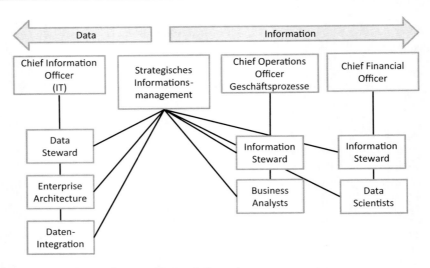

Abb. 2.24 Positionierung des strategischen Informationsmanagements

gewährleisten, sie sind also operativ ausgerichtet. Die bestehenden Geschäftsprozesse im Fokus stellen sie entweder sicher, dass diese erfolgreich umgesetzt werden oder dass die Geschäftsprozesse erfolgreich informationstechnisch unterstützt und automatisiert werden können. Selbstverständlich sind die Aufgaben der IT als auch jener des Managements des operativen Geschäfts wesentlich umfangreicher und hier viel zu vereinfacht dargestellt. Aber die heutigen Probleme fragmentierter, heterogener Informationslandschaften haben sich genau an dieser Schnittstelle zwischen operativen Geschäftsprozessen und IT-Unterstützung entzündet: Weder CIO noch COO haben aufgrund ihrer eher operativen Orientierung heute die Möglichkeit, eine wirkliche strategische Informations-Governance im Sinne eines unternehmensweiten Informationsmanagements zu betreiben (jedenfalls war es in der Vergangenheit nicht möglich, und die Frage stellt sich, ob es künftig der Fall sein kann). Hinzu kommen Interessenkonflikte, die das Alignment von Business und IT seit Generationen erschweren. Die Folge sind fragmentierte Informationslandschaften und eine heterogene Systemwelt, Investitionsstau, fehlende Verantwortung und unzufriedene Mitarbeiter.

Das strategische Informationsmanagement ist verantwortlich für sämtliche unternehmensrelevanten Informationen, egal ob analog oder digital, intern oder extern generiert, strukturiert oder amorph. Alle Informationen, die das Unternehmen verwendet, sind Teil des Informationsraums und damit Teil der Verantwortung des strategischen Informationsmanagements. Mit der Positionierung einer Managementaufgabe für die Bereitstellung und Governance des Informationsraums ist der wichtigste Schritt auf dem Weg zu einem umfassenden Informationsmanagement geschafft: Die Verantwortung für die Unternehmensinformationen hat von nun an ein Mandat (Abb. 2.25).

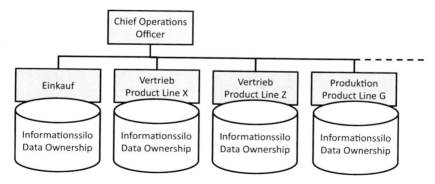

Abb. 2.25 Informationssilos und Data Ownership sollten der Vergangenheit angehören

Wenn Unternehmen von diesem konsequenten Ansatz der Etablierung eines „echten" Informationsmanagements abweichen und andere organisatorische Ansätze verfolgen, lässt sich sehr schnell nicht mehr von einem „strategischen Informationsmanagement" sprechen, denn dann zersplittert die Funktion des Informationsmanagers oder „CDO" in partikuläre Funktionen, wie sie heute bereits existieren und bereits seit geraumer Zeit existieren, wie zum Beispiel den „Head of Master Data Management", „Head of Analytics", „Head of Business Intelligence". Jedoch haben diese Funktionen bzw. Rollen in aller Regel keine umfassende Gestaltungsmöglichkeiten, was die Durchsetzung einer allgemeinen Informations-Governance betrifft. Das „Master Data Management" beispielsweise übernimmt eine koordinierende Funktion im Bereich der Stammdaten, die in digitaler Form in Datenbanken vorhanden sind und versucht, eine einigermaßen breite, konsistente Sicht auf die in den IT-Systemen vorhandenen Stammdaten sicherzustellen. Zuweilen gilt dies in aller Regel nur für einen bestimmten, ausgesuchten Bereich von Stammdaten. Eine enge Zusammenarbeit dieser Funktionen mit dem strategischen Informationsmanagement ist deshalb für eine künftige erfolgreiche Informationsversorgung essenziell.

Das Bewusstsein, dass das Management von Informationen etwas völlig anderes ist als die Entwicklung einzelner IT-Applikationen, muss in vielen Unternehmen, insbesondere in vielen IT-Abteilungen erst noch reifen. Der beginnende Trend zur Etablierung eines „Chief Data Officer" auf Top-Management-Level, wie er in Abschn. 1.4.2 dargestellt ist, gibt einen ersten Hinweis auf die künftige Relevanz dieser zentralen Managementaufgabe. Informationen sind längst eine strategische Ressource für die meisten Unternehmen, aber sie werden im Unternehmen nicht koordiniert. Und hierzu gehören eben nicht nur jene Informationen, über die das Unternehmen in Form von Datenbankanwendungen verfügt. Ein Umfassendes Informationsmanagement muss sich deshalb der Herausforderung stellen, dass Informationen in jeglicher Form im Unternehmen vorhanden und relevant sein können. Als Konsequenz lassen sich Informationsanforderungen nicht auf Anforderungen Entwicklung von IT-Anwendungen reduzieren. Darüber hinaus muss das Informationsmanagement Aussagen über zukünftige Informationsanforderungen treffen können und diese mit in der Konzeption der künftigen Informationsinfrastruktur aufnehmen.

2.4.2 Vision und Mission für das Informationsmanagement

Sometimes I feel like a rhinoceros who doesn't see well and whose power of concentration is terrible; he charges at something that's a long way off, then forgets where he's going and stops to eat grass. (Henry Mintzberg[6])

Ein Unternehmen – ein Team – benötigt einen formulierten Rahmen, eine gemeinsame Idee, um die Konzentration auf das Wesentliche zu behalten. Diese Idee oder Vision ist auch die alles bestimmende Größe bei der Formulierung einer Informationsstrategie, sie repräsentiert die zentrale Motivation für alle unsere Aktivitäten. Die Vision ist so etwas wie ein „cooler Bandname", mit dem sich das Unternehmen und seine Funktionen identifizieren. Deshalb sollte auch die Vision für das Informationsmanagement nicht leichtfertig formuliert werden – nehmen Sie sich die Zeit, es lohnt sich!

Fragen
- Was stellt das Informationsmanagement für das Unternehmen und die Unternehmensstrategie wirklich dar?
- Welche Erwartungen richten sich an das Informationsmanagement?
- Welches sind die Werte, die für das Informationsmanagement gelten und an denen sich das Unternehmen orientiert?

Am leichtesten lässt sich eine Vision formulieren, in der alle Informationen, gleich welcher Relevanz, in bester Qualität, in jeder beliebigen Form automatisiert zur Verfügung stehen, wie in Abb. 2.26 dargestellt. Ein solches Ziel zu formulieren hieße jedoch auch, sich daran zu messen und möglicherweise schnell die Ambitionen zu verlieren, die Vision jemals realisieren zu können. Eine solche übertriebene Vision ist keine Motivation für die Mitarbeiter und ein Affront gegen die Kollegen aus der IT und aus dem Business. Das Ziel muss erreichbar sein.

Häufig wird eine solche Vision für das Informationsmanagement in einem einzigen, zweistündigen Meeting verabschiedet. Das ein oder andere Mal basiert die Formulierung der Vision auf jahrzehntealten Literaturvorlagen oder verstaubten Powerpoint-Folien. Meist wurde die Informationsstrategie durch Technologiethemen dominiert, die Informationen selbst wurden nur rudimentär betrachtet. Die Verabschiedung sowohl der Vision als auch eines Mission Statements folgte dann einem vorbereiteten Vorschlag, der jedoch mit der Realität des Unternehmens wenig gemeinsam hat. Solche Ansätze und Initiativen haben im Rahmen der Realisierung mit den gravierendsten Schwierigkeiten zu kämpfen. Pro-

---

[6] Henry Mintzberg ist Professor für Betriebswirtschaftslehre an der Universität von Quebec, Canada, und Autor einiger teilweise durchaus unterhaltsamer Bücher und Sammlungen zum Thema Strategisches Management wie u. a. „Strategy Safari" aus dem Jahr 2007.

Finanzen, Externe Rahmen-bedingungen	Wertbeitrag (Steigerung)	Umsatz (Steigerung)	Finanzierungext erne Bewertung	Externe Berichtsanforder ungen
Kunden, Leistungen	Kunden-zufriedenheit	Kunden-erreichbarkeit	Image, Marke	Kundengruppen (z.B. Milieus)
Interne Prozesse	Produktion und Supply Chain	Kunden-management	Emissionen	Zahlungsziele
Ressourcen	Motivation d. Mitarbeiter	Engagement, Mitarbeiter-Innovationen	Entwicklung der Infrastruktur	Partner-schaften

Abb. 2.26 Ideale Vision eines Informationsraums, alle Informations-Cluster sind qualitativ hochwertig

jekte scheitern, Mitarbeiter und Informations-Nutzer sind unzufrieden, am Ende steht das „Informationschaos", weil das Management die Vision nicht verinnerlicht, nicht selbst formuliert hat und die Mitarbeiter nicht hinter der Initiative stehen.

▶ Aber: Eine Informationsstrategie sollte nicht scheitern! – machen Sie sich die
   Mühe und formulieren Sie Ihre Vision für die Informationsversorgung für Ihr
   Unternehmen und seien Sie willens, sie zu realisieren!

Die Vision gründet auf der Kenntnis des strategischen Potenzials des Informationsraums (Abschn. 2.3.2). Insbesondere ist das strategische Potenzial maßgebend für eine Zieldefinition, wenn sie im Unternehmen glaubwürdig vertreten werden soll. Eine Orientierung am „Machbaren" also, das für alle Mitarbeiter im Unternehmen als Benchmark für die Erfüllung der eigenen Informationsanforderungen dient.

Der Informationsraum von Unternehmen verändert sich angesichts der dominierenden Trendthemen wie Big Data und im Zuge der Digitalisierung von Unternehmen dramatisch. Viele der durch neue Technologien heute erreichbaren Informationen waren vor zehn Jahren noch unter ferner liefen. Nun müssen diese Informationen, die vor einiger Zeit für die Unternehmen noch unerreichbar waren, hinsichtlich ihrer Relevanz kontinuierlich neu bewertet werden. Weshalb sollte eine Vision für das Informationsmanagement im eigenen Unternehmen weniger ambitioniert sein als die Vision Statements großer Internet-Warenhäuser wie das Online-Versandunternehmen Amazon: Diese klingt schon nach einer guten Vision für das Management von Informationen:

Vision Statement Amazon

„Our vision is to be earth's most customer centric company; to build a place where people can come to find and discover anything they might want to buy online" (Quelle: Amazon.com, abgerufen am 20. Juli 2014).

Die Entwicklung einer „neuen" Vision stellt die traditionellen Verantwortlichkeiten und Vorgehensmodelle möglicherweise in Frage. Insbesondere, wenn das Informationsmanagement in seiner bisherigen Form und Positionierung den wachsenden Anforderungen nicht gewachsen ist, müssen neue Ideen, neue Ansätze für den Umgang mit Informationen gefunden werden. Insbesondere muss die Wertigkeit von Informationen als strategische Ressource klar benannt werden:

Beispiel einer Vision für das Informationsmanagement

Unsere Vision ist es, dass unser Unternehmen jederzeit, auf jeder Ebene und in jedem Bereich über diejenigen Informationen verfügt, die es für die Umsetzung seiner Unternehmensziele und die dabei zu treffenden Entscheidungen benötigt.

Zur Konkretisierung einer klaren Vision benötigen wir ein klares „Mission Statement", denn wir haben einen harten, steinigen und gefährlichen Weg vor uns! Die Mission beschreibt den konkreten Auftrag, der sich aus der Vision ergibt. Wenn wir innerhalb der kommenden drei Jahren den Mt. Everest besteigen und die Wüste Gobi durchwandern wollen (Vision), müssen wir uns vorher überlegen, wie wir grundsätzlich vorgehen wollen, damit wir nicht irgendwann einmal unvermittelt im brasilianischen Regenwald aufwachen (falls es ihn dann noch gibt). Wir müssen uns vor Beginn der Reise einen Orientierungspunkt, einen Handlungsrahmen geben, der uns die konsequente Verfolgung unserer definierten Ziele erleichtert. Wollen wir die Höhenmeter bewältigen, einen Aufzug bauen, ein Luftschiff entwickeln[7] oder sollen wir besser den Berg so weit abtragen, dass wir auf ebener Strecke und sicheren Fußes den Gipfel erreichen können? In einem Unternehmen wie auch im Falle eines realen Abenteuers ist es nicht Erfolg versprechend, einfach loszumarschieren und „zu machen", mit dem Risiko, sich schnell im „Mikromanagement" operativer Probleme und Projekte zu verstricken und dabei das Ziel, die Vision aus den Augen zu verlieren. Das folgende Beispiel zeigt das maßgebende Mission Statement des Springer-Verlags, das sich schon beinahe wie ein „Management Cockpit" liest und gleichzeitig einen ersten Eindruck einer möglichen Mission für das Informationsmanagement vermittelt.

---

[7] Vgl. Cargolifter, 1998, auch dieses Unternehmen besaß einen gewissen Reiz, war jedoch nicht ganz ohne Risiko.

Mission Statement des Springer-Verlags

Our business is publishing. Throughout the world, we provide scientific and professional communities with superior specialist information – produced by authors and colleagues across cultures in a nurtured collegial atmosphere of which we are justifiably proud. We foster communication among our customers – researchers, students and professionals – enabling them to work more efficiently, thereby advancing knowledge and learning. Our dynamic growth allows us to invest continually all over the world. We think ahead, move fast and promote change: creative business models, inventive products, and mutually beneficial international partnerships have established us as a trusted supplier and pioneer in the information age (Quelle: Springer.com, abgerufen am 20. Juli 2014).

In Anlehnung an dieses umfassende Mission Statement eines internationalen Verlagshauses könnte die Formulierung für das Informationsmanagement folgendermaßen aussehen. Der Schwerpunkt des Mission Statements liegt auf der unmissverständlichen Betonung der Verantwortung des Informationsmanagements, das das Mandat für die Gestaltung und Koordination des Informationsraums besitzt.

Beispiel eines Mission Statements für das Informationsmanagement

Unsere Unternehmensziele und die damit verknüpften Erwartungen an Umsatz und Gewinn wollen wir erfolgreich unterstützen, indem wir die Informationsversorgung im Unternehmen zu einem integralen Bestandteil unseres Wirtschaftens machen. Die Verfügbarkeit von Informationen und die Informationsqualität sollen sich kontinuierlich verbessern. Die Informationsversorgung des Unternehmens wird dabei zentral durch das Informationsmanagement koordiniert.

Eine solche Vision ist nicht ohne Risiko umsetzbar, weil es zu Widerständen in der Unternehmensorganisation kommen kann, und muss deshalb durch ein aktives Change Management unterstützt werden. Auch aus diesem Grund muss die neue Position des Informationsmanagements mit einer Handlungs- und Gestaltungskompetenz ausgestattet sein, die in ihrer Ausgestaltung die Positionierung in der Geschäftsleitung rechtfertigt (Abschn. 1.4.2). Eine durch die Unternehmensführung gewissenhaft formulierte Vision für den Umgang mit unternehmensrelevanten Informationen gewährt insbesondere während eines Veränderungsprozesses die notwendige Sicherheit und Orientierung.

2.4.3   Die Szenario-Analyse: geplante Agilität

Wer stellt sich nicht gerne einen idealen Pfad für die Umsetzung seiner Strategie vor. Sollten auf dem Weg zur Zielerreichung jedoch ein paar Schwierigkeiten auftauchen, könnte es sich lohnen, im Voraus alternative Szenarien zu entwickeln, die es uns ermöglichen,

Abb. 2.27 Häufig wird die
Roadmap nur über einen
bestimmten Zeitraum konsequent umgesetzt

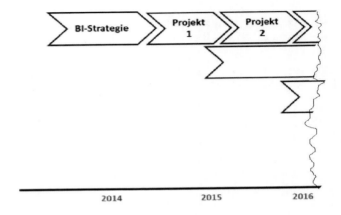

auf Probleme flexibel zu reagieren, ohne dass die Informationsstrategie unwiderruflichen
Schaden nimmt. Dies gilt nicht nur für jene Fälle, die wir bereits heute vorhersehen und
kalkulieren können, sondern steigert auch unsere grundsätzliche Reaktionsfähigkeit, weil
wir neben unterschiedlichen Optionen auch eine grundsätzlich höhere Flexibilität besitzen, um auf Überraschungen, Störungen, Disruptionen reagieren zu können.

Wie wir bereits gesehen haben, können Projekte scheitern, und glaubt man den ange-
führten Statistiken, scheitern sie wirklich häufig (Dynamic Markets 2007). Wenn Projekte
scheitern, bedeutet dies auch stets ein Risiko, wenn nicht einen Rückschlag für die Weiterentwicklung der Informationsversorgung, da hierdurch die Umsetzung aller ursprünglich
geplanten Aktivitäten ebenfalls auf dem Spiel steht, wie in Abb. 2.27 schematisch dargestellt. Die Nutzer werden unzufriedener, Umsetzungsprojekte verspäten sich, Budgets für
weitere Projekte werden knapper als kalkuliert, daher müssen manche Projekte möglicherweise ganz entfallen – die Unzufriedenheit der Mitarbeiter erhöht sich weiter. Die Summe
der Risiken, die durch misslungene Projekte auf andere Projekte übergreift, muss in der
Planung einer Informationsstrategie ebenfalls berücksichtigt werden.

Wir wollen das Informationsmanagement unabhängig von partikulären, projektbezo-
genen Interessen betrachten. Aufgrund der umfassenden Verantwortung des Informationsmanagements stehen deshalb nicht nur einzelne Projekte im Mittelpunkt des Interesses,
sondern der gesamte Informationsraum nebst Informationsprozessen. Dementsprechend
richten sich auch die Zielerreichungskriterien an den Zielen für den Informationsraum
als Ganzem aus und erlauben im Rahmen der Szenario-Analyse die direkte Verknüpfung
mit den bereits eingeführten Instrumenten des Informationsraums und der „Progressive
Information Strategy Map" (PRISM). Die unterschiedlichen oder verknüpften Szenarien
der Informationsversorgung lassen sich anhand der PRISM als Projektion des Informationsraums darstellen (Abschn. 2.2.1). Mit Hilfe der Szenario-Analyse werden daran an-
knüpfend mögliche Einflussfaktoren und Risiken auf ihren Einfluss auf die Umsetzung
der Informationsstrategie hin untersucht.

Praxisbeispiel BI-Management und IT-Projektmanagement

Ich wurde von einem Konzernunternehmen mit einem Mandat als Leiter der Abteilung Business Intelligence betraut. Das Unternehmen besaß bereits eine BI-Strategie, die in ihrer Form vornehmlich auf die Durchführung von IT-Projekten und auf die existierende IT-Umgebung in Form eines Data Warehouse ausgerichtet war. Der Scope der durch die IT-Tools abzubildenden Informationsprozesse war durch die IT-Leitung bereits festgelegt worden. Anstatt eines erfassten Informationsraums bediente sich das Unternehmen einer sogenannten Informationsbedarfsanalyse mit einem engen fachlichen Scope, der auf das Rechnungswesen des Unternehmens ausgerichtet war und durch die Unternehmensleitung als „strategisch wichtig" betrachtet wurde. Mehrere IT-Projekte sollten verschiedene Berichtsprozesse im Unternehmen automatisiert abbilden. Jedoch waren die für die Verarbeitung notwendigen Informationen nicht bzw. nicht vollständig verfügbar. Obwohl die Projekte zur Einführung des Data Warehouse mit agilen Projektmethoden (Scrum) durchgeführt wurden, war es nicht gelungen, die sich während des Projektverlaufs ändernden Rahmenbedingungen im Projektverlauf zu adaptieren. Zwei der bereits laufenden Projekte waren akut gefährdet, als ich das Mandat übernahm. Aufgrund der unternehmensweiten Prominenz dieser Initiative war gleichzeitig auch der Erfolg der Informationsstrategie als Ganzes in Frage gestellt. Nach Durchführung einer Positionsbestimmung und einer Szenario-Analyse gemeinsam mit dem BI-Team und den beteiligten funktionalen Protagonisten sowie eines Re-Scoping der Projektinhalte auf der Basis unterschiedlicher Lösungsszenarien konnten die Projekte schließlich erfolgreich umgesetzt werden. Auf Dauer und im Sinne einer funktionierenden Informationsversorgung sollte der Erfolg von Projekten nicht an den erfolgreichen Abschluss des individuellen Projekts, sondern an den Fortschritt im Sinne der strategischen Ziele der Informationsstrategie geknüpft sein.

Informationsprozesse bilden in Unternehmen ein volatiles Konstrukt, weil sich sowohl auf der Ebene der Informationsentstehung (Informationsquelle) und auf der Ebene der Informationsempfänger die Inhalte und Anforderungen kontinuierlich, häufig aber auch plötzlich und abrupt ändern. Die Aufgabe des Informationsmanagements, die vertikale und horizontale Konsistenz der Informationsversorgung im Unternehmen sicherzustellen und zu verbessern, wird deshalb immer wieder durch plötzliche Änderungen der Informationsanforderungen gestört. Um den Risiken plötzlicher, massiver Anpassungsanforderungen hinsichtlich der Informationsversorgung wirksam zu begegnen, muss sich das Informationsmanagement ständig über mögliche Veränderungen der Umweltparameter in Kenntnis setzen und Annahmen über künftige Störungen bzw. Disruptionen treffen. Je präziser diese Annahmen getroffen werden können, desto mehr Optionen stehen dem Informationsmanagement als Reaktionsmöglichkeiten auf plötzlich eintretende Veränderungen zur Verfügung. Eine bewährte Methode, sich künftigen, möglicherweise aus heutiger Sicht unwahrscheinlichen Ereignissen zu nähern, ist die Szenario-Analyse.

Szenarien

Die Szenariotechnik wird im Rahmen des strategischen Planungsprozesses von Unternehmen verwendet. Hierbei werden unterschiedliche künftige Ereignisse und Entwicklungen mit der zugrunde liegende Unternehmensstrategie verglichen und bewertet. Eine wichtige Grundlage hierfür stellen die Einschätzungen der beteiligten Protagonisten und Know-how-Träger aus den funktionalen Bereichen des Unternehmens dar. Auf strategischer Ebene liefert die Szenario-Analyse eine Vielfalt an Theorien und Prognosen hinsichtlich der möglichen künftigen Entwicklung des Unternehmens sowie möglicher eintretender Risiken und Chancen. Die Szenario-Analyse lässt nicht nur alternative, sondern auch kombinierte Entwicklungen zu. Durch die so entstehende umfassende Sicht auf das Unternehmen entwickelt sich ein Gesamtbild hinsichtlich der Möglichkeiten, auf Umwelteinwirkungen zu reagieren.

Hierzu gehören „wahrscheinliche Entwicklungen in der Industrie, in unterschiedlichen Ländern und Märkten, der Einfluss neuer Technologien und die Erfolgsaussichten bestimmter strategischer Projekte" (Grant 2010). Bekannte Großunternehmen wie British Airways nutzen die Szenario-Analyse im Rahmen ihrer strategischen Planung (Moyer 1996; Ringland 2006). Dabei liegt der Wert insbesondere, so Grant, noch stärker im Prozess der Analyse als in den Ergebnissen der Analyse, weil dieser das Bewusstsein für das Unternehmen als Ganzes schärft und die Ideen und Ansätze der am Prozess Beteiligten ernsthaft prüft. Ein typisches Merkmal einer Szenario-Analyse sind die sogenannten „Was-wäre-wenn-Fragen" („What if" Szenarien).

Im Hinblick auf das Informationsmanagement sind Szenario-Analysen deshalb von Bedeutung, weil sich die Rahmenbedingungen im Umgang mit Informationen ständig ändern. Selbst die starre Planung über einen relativ kurzen Zeitraum, wie für eine Roadmap üblich, wird in den meisten Fällen schnell durch sich ändernde Rahmenbedingungen dominiert. Das damit verbundene Risiko für Projekte (zum Beispiel IT-Projekte im Rahmen einer ERP-Konsolidierung) bringt letztlich auch das Gesamtergebnis bzw. die formulierten Ziele der Informationsstrategie in Gefahr. Das Szenariomodell bietet die Möglichkeit, die notwendige Agilität im Informationsmanagement (strukturelles Potenzial oder kurzfristige Elastizität der Informationsversorgung, vgl. Abschn. 2.3.1) bereits in der Planungsphase zu „trainieren".

Da sowohl der Informationsraum als auch die Informationsanforderungen stark vom unternehmensexternen Umfeld bestimmt sind, müssen diesbezügliche Prognosen besondere Berücksichtigung finden (Abb. 2.28). Lediglich auf die internen Prozesse bezogene Szenarien schränken die Sicht auf das Gesamtunternehmen stark ein und sind höchstens kurzfristig relevant. z. B. im Hinblick auf kurzfristige Informationsanforderungen aus der Produktion oder dem Vertrieb. Für Szenarien mit einem längerfristigen zeitlichen Horizont und dem Fokus auf den Informationsraum des Unternehmens als Ganzes sind breit angelegte Prognosen unter Einbeziehung von markt- und gesamtwirtschaftlichen Faktoren unerlässlich.

Die häufig hohe Volatilität sowohl des Informationsraums als auch der Informationsanforderungen zwingt dazu, die bestehende Planung regelmäßig zu überprüfen (Wulf 2012). In einer rollierenden Form werden in regelmäßigen Abständen und auch reaktiv auf äußere Einflüsse (Merger, Gesetzesänderungen, Marktentwicklungen, neue Technologien…) die laufenden Aktivitäten adjustiert. Der methodische Ansatz eines Szenariomodells bildet somit als jeweils konzertierte, zyklische Aktivität die Grundlage für die weitere Entwicklung der Informationsversorgung über einen definierten Zeitraum und gleichzeitig die Basis für ein kontinuierliches Informationsmanagement. Dieser Ansatz erleichtert es uns, einen bestmöglichen Überblick über die Gesamtsituation im Unternehmen zu behal-

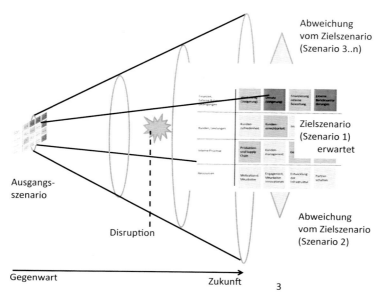

Abb. 2.28 Zielszenario

ten, mögliche Hindernisse rechtzeitig zu vermeiden sowie alternative Vorgehensweisen in Betracht zu ziehen (Wulf 2012).

Das Ziel – die Vision – der Entwicklung des Informationsraums hin zu einer zentralen, umfassenden Ressource mit einem erkennbar hohen Wertbeitrag für das Unternehmen fordert fast zwangsläufig den Einsatz der Szenario-Analyse, da durch deren Anwendung das Risiko für die Umsetzung von Informationsstrategien massiv verringert werden kann. Mit der Einschätzung möglicher Szenarien einher geht ebenso die Evaluation der möglichen Optionen, die das Informationsmanagement als Reaktion auf eintretende Disruptionen zur Verfügung hat. Der Fortschritt des eingeschlagenen Lösungswegs wird durch das Informationsmanagement auf Basis der zugrunde liegende Progressive Information Strategy Map (PRISM) kontinuierlich überprüft. Das hier vorgeschlagene Szenariomodell basiert auf den im Unternehmen vorhandenen Rahmenbedingungen für die Informationsversorgung, wie der Positionsbestimmung (Abschn. 2.2) oder dem strukturellen bzw. strategischen Potenzial (Abschn. 2.3), und setzt diese in einen zeitlichen Zusammenhang zu den für die Informationsversorgung beschriebenen Zielen.

Henry Mintzberg bezieht zur strategischen Planung folgendermaßen Stellung: *„Eine Strategische Planung ist dazu da, die Umsetzung von Strategien vorzubereiten und nicht dazu da, Strategien zu planen.“* Dementsprechend geschieht dies im Rahmen der Szenario-Analyse, in der die unterschiedlichen, möglichen Szenarien in einem zeitlichen Rahmen gegenübergestellt und mögliche Maßnahmen abgeleitet werden. Diese Aktivität, die zyklisch wiederholt wird, stellt für das Informationsmanagement eine kontinuierliche Aufgabe dar und bildet eine essenzielle Grundlage für die agile Umsetzung der Informationsstrategie. Als Resultat der Szenario-Analyse lassen sich Maßnahmen zur Erreichung

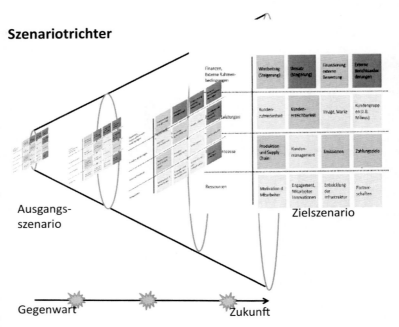

Abb. 2.29 Szenario-Analyse

der strategisch gesetzten Ziele in der Informationsversorgung ableiten sowie Prognosen hinsichtlich der benötigten Ressourcen wie Personal und Technologien erstellen. Eine Informationsstrategie muss der rasanten Entwicklung der Informationsanforderungen gerecht werden und sich taktisch an sich ändernde Rahmenbedingungen anpassen können (strukturelles Potenzial), ohne die gesetzten Ziele aus den Augen zu verlieren (Abb. 2.29).

2.4.4 Die Roadmap: phasenweise Realisierung von Informationsanforderungen

Immer wenn der Begriff „Roadmap" im Umfeld von IT-Strategien oder -Projekten auftaucht, werde ich besonders hellhörig. Nur zu häufig wird bereits mit der Formulierung einer Roadmap die beginnende Abkehr von einer ursprünglichen Zielformulierung eingeleitet. Statt die durch die strategischen Statements vorgegebenen Ziele konsequent zu verfolgen, werden in der Folge lediglich kleinteilige IT-Projekte umgesetzt, die sich an partikulären fachlich-funktionalen Problemen orientieren, als hätte es den hehren strategischen Ansatz für ein umfassendes Informationsmanagement nie gegeben. Abbildung 2.30 zeigt beispielhaft die Visualisierung einer typischen BI-Roadmap im Rahmen einer IT- bzw. BI-Strategie. IT-Projekte landen anforderungsgesteuert in einem Projektportfolio (Abschn. 1.4.1).

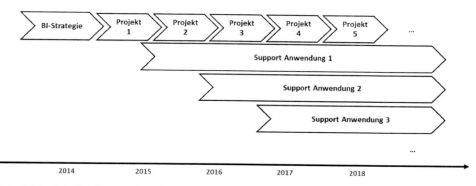

Abb. 2.30 Beispiel für die Visualisierung einer typischen BI-Roadmap

Das Risiko eines Scheiterns eines solchen Roadmap-Ansatzes ist hoch, da die Erfüllung vieler Anforderungen zeitlich in weiter Ferne geplant wird und die Unzufriedenheit in jenen Fachfunktionen wächst, die bei der Priorisierung von Projekten nicht an vorderer Stelle stehen. Ein solches Vorgehen erhöht den Druck in der Organisation, insbesondere in den Fachfunktionen, Alternativen zu dem als Roadmap entwickelten Plan zu entwickeln und die Informationsversorgung individuell zu optimieren. Dies geschieht häufig mit Unterstützung von IT-Systemen, die nicht durch die zentrale IT-Organisation betreut werden, sondern die in Eigenregie des Fachbereichs als Schatten-IT-Systeme aufgebaut werden (die „Schatten-IT").

Andererseits wird das Anforderungsmanagement auf Fachbereichsseite als ein wichtiger Bestandteil vieler IT-Landschaften betrachtet weil es der Kanalisierung und Spezifikation von Einzelbedarfen dient. In diesem Rahmen behält die IT-orientierte Roadmap ihre Berechtigung und wird auch nicht in Frage gestellt. Wie bereits in Abschn. 1.4.1 beschrieben, funktioniert jedoch der Ansatz eines „act small" für ein umfassendes Informationsmanagement nicht. Als übergreifende Funktion benötigt es stattdessen ein Set von Werkzeugen, um die Inhalte und Abhängigkeiten einer strategischen Roadmap für die Entwicklung der Informationsinfrastruktur zu koordinieren und zur strategischen Planung der Informationsinfrastruktur als Ganzes. Der Informationsraum des Unternehmens bildet hierfür den Nucleus (Abb. 2.31). Keine andere Funktion als das strategische Informationsmanagement ist in der Lage, diese übergreifende Koordinationsfunktion zu übernehmen. Hierfür benötigt es ein entsprechendes Instrumentarium zur Planung und Steuerung der Informationsinfrastruktur. Mit dem Informationsraum und PRISM stehen dem Informationsmanagement zwei zentrale Steuerungswerkzeuge zur Verfügung.

Die konkrete Planung der Entwicklung der Informationsinfrastruktur auf Basis der formulierten Ziele ist nun der letzte Baustein auf dem Weg zu einer erfolgreichen Informationsstrategie.

Die Vielfalt und die Masse an Informationen, die durch das Informationsmanagement zu koordinieren ist, macht es notwendig, die Entwicklung der Informationsinfrastruktur kontinuierlich zu überwachen und die Planung der vorgesehenen Maßnahmen kontinuier-

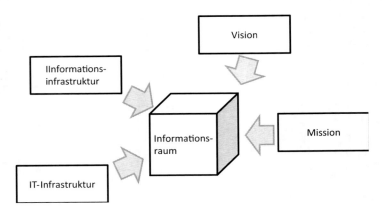

Abb. 2.31 Einflussfaktoren auf den Informationsraum

lich zu validieren. Ansätze der Projektplanung greifen hier zu kurz. Stattdessen muss sich eine strategische Planung der Informationsinfrastruktur der Komplexität stellen, die die Informationsversorgung von Unternehmen zunehmend kennzeichnet.

Die Komplexität wird zusätzlich dadurch erhöht, dass in einem Unternehmen, insbesondere in Konzernorganisationen, vielfach eine hohe Eigendynamik herrscht (2.32). Fachbereiche, Abteilungen, Einzelgesellschaften definieren ihre Kennzahlen individuell, suchen sich die für ihre Verhältnisse günstigsten IT-Tools aus, bestimmen über ihre eigenen Informationsprozesse und machen sich auf ihre eigene Weise unabhängig von einem zentralen, konzerndominierten Lenkungsansatz. Gleiches gilt umso mehr in dezentral organisierten Unternehmensorganisationen mit einer hohen Eigenständigkeit von Gesellschaften, Regionen oder Marken. Die daraus folgende, heute in den meisten Konzernunternehmen zu beobachtende Fragmentierung in der Informationslandschaft lässt sich nicht einfach zurückstellen oder neu konsolidieren. Die Geister sind gerufen worden, nun sind sie da und müssen „gemanagt" werden.

Beispiele für Handlungsfelder des Informationsmanagements
- Erreichbarkeit von Informationen
- Informationsanforderungen
- Operative Anforderungen
- Aktivitäten des Wettbewerbs
- Aktivitäten der Kunden
- Unternehmensprozesse (Produktion, F&E, Vertrieb)
- Kenntnis der verfügbaren Technologien

Angesichts der hohen Komplexität lässt sich das strategische Ziel einer umfassenden Informationsinfrastruktur und eines konsistenten Informationsraums nur schwer planen.

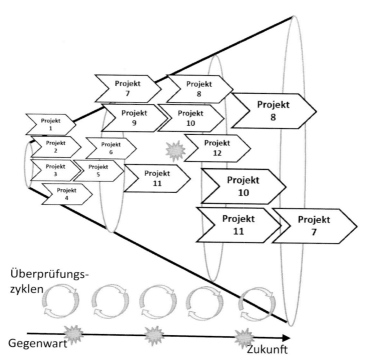

Abb. 2.32 Konzertierte Umsetzung der Roadmap zwischen jeweils zwei Überprüfungszyklen

Heutige Entscheidungen können in der Folge durch unerwartete, plötzliche Veränderungen, zum Beispiel durch konjunkturelle Disruptionen, Merger-Aktivitäten oder akuten Wettbewerbsdruck plötzlich in Frage gestellt werden. Plötzliche Disruptionen gefährden die Informationsversorgung und die Weiterentwicklung des Informationsraums, aber auch den Unternehmenserfolg. Deshalb ist es umso wichtiger, dass neben der Organisation eines strategischen Informationsmanagements auch die diesbezügliche Vision und die Mission kontinuierlich bestätigt und bekräftigt werden. Zudem müssen sich das Szenario und die Roadmap kontinuierlich an die strategische Planung der Informationsversorgung anpassen, entsprechend der in Abb. 2.32 im Rahmen dargestellten Überprüfungszyklen. Zwischen zwei Zyklen kommt es darauf an, die für den Umsetzungszeitraum geplanten Maßnahmen in einer konzertierten Form umzusetzen.

Das Informationsmanagement kann sich im Rahmen seiner Planungen auf Disruptionen nur begrenzt vorbereiten, da nicht alle möglichen Entwicklungen vorhersehbar sind. Hierzu gehören beispielsweise Integrationsprojekte im Rahmen eines Mergers, weil im Falle der Integration zweier Unternehmen zwei Informationsräume miteinander verschmolzen werden müssen. Häufig treffen in einem solchen Fall vollkommen unterschiedliche Unternehmens- Philosophien aufeinander, ähnlich wie im Falle des bereits beschriebenen Beispiels des unternehmensweiten Deckungsbeitrags. Aus diesem Grunde müssen die Zeiträume zwischen zwei Überprüfungszyklen so gewählt sein, dass trotz möglicher Disruptionen die Roadmap und die entsprechenden Maßnahmen mit hoher Wahrscheinlichkeit erfolgreich umgesetzt werden können.

Praxisbeispiel Luftfahrtindustrie und Logistik

Luftfahrtgesellschaften waren im Jahr 2011 nicht auf Vulkanausbrüche vorbereitet, was uns in Düsseldorf und anderswo eine knappe Woche herrliche Ruhe über europäischen Dächern beschert hat, aber für die Fluggesellschaften eine vollkommen unerwartete Herausforderung bedeutete. Eine solche Situation ist für die Unternehmen eine Herausforderung, weil der normale Betrieb nicht mehr existiert. Aber es tauchen auch Fragen auf, an die vorher niemand gedacht hatte und die in einer solchen Situation eminent wichtig werden können. Im Beispiel der Fluggesellschaften ist dies die Frage nach Lagerkapazität für Frachtgut, die plötzlich ausgeweitet werden muss, weil der gesamte Logistikprozess zum Stillstand kommt. Die Luftfahrtgesellschaft kann diese punktuelle Situation überbrücken (Moyer 1996). Ein ebensolcher „punktueller Vulkanausbruch" war auch die Frage nach dem Deckungsbeitrag in unserem Beispielunternehmen, die jedoch einen massiven Veränderungsprozess für die Informationsinfrastruktur nach sich zog.

Um Risiken durch mögliche oder tatsächliche Disruptionen zu verringern und auf Veränderungen der Rahmenbedingungen vorbereitet zu sein, ist die Planung eine ständige, essenzielle Hauptaufgabe des Informationsmanagements. Die Rahmenbedingungen für die Informationsversorgung von Unternehmen ändern sich schnell. Unternehmen, die ihre strategische Informationsversorgung über längere Zeit nicht anpassen, erleben, dass sich die operativen Bereiche, Funktionen und legalen Einheiten durchaus in ihrer Informationsinfrastruktur weiterentwickeln, wenn auch unbeschadet einer allgemeinen Informationsstrategie. Tritt dann ein Fall ein, in dem plötzlich eine neue Informationsanforderung auf strategischem Level nicht erfüllt werden kann, ist es umso schwieriger und aufwendiger eine konsistente Antwort auf die nun akuten Fragen zu finden. Mit dem Informationsraum haben wir den Verantwortungsbereich für das Informationsmanagement definiert, PRISM liefert das dazugehörige Steuerungswerkzeug. Die Szenario-Analyse unterstützt nun die Planung der Informationsinfrastruktur, und durch die kontinuierliche Überprüfung der formulierten Szenarien wird die Anpassung der Planung an sich ändernde Rahmenbedingungen erleichtert. Für die Informationsinfrastruktur wird somit ein leistungsfähiges, agiles Reaktionsspektrum geschaffen und das Risiko nicht lösbarer Anforderungsszenarien sinkt.

Act Big – Voraussetzungen für ein agiles Informationsmanagement

Zusammenfassung

Um die Strategie auch tatsächlich im Unternehmen umzusetzen, bedarf es eines konsequenten Managements der Informationsversorgung – Act Big. Das folgende Kapitel betrachtet insbesondere diejenigen Aspekte des Informationsmanagements, die als mögliche Fallstricke oder Showstopper für ein sich etablierendes Informationsmanagement gelten können. Nicht zuletzt die vielfach vorhandenen Partikularinteressen und die unternehmensinterne Politik durchlaufen einen kulturellen Anpassungsprozess.

Um ein dediziertes Informationsmanagement im Unternehmen auf der Grundlage der formulierten Informationsstrategie zu etablieren, bedarf es einer aktiven Umsetzung durch die beteiligten Protagonisten, um die neue Position ausfüllen. Dies wiederum bedeutet

© Springer Fachmedien Wiesbaden 2015
D. Knauer, *Act Big – Neue Ansätze für das Informationsmanagement,*
DOI 10.1007/978-3-658-06751-9_3

eine Entscheidung für eine Managementaufgabe mit einem expliziten Gestaltungsauftrag durch die Unternehmensleitung. Informationen sind fortan nicht mehr das persönliche Eigentum eines Fachbereiches oder gar eines Funktionsträgers. Dies bedeutet keinesfalls, dass diese für die Bewertung, die Bereitstellung und die Qualität von Informationen keine Verantwortung mehr tragen. Im Gegenteil. Die Koordination und die Verantwortung für die Einhaltung der unternehmensweiten Informations-Governance für diese drei Kriterien wird jedoch durch das strategische Informationsmanagement ausgeübt.

Für Unternehmen sind viele Informationen heute wesentlich einfacher erreichbar als noch vor wenigen Jahren. Aufgrund der fortschreitenden Digitalisierung ist dies auch zunehmend automatisierbar und schneller möglich. Dies betrifft makroökonomische Informationen hinsichtlich der Marktentwicklung, Kundenreaktionen genauso wie innerbetriebliche Informationen. Denken Sie nur an unser Beispiel der Deckungsbeitragsrechnung: Hätte in der Vergangenheit jemals eine Konsolidierung der Informationslandschaft (des Informationsraums und der Informationsprozesse) stattgefunden, und hätte es ein zentral verantwortliches Informationsmanagement gegeben, um diese Maßnahmen durchzuführen, wäre es wahrscheinlich nicht zu dem beschriebenen Informationsinfarkt gekommen.

Nicht nur die technologischen Möglichkeiten haben sich innerhalb weniger Jahre gravierend verändert, sondern auch die sozialen Rahmenbedingungen für den Umgang mit Informationen – zum Beispiel werden Produktlebenszyklen oder auch die Produktentwicklung immer stärker durch die persönliche Interaktivität von Kunden und Mitarbeitern in sozialen Netzwerken beeinflusst. Das sogenannte „Web 2.0" wird so zu einem eigenständigen Produktionsfaktor in Form der Informationen, die sich daraus für die Produktentwicklung nutzen lassen.

Praxisbeispiel Big Data in der Pharma-Forschung

Ein Pharmaunternehmen wertet die Internetseiten von sozialen Netzwerken aus, auf denen sich Kosmetik-Interessierte über Rezepturen und Methoden zur Herstellung eigener Kosmetika austauschen. Diese Informationen werden durch die Produktentwicklung begutachtet und finden auf diese Art Eingang in die Entwicklung neuer Produkte. Darüber hinaus nutzen Hersteller ihre eigenen Plattformen, um den Input von Kunden und interessierten Experten im Sinne der Marke zu kanalisieren. Die so entstehende Form des „Crowd Sourcing", der „Innovation 2.0" oder auch „Open Innovation" verschafft dem Unternehmen einen weiteren Marktzugang und die Etablierung einer eigenen, konstruktiven Community mit einer festen Markenpositionierung (Füller 2010). Ähnlich wie auch in anderen Fällen von Internetrecherche werden Prozesse dieser Art künftig möglicherweise durch Big-Data-Anwendungen unterstützt. Häufig war es 2014 jedoch immer noch so, dass anstelle von automatisierten Algorithmen nur fleißige Studenten manuell nach Informationen z. B. im Internet recherchieren. Diese Entwicklung im Umgang mit Informationen zeigt, dass Technologien und Technologiewechsel häufig nicht an erster Stelle stehen, wenn es um die Ausschöpfung von Informationspotenzialen geht, sondern um die Information selbst. Werden diese nicht umfassend koordiniert, entstehen schnell, wie in der Vergangenheit, schwarze Flecken auf der Informations-Landkarte[1].

Andererseits betreiben wir heute oft weiterhin ein Informationsmanagement „im Kleinen" – zum Beispiel als technologisch orientierte, fachlich beschränkte und durch Partikularinteressen bestimmte „Business-Intelligence-Projekte" oder als „BI-Initiativen". Auf diese Weise wird das Informationsmanagement schnell wieder zum Problemkind, das weder eine Herrschaft über Informationen ausübt, noch die geringste Gestaltungskraft im Hinblick auf die Informationsversorgung, die Datenqualität, die Informationskultur besitzt. Anstatt die Verfügbarkeit von Informationen im Unternehmen zu erhöhen, entwickelt sich so ein immer komplizierteres Mikromanagement für die individuell politisch oder fachlich dominierten Informationsfragmente. Das Ergebnis ist wahrscheinlich nicht die finale Katastrophe für das Unternehmen, jedoch sind die Informationen im Ergebnis schlecht und teuer, behindern den Betrieb und machen das Unternehmen schlechter im Vergleich zu seinen Mitbewerbern. Auch die Disziplin Business Intelligence kann nur für das Gesamtunternehmen gedacht werden (denken Sie an die Aktivitäten der US-amerikanischen NSA, deren Informationsraum die ganze Welt umfasst).

Ein Umdenken hin zu einem gesamthaften Informationsmanagement wird umso teurer, je länger das Unternehmen sich nicht entscheidet, ob Informationsmanagement eine strategisch relevante Aufgabe ist oder nicht. Die Unabhängigkeit des Informationsmanagements als Governance-Funktion ist hierbei essenziell. Eine Abhängigkeit von einem bestimmten Funktionsbereich würde unweigerlich durch dessen Interessen vorbestimmt werden und im restlichen Unternehmen Anerkennung verlieren. Sie umfasst die Verantwortung für alle unternehmensrelevanten Informationen und ist systemunabhängig verantwortlich für die Informations-Qualität und für den Transport der Information von der

ALLE Informationen,
ALLE Informationsprozesse,
ALLE Information-Governance-Prozesse im Unternehmen (Gartner 2010)
...Act Big!

Entstehung bis zum Empfänger, unabhängig von der Unterstützung durch eine bestimmte Technologie. Das Informationsmanagement ist folglich verantwortlich für:

---

[1] Ein Hinweis auf die PRISM, die in diesem Zusammenhang das Instrument des Informationsmanagements darstellt.

Die allermeisten Unternehmen besitzen keine, auf Managementebene positionierte Funktion, deren Aufgabe und Mandat es ist, die Ressource „Information" im Unternehmen aktiv zu managen. Aber auch der Versuch, der Neuausrichtung von IT-Organisationen (unter zeitweiligem Verzicht auf das Prädikat „Technologie") löst das Problem nicht, denn die Technologie ist ein essenzieller Faktor für die Implementierung und den Betrieb der Geschäftsprozesse, und also auch der Informationsprozesse. Ohne die Informationstechnologie sind ein moderner Geschäftsbetrieb und eine Teilnahme im Markt nicht möglich. Die IT ist jedoch nicht selbst „die Geschäftsprozesse", sondern stellt eine Kernunterstützungsfunktion bzw. Ressource des Unternehmens im Rahmen der Informationsversorgung und Informationsverarbeitung dar, genauso wie die Information selbst, die die Begründung für die Auslösung von Handlungen und Geschäftsprozessen repräsentiert. Letztere für das Unternehmen nutzbar zu machen und ständig zu verbessern, ist die Aufgabe des Informationsmanagements. Somit besteht eine Unabhängigkeit zwischen den Informationen und Informationsprozessen auf der einen Seite und Informationstechnologie auf der anderen Seite. Die Unabhängigkeit zwischen Informationen und Informationstechnologie zeigt sich auch dort, wo sich die Informationsanforderungen eines ursprünglich IT-basierten Prozesses ändern und sich die Nutzer derweil entweder durch analoge Informationsübermittlung bzw. -vererarbeitung behelfen. Zudem sind Informationsprozesse in vielen Fällen gar nicht durch Informationstechnologie unterstützt (insbesondere wenn man die Verwendung von Powerpoint-Folien nicht im engeren Sinne als Informationstechnologie bezeichnet). Die mit einem dedizierten (strategischen) Informationsmanagement einhergehenden Kompetenzen müssen im Rahmen der Etablierung der neuen Organisation definiert werden. Neue Schnittstellen zu und zwischen den Geschäftsbereichen und zur IT müssen geschaffen werden.

Zahllose Beiträge beschäftigten sich über die vergangenen Jahre mit der Positionierung von spezialisierten Funktionen zur technischen Umsetzung von analytischen Anforderungen oder zur Automatisierung bestimmter Berichtsprozesse. Wenn der Begriff des Informationsmanagements in diesem Zusammenhang verwendet wird, wird dies hierbei häufig reduziert auf die Funktion der Übersetzung fachspezifischer, applikationsspezifischer Anforderungen an eine Software (Krcmar 2009) im Sinne einer Einschränkung auf die Informationstechnologie. Im Gegensatz dazu erheben andere Fachfunktionen, insbesondere das Controlling, Anspruch auf die Umsetzung einer koordinierenden Informationsversorgung (Horvath 2011).

Die Etablierung des Informationsmanagements geht notwendigerweise einher mit einem Gestaltungsanspruch als strategische, zentrale „Informationsgewalt". Entsprechend sind an der Stelle des Informationsmanagements Fähigkeiten gefragt, die gegenüber dem Gesamtunternehmen eine Verantwortung für die Informationsversorgung übernehmen. Also die Verantwortung für die Definition, die Qualität und die Erreichbarkeit von unternehmensrelevanten Informationen zu übernehmen. Darüber hinaus kann in der Organisation des Informationsmanagements ebenfalls das sogenannte BI Competence Center angesiedelt sein, das sowohl die technische Konzeption als auch die Umsetzung von Data-Warehouse-Strategien, BI-Programmen und BI-Projekten verantwortet. (Abb. 3.1)

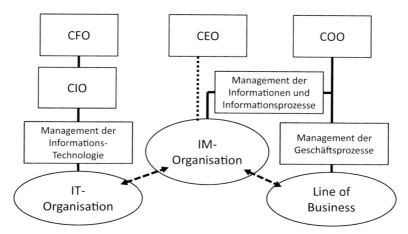

Abb. 3.1 Organisation Informationstechnologie und Informationsmanagement

Der Umfang der Kompetenzen der „neuen" Organisation, wie in Abb. 3.2 dargestellt, wird im Rahmen der Konzeption der Aufbauorganisation für das Unternehmen individuell definiert – essenziell ist aber, dass dies überhaupt geschieht. Unternehmen können existieren, ohne in irgendeiner Form ein Informationsmanagement zu betreiben. Dass ein solcher Ansatz zu kurz gedacht ist, zeigt sich daran, wie aufwendig es in vielen Konzernunternehmen heute ist, Finanzkennzahlen auf granularer Ebene unternehmensweit zu analysieren. Die Erfassung und Verarbeitung nicht-finanzieller Kennzahlen wie der Mitarbeiterzahl, von Nachhaltigkeitskennzahlen oder der Anzahl der Kundenreklamationen ist in den meisten Konzernunternehmen ebenfalls nicht so konsistent, dass sie heute standardisiert verarbeitet werden können.

3.1 Agiles Informationsmanagement

Sicher ahnen Sie bereits, dass es mir bei der Diskussion um „Agilität[2]" nicht um explizite Methoden der Projektdurchführung[3] geht. Stattdessen wollen wir uns im Folgenden dem Thema „Agilität des Informationsmanagements" aus organisatorischer Sicht nähern. Hierbei interessiert insbesondere die Agilität einer Organisation, die sich angesichts eines hochdynamischen Informationsraums infolge volatiler wirtschaftlicher Rahmenbedingungen ständig neu anpassen muss. Wie agil – also handlungsfähig – ist das Informationsmanagement und welche Anforderungen an seine Handlungsfähigkeit müssen bestehen?

---

[2] Lat. *agilis* von *agere* (*tun, machen, handeln*).

[3] Siehe auch unter „Agile Softwareentwicklung", Wikipedia, Scrum und sonstige projektbezogene Vorgehensmodelle haben sich als Methoden in Softwareentwicklungsprojekten und bei der Implementierung vielfach bewährt, sind aber nicht Bestandteil der hier beschriebenen Aufgaben des Informationsmanagements als funktionale Organisation.

Ein aktives Informationsmanagement kann dabei bestenfalls kommende Informationsanforderungen voraussehen und Vorkehrungen zu deren Erfüllung treffen sowie methodische und technologische Lösungsunterstützung kontinuierlich auf deren Realisierbarkeit hin prüfen. Die rechtzeitige Evaluierung möglicher Lösungswege ist deshalb ebenso erfolgskritisch zur Erreichung der gesetzten Ziele wie die Etablierung eines dedizierten Informationsmanagements in der Unternehmensorganisation. Gleichzeitig bilden beide Maßnahmen gemeinsam die Voraussetzung, um im Informationsmanagement jederzeit handlungsfähig – also agil – zu bleiben. Lassen Sie uns überlegen, wie wir diesen hohen Ansprüchen entsprechen können und wie eine Roadmap – der Plan – für die erfolgreiche zukünftige Gestaltung der Informationsversorgung im Unternehmen aussehen kann. Eine Informationslandschaft ist keine Investition in ein Bauvorhaben (Architektur), das wir relativ statisch planen und durchführen können. Sie ist ein dynamisches, sich ständig weiterentwickelndes Netzwerk sozialer Interaktionen inner- und außerhalb unseres Unternehmens.

Viel zu häufig werden Informationsanforderungen allerdings durch die BI-Verantwortlichen oder durch das IT-Demand-Management als überraschende Naturereignisse – quasi „Katastrophen" – wahrgenommen, die die Statik der bestehenden Infrastruktur (Architektur) gefährden. Grund ist die in aller Regel rein technologisch geführte Diskussion um „Tools" und „Architekturen", ohne dabei die fachliche Dynamik (Dynamik des Informationsraums) zu berücksichtigen. Dieses allgemeine, notorische „Unvorbereitet-sein", sei es technologischer oder fachlicher Natur, bringt schnell die Werthaftigkeit des Informationssystems als Ganzes in Schieflage. Vor allem aber schränkt diese Art des Informationsmanagements die Agilität zur Gestaltung der Informationsversorgung signifikant ein. Und genau darum geht es, wenn wir die Agilität einer Organisation, hier des Informationsmanagements, diskutieren.

►   Anstatt mit starren Regularien eine scheinbare Ruhe in der „Unternehmensarchitektur" zu erzeugen, die die vorhandenen Probleme nicht löst[4], muss das Informationsmanagement in der Lage sein, Entscheidungen zu treffen, zu handeln. Nur so kann es die Gestaltungshoheit der Informationsinfrastruktur für sich beanspruchen.

Der Informationsraum ist dynamisch und ständig – täglich – einem Prozess der Erweiterung und Variation unterworfen. Ein Informationsmanagement, das „seinen" Informationsraum nicht kennt und die Notwendigkeit zu dessen Erweiterung oder besserer Nutzung nicht in aktives Handeln umsetzt, ist nicht voll handlungsfähig. Dagegen befinden sich Unternehmen, deren Produkt das Informationsmanagement selbst ist, an populärer Stelle, wie das folgende Beispiel zeigt: Um also als Organisation den vielfältigen Anforderungen gerecht werden zu können, muss das Informationsmanagement ein aktives Informationsmanagement betreiben.

Am Beispiel des Unternehmens Google lässt sich erahnen, wie sich das „Informationsmanagement" als Produkt ständig weiterentwickeln lässt und somit kontinuierlich Wett-

---

[4] Bspw. ITIL, Anforderungsmanagement dominiert durch Systemstabilität.

bewerbsgelegenheiten erarbeitet werden. Google hat das Informationsmanagement selbst zu seinem Geschäftsmodell gemacht, es sammelt Informationen und sucht nach Möglichkeiten der Verwertung, sei es im Sinne des Anwendernutzens oder zur Nutzung für den Kunden mit Hilfe hocheffizienter Werbeprodukte. Google betrachtet sein Geschäftsmodell also nicht wie eine „Architektur", sondern nutzt diese lediglich als sich ständig erweiternden Unterbau zur Weiterentwicklung im Markt. Hingegen hängt die Gunst der Nutzer für Unternehmen wie Facebook, die eine zentrales, statische „Informationsarchitektur" nutzen, sehr viel stärker von möglichen alternativen Trends zur Nutzung sozialer Netzwerke ab. Das Risiko, dass der Hype ein Ende findet, steigt entsprechend kontinuierlich.

Betrachtet man das landläufig weniger beachtete Beispiel der Pharmaindustrie, steht hier ein komplexerer, aber vergleichbarer Prozess im Vordergrund. Die Produktpipeline der Patente und Medikamente wird kontinuierlich neu erarbeitet. Strategische Planungen stehen ständig unter dem Vorbehalt der regulatorischen Zulassung und der öffentlichen Wahrnehmung. Um das Risiko begrenzen zu können, ist das Unternehmen auf die ständige Erweiterung seines Informationsraums angewiesen. Durch die Nutzung aller für das Geschäftsmodell relevanten Indikatoren (bspw. öffentliche Meinung, Feedback aus der Politik, Ergebnisse der klinischen Studien u. v. m.), lassen sich Risiken und Chancen einer künftigen Marktpositionierung immer besser einschätzen. Das Management kann das Geschäftsmodell auf die erzielten Prognosen und prognostizierten Szenarien einstellen. Später als typische Informationsdienstleister wie Google, aber immerhin, nähern sich die Pharmaunternehmen der strategischen Notwendigkeit eines gesamthaften Informationsmanagements an.

Praxisbeispiel: Agiles Informationsmanagement im Zuge einer Unternehmensfusion

Im Rahmen der Fusion zweier internationaler Maschinenbauunternehmen wurden sämtliche Aktivitäten für die Weiterentwicklung der Informationsversorgung gestoppt. Stattdessen wurde die gesamte Informationslandschaft neu bewertet. Aufgrund dessen, dass die Merger-Aktivitäten auch hinsichtlich der Informationsinfrastruktur lediglich mit einem Projektansatz verfolgt wurden, kam es in der Folge zu einem Auseinandertriften von fachlichen und technischen Ansätzen.

Es existierte kein Konzept, das im Voraus eine solche Situation hätte abbilden können. Kurzfristig wurden für alle Unternehmensfunktionen eigene Projektteams gebildet, die eine Konzeption für die neuen, gemeinsamen Prozesse in den jeweiligen funktionalen Bereichen entwickeln sollten. Die Funktion des Informationsmanagements hingegen blieb unbesetzt. Die Controlling-Prozesse wurden neu konzeptioniert, ebenso der Informationstechnologie und aller anderen Geschäftsprozesse. Weil aber die strategische Aufgabe des Informationsmanagements fehlte, kam es zu einer massiven Fragmentierung der Informationslandschaft, weil sich in den funktionalen Bereichen partikuläre Definitionen, Informationsprozesse und IT-Tools entwickelten, ohne Unterstützung durch eine zentrale, gesamthaft koordinierende Funktion. Durch die Wahl des Vorgehens wurde nicht weniger, sondern eine signifikant höhere Komplexität im Unternehmen erzeugt.

Kern der Aufgabe eines „agilen Informationsmanagements" ist also die kontinuierliche, aktive Gestaltung und Koordination der Informationen im Unternehmen. Das Informationsmanagement untersucht aktiv die Potenziale des existierenden Informationsraums im Hinblick auf künftige Informationsangebote, die einen strategischen Vorteil für das Unternehmen darstellen können. Es verknüpft die Interessen der unterschiedlichen strategischen Geschäftseinheiten miteinander und untersucht aktiv alle heutigen und künftigen Optionen, um die Beschaffung strategisch relevanter Informationen zum Vorteil des Unternehmens zu ermöglichen. Das aktive Informationsmanagement erfasst kontinuierlich die im Unternehmen vorhandenen und nachgefragten Informationen. Es erarbeitet Gestaltungsprinzipien zur Nutzung von Informationen, eröffnet aktiv die Potenzialdiskussion hinsichtlich neuer Informationsquellen und -technologien. Dies erfordert eine sorgsame Analyse der informationellen Zusammenhänge im Unternehmen, eine starke Vernetzung innerhalb der bestehenden Unternehmensstrukturen und eine exzellente Kommunikation.

Für die organisatorische Positionierung des Informationsmanagements ergeben sich hieraus die folgenden beiden Gestaltungsmöglichkeiten:

- Koordinierendes Informationsmanagement: In diesem Fall ist das Informationsmanagement ein beratender Begleiter der bestehenden Organisation und übernimmt eine moderierende Funktion. Das Informationsmanagement verfügt über ein „Management Commitment" und hierdurch über eine gewisse Autorität. Die traditionellen Hauptakteure bleiben allerdings dieselben, nämlich die Fachfunktionen (zuvorderst der Finanzbereich) sowie die IT-Organisation.
- Gestaltendes Informationsmanagement: Durch die Positionierung eines gestaltenden Informationsmanagements erfährt die bisherige Organisation der Informationsinfrastruktur einen Paradigmenwechsel, indem das Informationsmanagement als eine weitere zentrale Säule mit einem eigenen Gestaltungsfeld etabliert wird. Das Informationsmanagement übernimmt in diesem Fall die Verantwortung für die Gestaltung der Informationsinfrastruktur (Informationen und Informationsprozesse) im Unternehmen. Des Weiteren ist das Informationsmanagement verantwortlich für die analytischen Prozesse im Unternehmen, die bisher unter dem Begriff Business Intelligence zusammengefasst waren (Abschn. 3.2).

Der technologische Unterbau – die IT – ist die Grundvoraussetzung dafür, Informationen in Form von Daten ordentlich speichern und transportieren zu können. Die Idee allerdings – das Konzept – der Informationsversorgung, einer Informationsinfrastruktur und eines Informationsraums ist von der Technologie zunächst vollkommen unabhängig (im Gegensatz zum Konzept der Datenbereitstellung). Im Hinblick auf die informationstechnische Realisierung der Informationsversorgung stellt sich die Frage, ob die gewachsene technische Systemlandschaft die Anforderungen einer agilen Informationslandschaft unterstützt oder ob auch die technischen Grundlagen neu geschaffen werden müssen.

Die entscheidenden Elemente eines agilen Informationsmanagements sind also nicht die technologische Stabilität oder die Statik automatisierter Prozesse. Vielmehr muss sich das agile Informationsmanagement in einem kontinuierlichen Prozess der Frage nach dem, vor allen Dingen wirtschaftlichen Potenzial des Informationsraums und der bestehenden Informationsinfrastruktur stellen. Dies kann nur gelingen auf der Grundlage der umfassenden Kenntnis der Strukturen und Prozesse im Unternehmen, der strategischen Ausrichtung und der technologischen Rahmenbedingungen:

- Wissen/Durchdringung der Organisation
- Strategische Orientierung des Unternehmens
- Technologische Rahmenbedingungen (IT Governance)

Eine 2011 von der Universität Münster durchgeführte Studie (Olbrich 2011) zu den notwendigen Rahmenbedingungen für ein funktionierendes Informationsmanagement verdeutlicht die aktuellen Herausforderungen ebenso wie die in Kap. 1.1 beschriebene Krise des Informationsmanagements. Die etablierten BI-Organisationen wie zum Beispiel zur IT gehörende „BI Competence Centre" BICC (Totok 2010) sind nicht in der Lage, diese Herausforderungen zu meistern. Signifikant ist zudem an der an der IT orientierten Studie, dass sie die Krise und somit die Notwendigkeit einer Reform der Unternehmensorganisation in Bezug auf das Informationsmanagement als Ganzes klar zeigt. Um agil zu sein, muss zuerst die Handlungsfähigkeit für das Informationsmanagement hergestellt sein: Im Folgenden sind die Ergebnisse der genannten Studie zusammengefasst:

- ▶ Top Management Support und klare Managementverantwortung: Eine Vielzahl von BI-Initiativen scheitert an der mangelnden, oder über die Zeit schwindenden, Unterstützung des Managements. Zu diesem Zweck wurde die zentrale Position des Informationsmanagements installiert, welches die Verantwortung über sämtliche Informationsflüsse im Unternehmen hat und direkt an den Vorstand bzw. an die Geschäftsleitung berichtet.
- Die Herrschaft über Datenquellen stellt einen der zentralen Erfolgsfaktoren dar. Nach der Etablierung einer zentralen Verantwortung (Accountability) für die Informationsversorgung im Konzern folgte die Neugestaltung der Kommunikationsprozesse und Schnittstellenvereinbarungen zwischen den Fachbereichen und allen dezentralen Gesellschaften.
- Budgetfragen in Bezug auf BI-Projekte fallen ebenfalls in den Verantwortungsbereich des Informationsmanagements. Im Zuge der Vereinheitlichung von Zuständigkeit wurde die Hoheit der BI-Betriebs-Budgets ebenfalls in das zentrale Informationsmanagement übertragen. Im gleichen Sinn wurde BI nun als Konzernprogramm (im Gegensatz zum Projekt mit jeweils separaten Budgetanträgen) verankert. Hierdurch wurde das Risiko reduziert, fragmentierte Einzelinitiativen jeweils den aktuellen Budgetdiskussionen auszusetzen.

Diese durch die Studie einmal mehr verdeutlichte Verantwortung in Bezug auf die Gestaltungsfähigkeit ist bisher in Unternehmen kaum umgesetzt. Umso mehr sind organisatorische Anpassungen hin zu einem umfassenden Mandat für ein strategisches Informationsmanagement notwendig, um den künftigen informationellen Herausforderungen angemessen begegnen zu können. Dabei nutzt es wenig, einen durch IT-Prozesse (wie z. B. ITIL) dominierten Demand-Management-Prozess zu etablieren, der aufkommende Anforderungen in Abteilungen an eine Serviceeinheit weiterleitet. Agilität im Informationsmanagement bedeutet vielmehr die aktive Suche nach Möglichkeiten zur Verbesserung der Nutzung von Informationen und Informationsprozessen. Wird die Rolle des Demand Managements jedoch als gestaltender Bestandteil des Informationsmanagements betrachtet und proaktiv in die Bewertung von Informationen eingebunden, hat die Organisation die Möglichkeit, Informationssilos mehr und mehr durch transparente Informationspools zu ersetzen und den Informationen als Ressource im Sinne langfristigen Steigerung des Unternehmenswertes zu etablieren. Die ursprünglich gefürchtete Transparenz wird Bestandteil der Unternehmenskultur und in der Folge wachsen sowohl die Qualität als auch die Verfügbarkeit von Informationen.

3.2   Accountability statt Ownership

Das wichtigste Element der Neuorientierung im Umgang mit Unternehmensinformationen ist der Wegfall des Begriffs der „Data Ownership". Die Unterscheidung zwischen der Verantwortung (Accountability) und dem Besitz (Ownership) von Informationen ist wichtig und soll an dieser Stelle noch einmal verdeutlicht werden. In der Vergangenheit wurde in den allermeisten Unternehmen eine Kultur der „Data Ownership" entwickelt, die dazu führte, dass Daten als Eigentum bestimmter Abteilungen, Funktionsbereiche, legalen Einheiten o. Ä. betrachtet wurden (insbesondere von den „Eigentümern" selbst), was einer der herausragenden Gründe für die häufigen großen Verwerfungen in der Informationsinfrastruktur ist. Dass der Ansatz einer „Ownership" für Informationen nicht funktioniert, zeigen all die vielen gescheiterten Versuche, auf dieser Grundlage eine erfolgreiche „Information Governance" oder auch nur eine „Data Governance" zu entwickeln.

Durch das strategische Informationsmanagement erfolgt nun eine Strukturierung von Verantwortlichkeiten für Informationen, die sich an den auf der Basis von PRISM entwickelten Infomations-Clustern (Abschn. 2.2.1) orientiert. Nachdem wir den Informationsraum für das Unternehmen als Referenz aller unternehmensrelevanten Informationen etabliert haben, müssen wir nun die Frage beantworten: „Wer ist eigentlich verantwortlich?"

Data Ownership
Der Begriff an sich ist nicht eindeutig beschrieben. Grundsätzlich ist aber im Ursprung des Begriffes immer wieder die Verantwortlichkeit für die Datenqualität gemeint. Bereits seit Ende der 1990er Jahre wird der Begriff in unterschiedlichsten Zusammenhängen verwendet. Bezogen auf das Unternehmen also am ehesten eine für Datenqualität verantwortliche Stelle. Data Owner kann demnach jeder sein, der Daten erzeugt, ihre Erzeugung veranlasst, Daten verwendet oder weiterverarbeitet oder Daten empfängt (Loshin 2003).

Nicht nur im deutschen Sprachgebrauch wird die „Data Ownership" jedoch sehr schnell einge-schränkt auf die Deutung als „Besitzerschaft" oder „Eigentum". Und dies ist im deutschen Sprach-gebrauch deshalb gefährlich, weil die Essenz des Begriffs Eigentum mit dem Begriff (mein) Haus und der Begriff „Besitzerschaft" mit dem Begriff (mein) Auto eng verbunden ist und deshalb As-soziationen weckt, die für einen sachlichen Umgang mit Datenqualität nicht förderlich sind. Noch interessanter wird die Frage nach der „Besitzerschaft" von Daten mit dem Aufkommen des Big-Data-Hypes, der Informationen tendenziell nur noch als statistische Interpretation beliebig unstruk-turierter Datenströme erscheinen lässt und die Themen Governance und Datenqualität grundsätzlich in Frage stellt.

Diese Frage stellt sich zunächst auch, wenn das Informationsmanagement als unabhängige Funktion im Unternehmen neu etabliert wird, aber auch in allen anderen Fällen, in denen die Frage nach einer dedizierten Verantwortung für Informationen beantwortet werden muss. Häufig existieren bereits im Einzelfall sinnvolle Ansätze und Strukturen, wie zum Beispiel die Funktion des „Data Steward" als verantwortlicher Mitarbeiter im Business für die Datenqualität in IT-Anwendungen. Das zentrale Informationsmanagement koordiniert demnach als zentral verantwortliche Instanz alle dazugehörigen, unternehmensweiten Verantwortlichkeiten und Aktivitäten.

In der Vergangenheit wurden Informationen oft nicht als Kern-Ressource des Unter-nehmens, sondern als Exklusivgut der Abteilung oder sogar des Mitarbeiters be-griffen.

Allein durch individuelles, persönliches Engagement im Sinne der Informa-tionsversorgung im Einzelfall konnte deshalb die Informationsversorgung in diesen Fällen aufrechterhalten werden (und beförderte so die Hybris derjenigen Personen, die sich auf eine solche Art und Weise scheinbar unersetzlich machten). Oft genug wurden deshalb mangelhafte Informationsprozesse nicht durch ein verantwortliches Informationsmanagement aktiv aufgelöst, sondern hielten sich mit Penetranz stabil über Jahrzehnte.

Im Fokus der fachlichen Verantwortung für Informationen steht die Informationsqualität. Nur wenn allen zu einer Menge von Informationen gehörigen Daten, von der Entstehung bis hin zur Bereitstellung in einem Data Warehouse oder der Verwendung in einem Ma-nagementbericht eine persönliche Verantwortung zugewiesen wird (Assignment), kann für die Qualität von Informationen ein Zielschema formuliert werden, ohne dass die Trans-parenz und unternehmensweite Verfügbarkeit darunter leiden und die Informationsinfra-struktur wieder in Informationssilos versinkt. Aber: **Datenqualität ist kein Selbstzweck!**
Der Schlüssel für eine funktionierende Gestaltung der Verantwortlichkeiten ist die starke Vernetzung des Informationsmanagements im Unternehmen und eine exzellente Kommunikation (Abb. 3.3). Die Durchdringung des Unternehmens und ein umfassendes Verständnis für die Informationsprozesse im Unternehmen sind unumgänglich im Hin-blick auf die Agilität des Informationsmanagements.

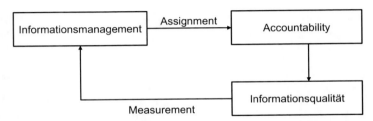

Abb. 3.2 Assignment, Verantwortung wird als explizite Aufgabe zugewiesen

Nachdem auf Basis der Analyse des existierenden Informationsraums (Positionsbe-stimmung) die zur Verfügung stehenden Informationen bekannt sind, erfolgt eine Zu-weisung der Verantwortung für die Qualität der Information. Wenn wir davon ausgehen können, dass eine Kennzahl, die z. B. in einem Managementbericht aufgeführt ist, relevant ist, muss es einen Verantwortlichen für die Richtigkeit und Vollständigkeit der Kennzahl geben. Diese Verantwortung wird grundsätzlich einem funktionalen Bereich übertragen, der sowohl das Mandat als auch die Durchsetzungsfähigkeit besitzt, einen hinreichen-den Einfluss auf die Informationsqualität auszuüben. Die Koordination der Verantwor-tungsbereiche ebenso wie das Management der sogenannten „Data Governance" im her-kömmlichen Sinne sind somit die Domäne des Informationsmanagements. Aufgrund des Umstands, dass die Verantwortung für die Informationsversorgung im Unternehmen nun auf das Informationsmanagement übertragen wird, muss der obskure Begriff der „Data Ownership" einem Begriff weichen, der weitaus besser den Wert von Informationen als Produktionsfaktor und Ressource zum Ausdruck bringt. Lassen Sie ihn uns ersetzen durch den Begriff der „Verantwortung für Informationen" – die „Information Accountability".

3.3 Herrschaft über Informationen

Sind Ihre Informationen unternehmensrelevant? Dann sind sie auch Teil der Verantwor-tung des Informationsmanagements! Lassen Sie diese Forderung kurz auf sich wirken, denn die Konsequenzen dieser Feststellung sind weitgreifend. Sie erfordern ein kulturelles und organisatorisches Umdenken im gesamten Unternehmen, von der Unternehmenslei-tung bis zum einzelnen Mitarbeiter. Die Umsetzung eines umfassenden Informationsma-nagements im Unternehmen bedeutet, dass die Herrschaft durch eine unabhängige Insti-tution ausgeübt wird, nämlich durch das zentrale Informationsmanagement. Individuelle Abteilungen oder gar Personen können nicht mehr per se einen exklusiven Anspruch auf die „Ownership" von Informationen erheben – dies gilt für alle im Unternehmen verwen-deten Informationen. Die Information Governance – d. h. die Aufgabe, sich um die Ver-wendung von Informationen zu kümmern und den Zugang zu Informationen zu steuern – liegt in der Kompetenz des Informationsmanagements und nicht mehr im Aufgabenfeld der Fachfunktionen, Bereiche oder einzelner Mitarbeiter.

Praxisbeispiel Informationssilos

Selbst heute noch gibt es Funktionen im Unternehmen, die Informationen, z. B. die Ergebnisse statistischer Auswertungen, ausschließlich – wenn überhaupt – in Form von Papierausdrucken oder PDF-Dateien zur Verfügung stellen, so dass diese nach Möglichkeit vom Empfänger nicht weiter verarbeitet werden können. Falls die Informationen benötigt werden, um weitere Kalkulationen durchzuführen, stellt ein solches Verfahren einen Engpass, einen Medienbruch dar. Selbstverständlich soll man mit Zahlen rechnen können, denn dazu sind Zahlen schließlich da! Eine einzelne fachliche Funktion maßt sich an, eine eigenständige, isolierte Informations-Governance zu betreiben, in Wahrheit bremst sie jedoch den gesamten Prozess der möglichen Weiterverarbeitung der von ihr produzierten Informationen. Die Abteilung betrachtet sich als „Data Owner" und nimmt sich das Recht heraus, über Informationsprozesse im Unternehmen herrschen zu können, die nicht in ihr eigenes Aufgabengebiet fallen. Würde die Abteilung mit den Kosten für den Aufwand belastet, den sie durch die erschwerte Weiterverarbeitung verursacht, wäre sicherlich schnell eine Lösung für diesen Prozess gefunden. Tatsächlich ist es aber in den konkreten Fällen häufig so, dass das Informationssilo als selbstverständlich betrachtet wird und niemand dagegen aufbegehrt, demenstprechend wird auch keine Lösung gefunden.

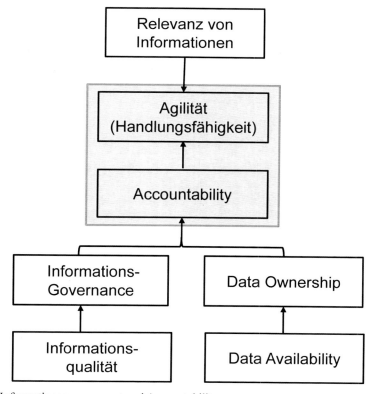

Abb. 3.3 Informationsmanagement und Accountability

Die zunehmende Digitalisierung und der allgemein immer selbstverständlicher werdende Umgang mit Daten und Informationen erfordern ein Umdenken in der Art, wie mit Informationen (und Daten) im Unternehmen verfahren wird. Die Herrschaft über Informationen muss in einer Funktion zusammengefasst werden, die Kenntnis und den Überblick über alle Informationen, Informationsanforderungen und Informationsprozesse im Unternehmen hat – das Informationsmanagement (Abb. 3.3).

Das Informationsmanagement übernimmt fortan die Verantwortung und somit die Herrschaft über den Informationsraum des Unternehmens. Zunächst einmal bedeutet die dedizierte „Herrschaft über den Informationsraum" die formale Zuweisung einer steuernden, koordinierenden, gestaltenden Kompetenz an das Informationsmanagement, und zwar in Bezug auf alle unternehmensrelevanten Informationen. Hierzu zählen alle durch das Unternehmen im Rahmen seiner betrieblichen Tätigkeiten selbst erzeugten Informationen, aber auch jene, die das Unternehmen als externe Informationen erhält, wie zum Beispiel Marktdaten, aber auch Wetterdaten, Verkehrsdaten, Social-Media-Daten und viele mehr. Folglich beschreibt der Begriff der „Herrschaft über Informationen" die Verantwortung einer zentralen Steuerung aller unternehmensbezogenen Aktivitäten, die Informationen erzeugen, verarbeiten und transportieren. In der Praxis bedeutet dies, dass die Anforderungen an das Informationsmanagement über die traditionellen Aufgaben hinausgehen. Dieses neue Informationsmanagement ist nicht mehr Teil der IT-Serviceorganisation in Form einer Entwicklungseinheit oder des Demand Managements, sondern es ist aus neutraler, unternehmensumfassender Sicht dafür verantwortlich, wie mit Informationen im Unternehmen umgegangen wird. Das Informationsmanagement erstellt nicht nur Governance-Regeln, Zertifizierungen und Audits für Data Warehouses. Es bestimmt auch nicht nur die Definitionen für die in den ERP- und Data-Warehouse-Applikationen verwendeten Informationen. Sondern es kümmert sich kontinuierlich um die Weiterentwicklung und Verbesserung der gesamten Informationsversorgung im Sinne der Unternehmensziele. Diese Aufgabe ist der Kern des Informationsmanagements. Wir könnten auch sagen, das Informationsmanagement stellt das „Missing Link" zwischen der Unternehmensstrategie und der Implementierung von Informationssystemen dar, inklusive sämtlicher nicht durch Informationssysteme unterstützten Informationen. Eine hohe Nutzerzufriedenheit und eine breite Verfügbarkeit der vorhandenen, relevanten Informationen stehen dabei immer im Vordergrund. Das neue Informationsmanagement steht also vor der Herausforderung, sich nicht nur organisatorisch (top-down), sondern auch fachlich zu legitimieren, um die erforderliche Herrschaft über Informationen ausüben zu können.

Um die Frage nach dem, was bei einem Kunden an Deckungsbeitrag erwirtschaftet wird, hat sich in unserem Beispielfall lange Zeit kein Verantwortlicher gekümmert. Aus der Sicht des Informationsmanagements ist der geschilderte Fall nicht nur ein „Stammdatenproblem", und schon gar kein „IT-Governance-Problem" (denn im vorliegenden Fall wurden keine Regeln gebrochen, mit Ausnahme vielleicht jene der Vernunft). Der grundlegende Fehler im Unternehmen war, dass es überhaupt kein Informationsmanagement gab. Es gab einfach niemanden, der für die Gestaltung der Informationsinfrastruktur unternehmensweit zuständig gewesen wäre. Nur durch dieses „Missing Link" (Abb. 3.4) war es möglich, dass sich eine derart fragmentierte Landschaft der Informationssysteme entwickeln konnte. Hierbei stellt das Enterprise Architecture Model (EAM) die ursprüngliche Verantwortung der IT-Organisation dar, die durch das Informationsmanagement bzw. die Funktion des CDO ausgefüllt wird.

Jetzt können Sie sagen, dass das Unternehmen vielleicht diese Lektion gelernt hat und sich fortan eines Besseren besinnt. Aber Sie kennen Ihr eigenes Unternehmen und wissen, wie lange Lernprozesse in Konzernen dauern können und wie leicht die Lernziele verfehlt werden. In den allermeisten Unternehmen ist die IT seit jeher eine technologieorientierte Dienstleistungsfunktion, die nach bestimmten Regeln verfährt, wie zum Beispiel ITIL, mit einem tief verwurzelten Denken in Architekturen. Sie speichert Daten, nicht Informationen, die Aufgabe der IT ist es nicht, das Geschäft zu betreiben oder zu gestalten. Sie leistet im Unternehmen Unterstützung bei der Automatisierung von Prozessen und für den Betrieb von Systemen und Maschinen. In seltenen Fällen ist die IT-Organisation so strukturiert, dass sie die Geschäftsprozesse proaktiv unterstützt. Die Funktion der Informationstechnologie wird im Unternehmen entsprechend als Servicedienstleister wahrgenommen, eine gestaltende Rolle bezüglich der Informationen und Dateninhalte kommt ihr meist nicht zu. In den vielen Fällen, in denen die IT in die Rolle der fachlichen Governance gedrängt wird oder sich aus einer Not heraus der fachlichen Governance annimmt, entstehen sowohl Verwerfungen in Bezug auf die verfügbaren Ressourcen, ebenso kommt aber die Weiterentwicklung der Informationsinfrastruktur (wiederum bezogen auf die Informationen selbst) zum Erliegen. Es liegt in der Natur der IT, Prozesse in stabilen Systemen automatisiert abzubilden. Hingegen liegt es in der Natur des Unternehmens, sich stetig, dynamisch weiterzuentwickeln – zu wachsen und in einem dynamischen Wettbewerb zu bestehen.

Die unternehmensweite Gestaltung von Informationsinhalten und Informationsprozessen ist demzufolge grundsätzlich nicht Aufgabe der IT. IT als Funktion im Unternehmen bedeutet vielmehr die Gestaltung und Umsetzung der Automatisierung von funktionalen Anforderungen mittels Informationstechnologien. Das ist eine wichtige, zentrale Aufgabe Um Regeln für die Informationsprozesse und Informationsanforderungen einzuführen, wurde in der Vergangenheit die IT-Governance und bestenfalls eine BI-Governance eingeführt. Im absolut idealen Fall werden organisatorisch die Funktion eines BI-Managers, eines BICC und eines „Data Stuart" etabliert, um als Servicefunktion auch auf die Einhaltung der Governanceregeln zu achten. Es ist aber das traurige Leid einer Servicefunktion, dass sie hinsichtlich der Gestaltung der Informationsinfrastruktur und auch hinsichtlich der Datenqualität keine Gewalt über die beteiligten Akteure hat, wie dies beispielsweise für den Fall des „Data Steward" häufig gilt.

Abb. 3.4 Domänen des Enterprise Architecture Management

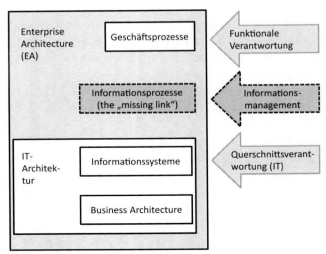

Die zur Ausübung einer Informations-Governance notwendige „Herrschaft" basiert deshalb zuallererst auf der Positionierung des Informationsmanagements durch die Unternehmensleitung:

▶ *Information governance* is the specification of decision rights and an accountability framework to encourage desirable behavior in the valuation, creation, storage, use, archival and deletion of information. It includes the processes, roles, standards and metrics that ensure the effective and efficient use of information in enabling an organization to achieve its goals (Gartner 2010).

Hierzu gehören Entscheidungsrechte bei der Auswahl von Software-Tools, Methoden, Priorisierungen von Informationsanforderungen. Entscheidungsrechte bezüglich des Umgangs mit Informationen im Unternehmen besitzen heute weder die IT noch die Fachbereiche. Durch den anhaltenden Trend der Stärkung der Rolle des CFOs, vor allem in Konzernunternehmen, fällt die Aufgabe eines Informationsmanagements am ehesten in diesen Bereich. Dies widerspricht aber der Anforderung an eine unabhängige Instanz des Informationsmanagements. Nach der Entscheidung für ein dediziertes Informationsmanagement und dessen Positionierung stellt die Durchsetzung der „Herrschaft über Informationen" im Sozialgefüge des Unternehmens die eigentliche Herausforderung dar (Davenport 2009). Natürlich sind Unternehmen durch soziale Interaktionen geprägt. Informationen werden im Einzelfall zur individuellen Existenzberechtigung. Oder zum Karrieretool. Informationen sind ein Exklusivgut, wer sie erst einmal besitzt, gibt sie nicht so schnell wieder her. Auch die Vorenthaltung relevanter Informationen, der Informationsvorsprung, ist ein beliebtes Mittel im Kampf um individuelle Vorteile. Informationen werden gehandelt, um individuellen Nutzen für Einzelne zu vergrößern. So zeigt sich der Wert von Informationen im Kleinen. Es herrscht ein Wettbewerb um Informationen. Für das Gesamtunternehmen ist dieser Umgang mit Informationen nachteilig, weil er Unternehmensprozesse nicht verbessert, sondern Transparenz verhindert. Eine Verringerung des innerbetrieblichen Wettbewerbs um exklusive Informationen (exklusives Wissen) kann somit einen massiven Wettbewerbsvorteil (oder auch die Verringerung eines Nachteils) bedeuten.

Viel zu häufig wird Information im Unternehmen zum Wirtschaftsgut und die Informationsinfrastruktur zu einer Informationswirtschaft. Man könnte auch sagen, es befindet sich Sand im „Informationsgetriebe". Durch das individuelle Interesse, durch die Gewalt über Daten oder Informationen („date ownership") gleichzeitig auch die eigene Wichtigkeit im sozialen Umfeld der Belegschaft zu pflegen, entsteht ein gefährliches Inselleben. Die Weiterentwicklung der Informationsinfrastruktur stagniert, ein umfassendes gemeinsames Verständnis für Informationen wird erschwert. Die Kosten für eine unkoordinierte Informationswirtschaft zu beschreiben, ist Aufgabe der in Kap. 2 beschriebenen Informationsstrategie. Der konkrete wirtschaftliche Schaden, der sich aus einer solchen fragmentierten Informationswirtschaft ergibt, ist nur zu schätzen. Das Ziel für die Organisation muss dementsprechend sein, die über lange Zeit gewachsene, komplexe, soziale Informationswirtschaft zu einem sinnvollen Ganzen weiterzuentwickeln. Hierbei bilden die vier folgenden Elemente eine wichtige Grundlage:

1. Institutionalisierung und Positionierung des Informationsmanagements
2. Verankerung von Kompetenzen und Entscheidungsrechten
3. Formulierung einer Informationsstrategie
4. Formulierung einer Informations-Governance

Diese entscheidenden Rahmenbedingungen stellen den Startschuss für das informationsgetriebene (information driven) Unternehmen dar. Der vielbesungene Kulturwandel im Umgang mit Informationen hat hier seinen Ausgangspunkt (angesichts der aktuellen Herausforderungen wie zum Beispiel der Integration von Big-Data-Anwendungen in die Informationsinfrastruktur und kommender technologischer Entwicklungen ist ein zentrales, gestaltungsfähiges Informationsmanagement längst überfällig). Die durch eine zentrale Instanz zu schaffende Kostentransparenz und die korrelierende Möglichkeit, diese Kosten als Informationskosten zu benennen und zu allokieren, kann zugleich ein wachsendes Verständnis für den Wert von Informationen geschaffen werden.

Die Herrschaft über Informationen entwickelt sich immer mehr zu einem kritischen Element für den Unternehmenserfolg. Diejenigen Unternehmen, die Ihre Informationsversorgung effizient und umfassend organisieren, sind in der Lage, kontinuierlich Wettbewerbsvorteile zu erlangen und sich agil auf zukünftige Herausforderungen einzustellen.

3.4 Informationspolitik

Jeder, der als Berater, Manager oder Mitarbeiter mit Ambitionen schon einmal versucht hat, etwas Transparenz und Ordnung in das Informationsdickicht eines Unternehmens zu bringen, weiß, wie schwer es ist, die unterschiedlichen Parteien und Interessen in einem Unternehmen zu einem gemeinsamen Verständnis darüber zu führen, wie die Informationsinfrastruktur gestaltet werden soll. Wir Interimsmanager kommen in der Regel unvorbelastet durch die soziale Historie in ein Unternehmen. Häufig genug wird für eine Übergangszeit ein Controller, BI-Manager oder Informationsmanager auf Zeit gesucht, weil der leitende Controller oder auch der BI-Manager oder auch der Projektleiter resigniert das Weite gesucht hat. Diese Positionen tragen häufig die schwere Verantwortung, Informationen im Unternehmen strukturiert sammeln und an einen bestimmten Empfänger zu einer bestimmten Zeit in bester Qualität liefern zu müssen. Andererseits steht diesen Funktionen vielfach der für ihre Aufgaben notwendige Gestaltungsrahmen nicht zur Verfügung, weil er von anderen Fachfunktionen oder von der IT-Organisation beansprucht wird. Insbesondere für übergreifende Funktionen wie das zentrale Controlling, wenn es eine interaktive Rolle im Unternehmen übernimmt, wird durch die traditionelle Rollenverteilung der „data ownership" oder auch des IT-dominierten Informationsmanagements (Datenmanagements) die Erfüllung seiner Aufgaben erschwert. Gleichzeitig zeigt sich auch in den Fachfunktionen die traditionelle Tendenz zum Aufbau von Informationssilos, um „im Kleinen" eine geordnete Welt zu schaffen und diese vehement gegen jegliche Veränderung zu verteidigen.

Praxisbeispiel: Insuläres Know-how als Risiko für die Informationsversorgung

„Wie genau die Kennzahlen für das Geschäftsbereichs-Reporting berechnet werden, weiß hingegen nur Frau Mustermann aus der Anlagenbuchhaltung, die hierfür eine eigene kleine Datenbank betreibt. Und nein, Sie möchte nicht, dass sich die Kollegen damit beschäftigen, es sei einfach zu kompliziert." Oder Herr Schulze, der in mühevoller, jahrzehntelanger Kleinarbeit ein Reporting entwickelt hat, das nur er selbst versteht und sonst im gesamten Unternehmen und auch sonst auf der Welt niemand.

Das Problem besteht nicht nur darin, dass Herrn Schulze oder Frau Mustermann „der Schlag" treffen könnte und die bestehenden Informationsanforderungen dann nicht mehr erfüllt würden, weil die nun zumindest zeitweise außer Gefecht gesetzten Protagonisten über Jahre exklusives Know-how im Umgang mit „ihren" Informationen aufgebaut haben. Das Problem ist vielmehr der kleinliche und verantwortungslose Umgang mit unternehmensrelevanten Informationen durch die Unternehmensführung, die eine solche Entwicklung in der Vergangenheit zugelassen hat und die sich in Form von lokalen Informationssilos äußert.

Eine ebenso unterhaltsame wie lehrreiche Fallstudie wurde 2005 von Bob Travica[5] veröffentlicht, in der er den Umgang mit Informationen und Informationssilos mit der Sozialstruktur in einem Dorf verglich, in dem ein Dorffest organisiert wird. Neuankömmlinge, Zugereiste haben keinen Zugang zur vorhandenen Informationsinfrastruktur, das Informationssilo wird als Tradition gepflegt, zu dem keinem Außenstehenden Beitritt gewährt

---

[5] Zur Zeit des Erscheinens der Studie war er noch Professor an der Universität Manitoba, Winnipeg, Canada, im Jahr 2014 arbeitete er als Visiting Professor in Ljubliana.

wird. Aus diesem Grund gibt es auch keine schriftlichen Erläuterungen zum Aufbau des Festzelts oder sonstiger Vorbereitungen: „There are no manuals simply because we have been part of this Festival for many years, and we have learned all we need to know and kept it in here [the person pointed to his head]. We know it, and we do it. We can run this Pavilion even with our eyes closed" (Travica 2005). Kommt Ihnen dieses Beispiel auch bekannt vor, wenn Sie an so manches Informationssilo in Ihrem Unternehmen denken?

Praxisbeispiel Informationspolitik

Im Zuge der Post-Merger-Integration eines großen Pharmaunternehmens führte ich vor ein paar Jahren eine Bewertung der Informationsinfrastruktur und der Data-Warehouse-Landschaft (IT-Infrastruktur) durch. Eines der zu begutachtenden Data-Warehouses war ein Prestigeprojekt des Finanzchefs und wurde mir in entsprechend vollmundigen Vorträgen präsentiert. Der Projektleiter (BI-Manager) für die Entwicklung des Data Warehouse zeigte mir jedoch lediglich Powerpoint-Folien aus der fachlichen Konzeptionsphase sowie einige Darstellungen von Cockpit-Anwendungen, die jedoch noch in der Entwicklung und noch nicht fertiggestellt seien. Ich konnte mein Gegenüber nicht dazu bewegen, mir einen realen Einblick in das Data Warehouse, die Datenmodelle oder gar in echte Analysen und Berichte zu geben. Bei genauerem Hinsehen entpuppte sich das neue Data Warehouse letztendlich als Anwendung im Prototypenstatus, das nur wenige Daten enthielt. Aus den in den Konzepten genannten Datenquellen wurden keine Daten geladen, es existierte schlicht keine Datenbankanwendung, geschweige denn ein Data Warehouse – eine leere Hülle ohne Inhalt. Das neue Data Warehouse erschien letztlich als ein großer Bluff. Das Prestigeprojekt hatte jedoch in fünf Jahren Planungs- und Entwicklungszeit mehrere Millionen Euro gekostet und und war auf der ganzen Linie gescheitert.

Die mit einer Bewertung über die aktuelle Data-Warehouse-Landschaft im Rahmen einer Post-Merger-Integration verbundenen Emotionen bei allen Beteiligten kann man sich vorstellen. Die beteiligten Akteure wissen, dass die Zusammenführung zweier Unternehmen und deren Geschäftsmodelle zwangsläufig auch die Konsolidierung der Informationsversorgung und der Informationssysteme zur Folge hat. Die mit der Einführung eines handlungsfähigen Informationsmanagements verbundenen Befindlichkeiten mögen ganz ähnlich sein, so dass man glauben könnte, ein archaischer heiliger Gral solle zerstört werden. Die Installation eines Informationsmanagements bedeutet, wie auch die Konsolidierung zweier konkurrierender Informationssysteme, für viele Beteiligten den Verlust an exklusiven Informationen. Sie verlieren die (Allein-)Herrschaft über „ihren" Informationsraum, über jene Informationen, die sie bisher unter Kontrolle hatten. In den sie so viel „Schweiß und Tränen" investiert haben. Diese bisher exklusiven Informationen sollen plötzlich Teil eines umfassenden Informationsraums werden? Eine solche Phase des Übergangs bedarf eines sorgfältigen Umgangs mit allen Beteiligten. Schnittstellen müssen definiert werden, Konfliktpotenzial abgebaut, Abgrenzungen getroffen und vor allem Kommunikation aufgebaut werden. Es gilt, Vorbehalte gegen die Organisationsveränderung zu entkräften. Häufig kommt es zu politischen Gegenbewegungen, Dramen, Inszenierungen und Intrigen. Häufig kommt es auch zu einer Verweigerung der Zusammenarbeit und dem Ausnutzen persönlicher Protektorate. Insofern unterscheidet sich die Einführung eines Informationsmanagements nicht allzu sehr von anderen Transformationsprozessen, wie zum Beispiel einer Restrukturierung oder eines Outsourcing-Prozesses.

Praxisbeispiel Eigendynamik sozio-ökonomischer Systeme

Im Rahmen der Erstellung eines weiteren Gutachtens, bei dem die Datawarehäuser zweier zu verschmelzender Unternehmen zu begutachten waren, wurde mir ein zusätzliches, drittes Data Warehouse verschwiegen, das bereits seit einigen Jahren betrieben wurde und das das eigentlich führende Data Warehouse einer der beiden lokalen Organisation war. Auch den Verantwortlichen in der Unternehmenszentrale war dieses Data Warehouse nicht bekannt. Der Aufwand für die Entwicklung und Wartung war nirgendwo explizit budgetiert worden, so dass auch über die Auswertung von Kostenstellenberichten im Rahmen der Informationskostenanalyse kein Anhaltspunkt für ein drittes Data Warehouse zu erkennen war. Nur durch mehrere Zufälle fanden wir heraus, dass im Hintergrund eine heimliche, gut behütete Informationsmaschinerie lief, ein separates Data Warehouse, das die eigentliche Informationsplattform darstellte. Die Mitarbeiter der betreffenden Abteilungen hatten die „data ownership" über „ihre Informationen" nie aufgegeben. Die heimlichen Aktivitäten hatten das Unternehmen insgesamt einige Millionen Euro gekostet. Um den Weiterbetrieb des „geheimen" Systems sicherzustellen, wurde es auch vor dem Review-Team verborgen gehalten.

Die Angst vor zu viel Transparenz und der Aufdeckung möglicher Versäumnisse, vor Kritik am eigenen Wirtschaften und auch die Angst des Einzelnen, weniger wichtig zu werden durch den möglichen Verlust an Informationshoheit, sind die Haupttreiber dieser Abwehrprozesse. Demgegenüber steht die dringende Notwendigkeit eines stringenten Managements unternehmensrelevanter Informationen. Die Geschäftsleitung muss die Notwendigkeit für ein Informationsmanagement erkennen und die Konsequenzen in Form organisatorischer Anpassungen ziehen. Der Umgang mit dieser politischen Gemengelage erfordert ein besonderes Geschick. Um die politische Ausgangslage im Unternehmen zu beschreiben, greift beispielsweise Thomas Davenport[6] auf einen Vergleich mit gesellschaftlichen Modellen zurück, indem er Informationsinfrastrukturen im Unternehmen als „feudalistisch" oder „monarchisch" oder „föderalistisch" charakterisiert (Davenport 2010). Plakative Beschreibungen können sinnvoll sein, wenn sie dazu beitragen, die Charakteristika sozialer Strukturen und ihrer Auswirkungen zu vermitteln sowie Handlungsalternativen abzuwägen. Wie aber gehen wir mit dieser Gemengelage tatsächlich um?

---

[6] Thomas Davenport ist Professor für Informationstechnologie am Babson College, Massachusatts (Quelle: Wikipedia, August 2014).

Entscheidend bleiben in allen Fällen die beteiligten Akteure und ihre, oft persönlichen, Interessen. In dieser Gemengelage übernimmt das Informationsmanagement eine seiner Kernaufgaben, nämlich die Interessen der beteiligten Parteien möglichst im Voraus und kontinuierlich zu erkennen und mit den Interessen des Unternehmens in Einklang zu bringen. Nicht, dass den bisherigen Ansätzen diese partikulären Interessen verborgen geblieben wären. Jedoch waren die BI-Manager, BICCs oder welche Organisationsform auch immer in den allermeisten Fällen nicht in einer Art und Weise positioniert und mit einem Mandat ausgestattet, um im existierenden politischen Umfeld viel ausrichten zu können. Mehr noch, je nach Positionierung war das BI-Management der jeweiligen Organisation und wiederum ihren Interessen unterworfen. Und dies ist gleichsam der Tod jeglichen gesamthaften Ansatzes. Wenn Informationen und somit das Informationsmanagement strategisch wichtig für das Unternehmen sind, behandeln Sie das Informationsmanagement dementsprechend und machen Sie es zu einer zentralen, handlungsfähigen Instanz (Abschn. 1.4.2)! Was sich so leicht formuliert, lässt sich in großen Organisationsstrukturen eben aus den genannten Gründen oftmals schwierig oder in langwierigen Veränderungsprozessen umsetzen. Die sozialen Strukturen sind komplex, die Machtverhältnisse in Bezug auf Informationen richten sich häufig nicht nach dem Unternehmensinteresse. Gerne sprechen Unternehmensverantwortliche auch von einem „großen Rad", an dem man hier drehe. Wichtig ist, dass Sie an diesem großen Rad drehen und das Informationsmanagement nicht mit allzu kleinen Rädchen ausstatten.

Praxisbeispiel: Transparenz schaffen durch ein strategisches Informationsmanagement

In der neu geschaffenen Position des globalen BI-Managers bei einem multinationalen Konzern war ich beauftragt, ein globales Business Intelligence Team aufzubauen. Da sich der Konzern am Beginn einer Umstrukturierungsphase befand, hielt es der CFO für eine gute Idee, im gleichen Zuge auch das BI-Management im Sinne eines Informationsmanagements zu entwickeln. Als Interimsmanager sollte ich gleichzeitig das neue Team entwickeln sowie einen künftigen Nachfolger auswählen und einarbeiten. Zu Beginn meiner Arbeit stand die Entwicklung einer geeigneten Informations-Strategie, die es dem Konzern erlauben sollte, künftig transparentere und strukturiertere Informationsprozesse zu entwickeln, um das wirtschaftliche Potenzial von Informationen künftig besser nutzen zu können. Von einem „Ausschöpfen" des Potenzials war noch keine Rede, denn der Konzern war in der Vergangenheit durch massives, kleinteiliges und isoliertes Mikromanagement und Informationssilos auf lokaler Ebene geprägt. Dieser Konzern sollte nun also in die Lage versetzt werden, Antworten auf die Fragen des 21. Jahrhunderts beantworten zu können. Auch die strategische Positionierung gegenüber Themen wie „Industrie 4.0" und „Big Data" war noch vollkommen ungeklärt.

Einig waren sich die lokalen Business-Manager lediglich darüber, dass das neue, zentrale, Informationsmanagement mit diesen Themen nichts zu tun haben sollte. Gleichzeitig war der Konzern noch nicht einmal in der Lage, ein Konzernreporting auf einer detaillierteren Ebene als der Konzern-GuV darzustellen, diese jedoch immerhin konsolidiert (den Finanzbehörden sei Dank). Doch die Fragen des Managements bezogen sich auf die Produktpalette des Konzerns, die Kunden, die Standorte weltweit und die strategischen Geschäftseinheiten. Jedes der genannten Elemente war ein eigenes Informationssilo, mit eigenen, spezifischen Kennzahlen, eigenen lokalen Prozessen, eigenen lokalen Stammdaten, also die üblichen Probleme, vor denen auch technisch orientierte IT-Projekte in der Regel stehen, wenn es um die Umsetzung von fachlichen Anforderungen geht. Nur war es jetzt an der Zeit, das Informationsmanagement im Unternehmen neu aufzustellen und die Anpassungen nicht mehr nur rein technisch als Anpassungsprojekt durchzuführen. Die gesamte Informationslandschaft im Konzern stand fachlich auf dem Prüfstand. Das erste Jahr als verantwortlicher BI-Manager im Konzern bestand folglich in einem dauernden Spießrutenlaufen durch eine Reihe von Fachfunktionen, wie zum Beispiel das lokale Controlling. Aber auch die Produktion, lokale Einheiten luden mich zu mehrstündigen „investigativen" Meetings ein, um die Intentionen und Aufgaben dieses neuen Informationsmanagers zu ergründen.

Eine komplexe Organisation wie ein Konzernunternehmen besitzt viele kleine Informationspools. Die Mitarbeiter beherrschen die ihnen anvertrauten Geschäftsprozesse und die zugrunde liegenden, speziellen Informationsprozesse. Nur zu häufig wird die Exklusivität des Informationspools durch ein individuell angepasstes Informationssystem zementiert. Und desto schwieriger lässt sich die Informationsinfrastruktur als Ganzes gestalten. Da jede Abteilung tendenziell in ihrem eigenen Interesse agiert, entwickelt sich folglich eine Mikroorganisation für die Informationsversorgung – von Davenport als Informations-„Feudalismus" charakterisiert. Dies führt dazu, dass jeder Informationspool auf die hohe Relevanz seines Eigentümers hinweist und dieser seinen Herrschaftsbereich im Zweifel verteidigt. Was an sich eine schlichte menschliche Eigenschaft ist, aber dem Unternehmen schadet. Dieses Mikromanagement führt zu einer extrem hohen strukturellen Komplexität. Die Positionierung eines dedizierten Informationsmanagements ist ein Ansatz, diese komplexe politische Dimension im Unternehmen zu vereinfachen. Hierfür benötigen wir den unbedingten Rückhalt der Unternehmensleitung, aber auch die Zusammenarbeit mit den Abteilungen. Eine Reduzierung der Reibungsverluste zwischen Abteilungen, Länderorganisationen, Divisionen oder Märkten kann durch die klare Zuordnung der Verantwortung für unternehmensrelevante Informationen erleichtert werden.

Praxisbeispiel: Wie Informationssilos gegen ein umfassendes Informationsmanagement geschützt werden

In einem internationalen Konzern wurde ein neues „BI Competence Center" gegründet. Das BICC war fachlich ausgerichtet und entsprach weitgehend einem koordinierenden Informationsmanagement (Abschn. 3.1). Unsere Analyse ergab, dass zahllose verschiedene Analyse-Tools und Datenbanken an unterschiedlichsten Stellen im Unternehmen im Einsatz waren, die durch die IT-Organisation betreut wurden. Das zentrale Data Warehouse wurde in erster Linie als Datensammelstelle (data dump) betrachtet.

Die vom Management verabschiedete BI-Roadmap sah vor, eine vorhandene Analyse-anwendung als strategische Plattform weiterzuentwickeln und die zahlreichen weiteren BI-Tools im Einzelfall zu bewerten mit dem Ziel, ein gemeinsames Verständnis für Business Intelligence zu entwickeln und die Komplexität der gegenwärtigen Informations-Landschaft zu reduzieren. Wir wollten aus den unterschiedlichen Initiativen im Sinne einer „konkurrierenden Lösungsentwicklung" oder einer „evolutionsorientierten Vorgehensweise" (Knauer, Olbrich 2014) lernen und mögliche Best-Practice-Model-le identifizieren. Insbesondere im Controlling eines lokalen Standorts hatte sich eine Phalanx rund um ein BI-Tool gruppiert, die sich heftig gegen jede Einmischung von zentraler Stelle wehrte und letztlich eine massive – aber letztlich gesunde – Eskalation zur Folge hatte. Der Anlass bestand darin, dass folgendes Gerücht gestreut wurde: „der (neue) BI-Manager hätte versprochen, mit seinem neuen System künftig die Bilanz täg-lich auf Knopfdruck zu liefern". Obwohl eine unsinnige Behauptung und inhaltlicher Nonsens, löste das Gerücht trotzdem eine Eskalation innerhalb des Unternehmens aus und war ein Test für den Rückhalt des Informations-Managers im Management. Würde die Unternehmensleitung jetzt dem sozialen Druck nachgeben oder das strategische Ziel einer geordneten, zukunftsfähigen Informationsinfrastruktur weiter verfolgen?

Jeder einzelne Mitarbeiter in einem Unternehmen verarbeitet Informationen, berichtet, konsolidiert, kommentiert, hält (und enthält) Informationen vor. Im internationalen Um-feld wird die Interaktion komplex, weil sich die Schnittstellen und Medienbrüche verviel-fachen. Haben sich die lokalen Organisationen auf nationaler Ebene auf eine bestimmte Definition und ein bestimmtes Format geeinigt, gibt es unter den Beteiligten auch im Falle von nur zwei beteiligten Ländern garantiert eine heftige Auseinandersetzung darü-ber, wie Informationen, benannt, definiert, gesammelt, aufbereitet und berichtet werden. Hinzu kommen funktionale Diskussionen über die Art zu planen, zu kommentieren, um-zurechnen usw. Und jetzt verlangen wir eine institutionalisierte Verantwortung für alle Informationen im Unternehmen? Das kann doch nicht funktionieren ... Heute existiert für Technologien (CIO, CTO) oder auch den Geschäftsbetrieb (COO) oder auch für den Ver-trieb (CMO, CSO) eine klare funktionale Verantwortung in der Geschäftsleitung, also eine globale Verantwortung für eine bestimmte „Sache" (mit Ausnahme des HCM, das sich ja mit menschlichem Kapital beschäftigt). Mit dem Eintritt in das „Informationszeitalter" wachsen nun innerhalb kurzer Zeit die Möglichkeiten der Nutzung von Informationen ra-pide, und dennoch ist der Umgang mit dieser strategischen Ressource immer noch geprägt von einem „Feudalismus der kleinen Informationstöpfe".

Betrachten wir die Verantwortung für die Finanzen und deren organisatorische Positio-nierung im Unternehmen näher, dann entdecken wie einige Parallelen zur Entwicklung der Organisation des Informationsmanagements. Die Verantwortung auf Geschäftsleitungs-ebene für die Finanzen des Unternehmens beispielsweise ist ebenfalls relativ jung. Die zentrale Verantwortung für diesen Kernbereich des Unternehmens musste auch zunächst neu geschaffen werden – sie existiert in der Breite erst seit den 1980er Jahren. Zuvor war diese, heute häufig an Nummer zwei der Unternehmenshierarchie gesetzte Funktion unbekannt. Ein Unternehmen ohne CFO ist heute schier undenkbar. Und wenn man bedenkt, wie lange die Ressource Geld bereits existiert und über welch kurze Zeitspanne hierfür eine zentrale Managementverantwortung existiert, dann können wir hinsichtlich der Einführung eines „Chief Business Intelligence Officer (CBIO)" oder „Chief Data Officer" entspannt in die Zukunft blicken. Bis es allerdings so weit ist, spielt die Informationspolitik für den Umgang mit Informationen im Unternehmen weiterhin eine sehr kritische Rolle. Der Mehrwert der Ressource Information hängt signifikant von den handelnden Persönlichkeiten und ihren Interessen ab – und vom Impetus der beteiligten betrieblichen Funktionen, insbesondere aus IT und Finanzen.

DARE – konsequentes Informationsmanagement

4

Zusammenfassung

Mit DARE steht ein Vorgehensmodell für die Umsetzung einer dedizierten Informationsstrategie („Think Big") zur Verfügung. Die vier zugrunde liegenden Säulen *Discovery – Assignment – Reliability* und *Endurance* eröffnen ein Handlungsspektrum für ein umfassendes, agiles Informationsmanagement als eigene Funktion im Unternehmen. DARE weist dem Informationsmanagement eine explizite Verantwortung für die Gestaltung von Informationen und Informationsprozessen als Kernressourcen des Unternehmens zu.

© Springer Fachmedien Wiesbaden 2015
D. Knauer, *Act Big – Neue Ansätze für das Informationsmanagement*,
DOI 10.1007/978-3-658-06751-9_4

141

Aufgrund der weiterhin explosionshaft wachsenden Datenflut und Informationsvielfalt wird ein solider organisatorischer Ansatz mit belastbaren Prozessen dringend notwendig. Die Kernaufgabe dieser Organisation besteht darin, Potenziale in der Nutzung der strategischen Ressource Information zu identifizieren und zugänglich zu machen. Dabei ist es zweitrangig, mit welchen Technologien Informationen verarbeitet oder wie Informationsprozesse durch technische Anwendungen unterstützt werden. In der Vergangenheit wurden einzelne der mit einem umfassenden Informationsmanagement verbundenen Aufgaben z. B. durch die IT-Organisation, teilweise auch durch funktionale Einheiten wie zum Beispiel den Finanzbereich, übernommen. Dem Anspruch an eine umfassende Informations-Verantwortung wurde aber keiner dieser Ansätze gerecht, da für beide betrieblichen Funktionen jeweils eigene inhaltliche, fachliche Schwerpunkte dominieren, mit dem Resultat, dass in internationalen Unternehmen die Informationsinfrastruktur über die vergangenen Jahre weitgehend unstrukturiert und unkoordiniert wachsen konnte.

Das Vorgehensmodell DARE verkörpert, wie in Abb. 4.1 dargestellt, anhand von vier kohärenten Säulen die zentralen Aufgaben eines modernen, agilen Informationsmanagements. Die Säulen stellen die vier Schlüsselfaktoren für ein erfolgreiches Informationsmanagement dar. Alle vier in DARE enthaltenen Hauptaufgabengebiete repräsentieren Aufgaben, die in Unternehmen bis heute nicht oder nur unzureichend gestaltet werden. Zugleich ist dieses Manko auch Ursache für die fragmentierte und unübersichtliche Informationsinfrastruktur, wie sie in vielen Unternehmen heute existiert.

Abb. 4.1 Säulen des DARE-Modells

Ziel des DARE-Vorgehensmodells und somit eines dedizierten Informationsmanagements ist es, den Informationsraum des Unternehmens zu strukturieren, die Qualität und seinen Umfang zu bestimmen und zu bewerten, eine zuverlässige Informationsversorgung zu ermöglichen und eine agile, leistungsstarke Informationsinfrastruktur im Unternehmen zu entwickeln, um so die Potenziale zur Nutzung von Informationen proaktiv zu erkennen, zu nutzen und weiter auszubauen. Dabei gilt es, die Verfügbarkeit und die Qualität unternehmensrelevanter Informationen stetig zu verbessern.

DARE setzt eine enge Zusammenarbeit des Informationsmanagements mit der vorhandenen Unternehmensorganisation voraus sowie die aktive Kommunikation über die gesamte Breite und organisatorische Tiefe aller Informationsprozesse des Unternehmens. Informationsanforderungen und das Informationsangebot für das Unternehmen müssen kontinuierlich erfasst und bewertet werden, um eine optimale Nutzung der Ressource Information zu ermöglichen. Noch mehr als bei anderen Querschnitts-Dienstleistungsfunktionen im Unternehmen stehen für das Management von Informationen die proaktive Koordination, die Beherrschung des Informationsraums und die kontinuierliche Bewertung unternehmensrelevanter Informationen im Vordergrund.

▶   Nur wenn sich die Unternehmensleitung über die Notwendigkeit und Relevanz eines zentralen Informationsmanagements einig ist und eine entsprechende Position geschaffen ist, macht es Sinn, die Umsetzung dieser Aufgabe anzugehen.

Auf der Grundlage der damit verbundenen aktiven, kontinuierlichen Vorbereitung auf zukünftige Informationsanforderungen kann die Informationsinfrastruktur[1] effizient gestaltet werden. Wirtschaftliche Vorteile für das Unternehmen im Markt sind dann die zwangsläufige Folge einer umfassenden Nutzung der Kernressource Information und eines konsequenten Managements auf dem Weg zu einem informationsgestützten Unternehmen. Im Folgenden werden nun die vier Säulen von DARE im Einzelnen beschrieben.

4.1   Discovery: die Kunst zu entdecken

Diese erste Säule des DARE-Modells entspricht weitgehend dem „aufklärenden" Ansatz im besten Sinne einer „Intelligence"-Funktion im Unternehmen. Discovery. Das „D" in „DARE" steht deshalb als Synonym für den englischen Begriff „Discovery" (die Entdeckung) und beschreibt die erste der vier Kernaufgaben des Informationsmanagements, nämlich die kontinuierliche Schaffung von Transparenz über die Unternehmensinformationen. Ziel dieser Aufgabe ist es, Kenntnis über alle das Unternehmen betreffenden – also relevanten – Informationen zu erlangen, d. h. die Erfassung und Bewertung des Informationsraums (vgl. 2.1 Der Informationsraum). Die Entdeckung von unternehmensrelevanten Informationen kann anhand eigener Recherche und anhand der aktiv formulierten Informationsanforderungen aus den fachlichen Funktionen heraus geschehen. In der Breite dieser Aktivitäten liegt nun die Aufgabe der Erfassung bzw. Entdeckung von Informationen.

Kenntnis über alle unternehmensrelevanten Informationen zu besitzen, ist im angehenden Informationszeitalter eine überlebenswichtige Aufgabe. Unternehmen, die sich über das Potenzial der Nutzung von Informationen bewusst sind, bewirtschaften Informationen konsequent als strategische Ressource: Sie managen Informationen. Damit ist nicht nur

---

[1] Informationsinfrastruktur: Informationsraum und Informationsprozesse.

die Erfassung traditioneller Dokumentationen von IT-Anwendungen oder Geschäftsprozessen gemeint, die über die Jahre in vergessenen Regalen verstauben. Auch auf der Basis aggregierter Steuerungskennzahlen alleine funktioniert das Unternehmen nicht. Bereits im Rahmen der Erarbeitung einer Informationsstrategie muss der Informationsraum initial bestimmt und bewertet werden.

Dabei möchte ich gar nicht unterschlagen, dass das Erfassen von Informationen, Definitionen und Informationsanforderungen ein unbequemes Geschäft ist. Der Informationsraum ist der Schlüssel für die künftige erfolgreiche Nutzung des wirtschaftlichen Potenzials von Informationen, das heute verstreut im Unternehmen zu einem beträchtlichen Teil brachliegt. Konzerne sind komplexe Gebilde, deren Informationsinfrastruktur heute durch einzelne, vernetzte, operative Prozesse und zudem durch unzählige Partikularinteressen dominiert wird, weil sich die formellen und informellen Geschäftsprozesse kontinuierlich über lange Zeit entwickelt und verfestigt haben. Die Informationsversorgung war deshalb ebenfalls über lange Zeit nur bezogen auf die individuellen, lokalen oder funktionalen Geschäftsprozesse. Auch in den Phasen der Neuausrichtung und Restrukturierung von Unternehmen (z. B. im Rahmen von Business Reengineering oder Transformationen), wurde einem umfassenden Informationsmanagement keine explizite Bedeutung beigemessen. Die Zunahme der Komplexität, insbesondere durch die massive Digitalisierung aller Unternehmensprozesse, zwingt zu einem Umdenken, auch in Bezug auf die Organisation der Informationsversorgung im Unternehmen.

Zudem ist die umfassende Kenntnis von unternehmensrelevanten Informationen eine Grundlage für jede weitergehende Verarbeitung von Informationen sowie zur Reduzierung bzw. Vermeidung von Systembrüchen oder Medienbrüchen in Informationsprozessen, beispielsweise mit Unterstützung einheitlicher technischer Lösungen. Nur wenn das Informationsmanagement umfassende Kenntnis über die Bestandteile des Informationsraums hat und diese entsprechend den Dimensionen des Informationsraums bewerten kann, ist es möglich, die Informationsversorgung effizient und vorteilhaft zu gestalten. Wenn, wie so häufig, angesichts einer individuellen Informationsanforderung nur eine spezielle Menge an Informationen vorhanden ist und die Kenntnis über lediglich bestimmte Informationsprozesse im Vordergrund steht, besteht die Gefahr eines fragmentierten Mikromanagements und eines insgesamt hohen Aufwandes für die Unternehmensorganisation. Folglich liegen in einer einzelnen, insulären Unternehmensfunktion, Abteilung oder Landesgesellschaft Informationen nicht konsistent vor, identische oder ähnliche Informationsprozesse müssen individuell immer wieder neu implementiert werden, und auf bereits vorhandene Informationen, Informationsprozesse und Methoden kann nicht zurückgegriffen werden. Diese Nachteile zeichnen heutige Unternehmensorganisationen vielfach noch aus.

Nach der Errichtung des Informationsraums für das Unternehmen wird dieser ständig modifiziert, erweitert oder bereinigt. Die Modifikation des Informationsraums wird grundsätzlich ausgelöst durch einen der folgenden Faktoren:

- Die Veränderung der strategischen Ziele des Unternehmens, z. B. die Anpassung des Steuerungsansatzes.
- Eröffnung neuer (potenzieller) Informationsquellen, z. B. eines sozialen Netzwerks, Sensoren in Produktionsmaschinen, Fahrzeugdaten zur Analyse des technischen Zustands oder zur Interaktion mit den Fahrzeugfunktionen (z. B. für autonom fahrende Autos), aber auch durch die Integration von Unternehmen oder Geschäftsmodellen.
- Konkrete Anforderung, beispielsweise die Anforderung eines Kommentars zu einer bestimmten Kennzahl, Berichtsanforderungen des Finanzamts, der BaFin oder sonstiger regulatorischer Institutionen).
- Benchmarking (z. B. die Information wird im Markt bereits verwendet, oder: die Information wird im Unternehmen regional verwendet und hat Potenzial für eine globale Nutzung).

Der Informationsraum ist somit hochdynamisch. Die unternehmensrelevanten Informationen müssen daher durch das Informationsmanagement so strukturiert werden, dass sie als Teil der Informationsinfrastruktur auch Teil des Lösungsangebotes für künftige Informationsanforderungen sein können. Die Bewirtschaftung des Informationsraums ist auch die Voraussetzung für die effiziente Nutzung neu erschlossener Informationsquellen. So werden beispielsweise unstrukturierte Daten, große Datenmengen, stark fluktuierende Datenströme (z. B. Streaming-Daten oder Real-Time-Informationen) durch neue Technologien erschlossen, jedoch aufgrund eines fehlenden Informationsmanagements nur in insulärer Form, als Informationssilo, im Unternehmen angesiedelt und nicht in ein umfassendes Informationskonzept oder eine Informationsstrategie eingebettet. Damit Big Data nicht zu einem signifikanten Risiko für die Informationsinfrastruktur und die Informationskosten wird, müssen die aktuellen Konzepte mit der Strategie der Informationsversorgung in Einklang gebracht werden – eben durch ein dediziertes Informationsmanagement.

Ebenso wichtig wie die Kenntnis über alle unternehmensrelevanten Informationen ist die Kenntnis über alle grundlegenden Informationsprozesse, die im Unternehmen stattfinden und die gemeinsam mit dem Informationsraum die Grundlage für die erste und jede weitere Positionsbestimmung des Informationsraums und der Informationsinfrastruktur bilden. Die Beschreibung der Informationsprozesse orientiert sich an der Beschreibung der Prozesse selbst, nicht an der konkreten Durchführung im Unternehmen (s. Tab. 4.1 und 4.2).

Vielfach sind die Informationsprozesse im Compliance-Management und im Nachhaltigkeitsmanagement in ihrer Struktur nahezu identisch und sind lediglich durch eigene fachliche Inhalte geprägt. Jedoch existiert häufig kein Kontakt zwischen beiden Anwendungsbereichen, weil die Prozessbeteiligten nichts voneinander wissen und weil die fachlich spezifischen Inhalte die Gestaltung der Informationsprozesse dominieren. Zudem sind beide betrieblichen Funktionen oftmals nicht oder nur rudimentär durch Informa-

Tab. 4.1 Übersicht Bewertung des Informationsraums

Beschreibung der Information	Relevanz	Erläuterung
Unternehmensrelevante Informationen	Strategische Relevanz: hoch, unternehmensweit	Informationen sind unternehmensweit eindeutig definiert und verfügbar
Lokal relevante Informationen	Strategische Relevanz: lokal	Informationen sind unternehmensweit eindeutig definiert und erreichbar
Informationen, die heute nicht als relevant gelten, aber erreichbar sind	Strategische Relevanz: niedrig	Informationen können zur Verfügung gestellt werden
Nicht erreichbare Informationen	Nicht strategisch relevant	Informationen stehen nicht ohne Weiteres zur Verfügung

Tab. 4.2 Die Informationsprozesse bei der Unternehmensplanung

Informationsprozesse	Anwendung	Erläuterung
Bericht (Daten)	Auslesen bestimmter Werte aus einer Datenbank	Aktuelle Ist-Kennzahlen für das vergangene Jahr
Kopieren von Daten	Fortschreiben bestimmter Werte in der Datenbank	Fortschreiben der Vergangenheitswerte in die zu beplanende Periode
Erfassung von Informationen	Erfassen von Planwerten und Kommentaren	Händische Erfassung auf Papier
Erfassung von Werten	Erfassen von Planwerten über eine Eingabemaske	Manueller Übertrag der geplanten Daten
Erfassung von Texten	Erfassen von Kommentaren zu bestimmten Kennzahlenwerten in einer Datenbank	Manueller Übertrag/Eingabe von Kommentaren

tionstechnologie unterstützt und somit besitzt die IT-Organisation keine Kenntnis von diesen Prozessen (es sei denn im passiven Sinne als Target für das Compliance-Management oder als Informationsquelle für das Nachhaltigkeitsmanagement). Entsprechend werden solche Informationsprozesse oft auch nicht durch IT-Anwendungen unterstützt. Die Aufgabe des Informationsmanagements und der Discovery-Säule ist es nun gerade, Kenntnis über alle Informationen und Informationsprozesse im Unternehmen zu erlangen und die zugehörigen wirtschaftlichen, strukturellen und strategischen Potenziale für das Unternehmen zu entdecken und zu bewerten (Abb. 4.3). Die Bewertung von Informationen ist eine kontinuierliche Aufgabe, die sich nicht an Projektbudgets orientieren kann, sondern als Querschnittfunktion, als eigene Organisationseinheit für die Informationsversorgung im Unternehmen verantwortlich ist.

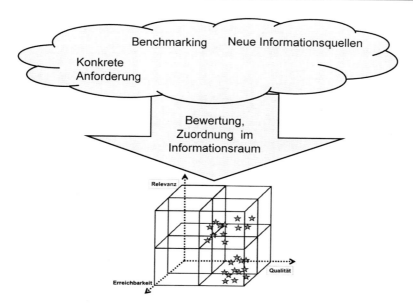

Abb. 4.2 Discovery-Prozess

4.1.1   Der Informationsraum als Handlungsfeld des Informationsmanagements

Der Informationsraum dient nicht nur der Sammlung und Beschreibung aller unternehmensrelevanten Informationen, sondern auch gleichzeitig der bewerteten Darstellung des Zustandes der Informationsversorgung des Unternehmens. Die Informationen werden entsprechend den drei Dimensionen des Informationsraums bewertet. Dabei stellt die Bewertung der Relevanz von Informationen eine Rahmenbedingung dar, die zwar veränderlich ist, auf die jedoch nur sehr begrenzt durch das Informationsmanagement Einfluss genommen werden kann. Beispielsweise können steuerungsrelevante Informationen (z. B. strategische Kennzahlen wie ROCE – return on capital employed oder EBIT – earnings before interest and taxes) die höchste Priorität für das Informationsmanagement besitzen, weil sie unbedingt zu einem bestimmten Zeitpunkt vollständig zur Verfügung stehen müssen. Nach einem Wechsel des Managements oder einem Wandel in der Steuerungsphilosophie kann eine solche Kennzahl zwar noch relevant sein, jedoch wird sie nicht mehr als steuerungsrelevant betrachtet. Damit sinken die Priorität und die Einordnung der Information innerhalb des Informationsraums verändert sich. Die Relevanz von Informationen hängt also unmittelbar von der Unternehmensstrategie und den Entscheidungen des Managements ab, ebenso vom Business, dessen betriebswirtschaftliche Ziele ebenfalls über die Zeit variieren können.

Auf die beiden verbleibenden Dimensionen des Informationsraums, die Verfügbarkeit von Informationen und die Informationsqualität, kann das Informationsmanagement direkten Einfluss nehmen. So ist im Bereich der strategischen Steuerung eines Unternehmens die Kennzahl ROCE zwar möglicherweise steuerungsrelevant für die Unternehmensleitung und auch Grundlage strategischer Zielsetzungen. Die Kennzahl muss deshalb verfügbar sein. Aber auch im Falle, dass das Unternehmen andere strategische Kennzahlen zur Steuerung verwendet, muss das Informationsmanagement darauf achten, dass auch andere Kennzahlen im Unternehmen erstellt berichtet werden können, auch wenn diese aktuell keine allzu hohe Relevanz für die Unternehmenssteuerung besitzen. Manche Informationen werden nicht durch das Unternehmen selbst erstellt, stehen also nicht zur Verfügung. Sie sind aber möglicherweise im Markt käuflich zu erwerben und somit erreichbar und können, wie beispielsweise Marktdaten, beschafft und zur Verfügung gestellt werden, wenn sie als relevant betrachtet werden. Andere Informationen sind gegebenenfalls für das Unternehmen zwar relevant, jedoch nicht erreichbar. Diese Art von Informationen ist ebenfalls Teil des Informationsraums und wird entsprechend ihrer Erreichbarkeit bewertet.

Um die Relevanz von Informationen bewerten zu können, müssen die erkannten Informationen sowohl mit der Unternehmensstrategie und den Unternehmenszielen als auch mit den Anforderungen des Business abgeglichen werden. Die Bewertung der Informationsanforderung erfolgt nach im Voraus festgelegten Kriterien und Maßstäben. Die Gewichtung in der Bewertung von Informationen orientiert sich daran, wie strategisch relevant diese für das Gesamtunternehmen sind und wie eng verknüpft mit der Unternehmensstrategie. Informationen können relevant sein, sowohl global als auch lokal, sie können strategisch relevant sein oder auch operativ von höchster Relevanz.

Durch die formulierten Kriterien zur Beurteilung der Relevanz von Informationen kann der Informationsraum in Bereiche eingeteilt werden, die gleichzeitig den Versorgungsgrad und die zugehörige Qualität der enthaltenen Informationen beschreiben. Entsprechend erfolgt die Priorisierung der Informationsanforderung. Die Beurteilung der Relevanz von Informationen orientiert sich zunächst an ihrem direkten Bezug zur Unternehmensstrategie, zum Geschäftsmodell und den darauf basierenden, betrieblichen Wertschöpfungsprozessen. Diesbezüglich sind sämtliche Informationen einzubeziehen. Jene Informationen, die direkt die Unternehmensstrategie und die Kernfunktionen des Unternehmens unterstützen, sind von grundsätzlich höchster Relevanz. Für diese Informationen stellt sich die Frage nach der Wirtschaftlichkeit gar nicht, denn sie sind die notwendige Rahmenbedingung für das (Gesamt-)Informationssystem. Unternehmensrelevante Informationen werden im Gesamtunternehmen und für das Gesamtunternehmen bestimmt. Durch diesen Bewertungsprozess bestimmen wir, welche Informationen in die Entscheidungsfindung einbezogen werden (hohe Relevanz) und welche Informationen zusätzlich auf die Entscheidung Einfluss nehmen. Wir bestimmen sozusagen den strategisch relevanten Teil des Informationsraums. „Weniger unternehmensrelevant" bedeutet jedoch nicht „unwichtig".

Tab. 4.3 Bewertung von Informationsqualität

Kriterium	Beschreibung	Bewertungsmöglichkeit
Vollständig	Die inhaltlichen Bestandteile der Informationsanforderung sind vorhanden	Die Bewertung kann nach einem Punktesystem erfolgen, das sich am Grad der Erfüllung der Informationsanforderung orientiert und nachvollziehbar dokumentiert werden kann
Konsistent	Die Definition der Informationsanforderung entspricht in allen Teilen des Unternehmens und auf allen Ebenen einer einheitlichen Definition	Die Bewertung kann nach einem Punktesystem erfolgen, das sich am Grad der Erfüllung der Informationsanforderung orientiert und nachvollziehbar dokumentiert werden kann
Korrekt	Die angeforderte Information entspricht der Realität und ist nicht manipuliert/nachträglich verfälscht	Auch für die Korrektheit von Informationen kann ein Punktesystem verwendet werden. Insbesondere weil ein Punktesystem das Risiko einer unkorrekten Information widerspiegeln kann. Somit ist eine Information nicht nur entweder „korrekt" oder „unkorrekt", sondern mit einem Risiko behaftet, unkorrekt zu sein, und somit ein Auslöser für das Eingreifen durch das Informationsmanagement

Informationen mit rein lokalem Bezug, z. B. die Überwachung der Versorgungskette zur Belieferung lokaler Kunden anhand einer nur lokal verwendeten Kennzahl, müssen ebenfalls eindeutig unternehmensweit definiert sein (s. Tab. 4.3).

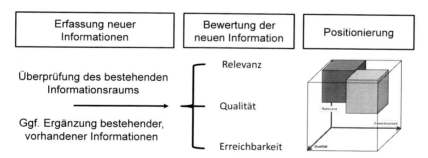

Abb. 4.3 Erfassungs- und Bewertungsprozess für Informationen im Informationsraum

Die Verantwortung der unternehmensweiten „Information Governance", in Gestalt des Informationsmanagements, muss gleichzeitig sicherstellen, dass neu identifizierte Informationen tatsächlich neue Informationen im Sinne des bestehenden Informationsraums darstellen. Hierbei muss das Informationsmanagement darauf achten, dass nicht mehrere identisch definierte Informationen unter unterschiedlicher Bezeichnung Eingang in den Informationsraum finden und somit die Konsistenz des Informationsraums gefährden. Die Verantwortung in Bezug auf die Erhaltung der Konsistenz und damit der Qualität des Informationsraums als Ganzem ist entsprechend hoch, erfordert ein entsprechend qua-

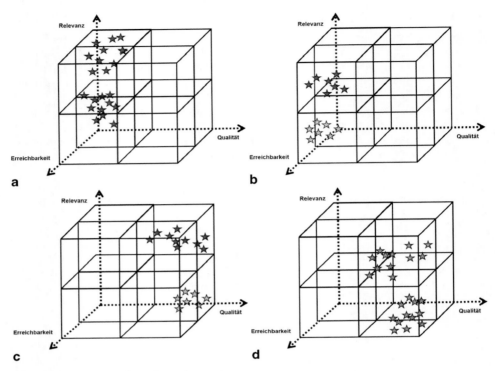

Abb. 4.4 Orientierung im Informationsraum

lifiziertes fachliches Verständnis und eine starke fachliche und organisatorische Durchdringung des Unternehmens. Im Rahmen der Erfassung ist eine Analyse hinsichtlich der
Eindeutigkeit und Konsistenz der unternehmensrelevanten Informationen durchzuführen,
insbesondere der Vergleich mit den bereits vorhandenen und bewerteten Informationen
(Abb. 4.4). Diese Aufgabe ist ein integraler Bestandteil des „Discovery"-Prozesses. Die
Verantwortung zur Sicherstellung der Konsistenz des Informationsraums als Ganzem liegt
im zentralen Informationsmanagement.

Während die Dimensionen „Erreichbarkeit" und „Qualität" von der Information selbst
abhängen und durch das Informationsmanagement aktiv beeinflusst werden können, ist
die Bewertung der Dimension „Relevanz" eine betriebswirtschaftliche Entscheidung. Der
Grad an Relevanz bietet einen Gestaltungsraum, um zwischen eher lokal oder eher global
genutzten Informationen zu unterscheiden. Die Grenze zwischen den in Abb. 4.4 dargestellten Quadranten lässt sich somit verschieben und der strategischen Ausrichtung des
Unternehmens anpassen.

Hier stellt sich die Frage, ob wir in den Fällen, in denen Informationen eine geringere
bzw. lokalere Relevanz aufweisen, auf das Management dieser Informationen verzichten
können. Das können wir nicht! Jedoch kann der Aufwand für das globale Informationsmanagement reduziert werden, indem regionale oder lokale Einheiten für diese Informationen eine eigene Verantwortung übernehmen. Dies erfordert eine enge Einbindung des

Abb. 4.5 Volatilität von Informationen im Informationsraum

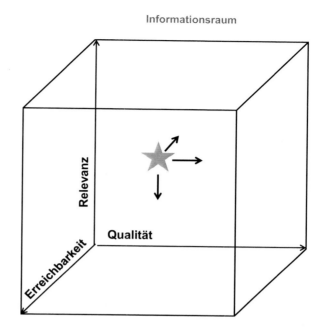

Informationsraum

lokalen Informationsmanagements und eine lokale Verantwortlichkeit hinsichtlich der Wahrung der globalen Konsistenz des Informationsraums, von Definitionen und Qualitätsanforderungen. Die lokale Einheit verfügt über die Informationen und definiert deren Qualitätsanforderungen, in Abstimmung mit dem zentralen Informationsmanagement. Hierdurch wird einerseits die Transparenz gegenüber dem Gesamtunternehmen gewahrt, andererseits wird die lokal initiierte Informationsanforderung bereits auf globaler Ebene positioniert, so dass mögliche unternehmensweite oder künftige Anforderungen mit berücksichtigt werden können.

Wird eine lokale Information zu einer globalen Größe, erfolgt eine globale Harmonisierung hinsichtlich Qualität und Definition mit geringem zusätzlichen Aufwand, weil die Informationen im Konzern bekannt sind und sich in einen konsistenten Informationsraum einfügen. Das globale Informationsmanagement übernimmt hierbei eine entscheidende koordinierende und auch planende Funktion. Sie ist als fachliche Aufgabe geprägt durch die Vernetzung von erreichbaren Informationen mit den sich aus den existierenden Informationsprozessen ergebenden Anforderungen an die Verfügbarkeit von Informationen (Abb. 4.5).

Obwohl bei der Integration von Informationen in den Informationsraum der Anspruch an Eindeutigkeit und Konsistenz klar formuliert ist, stellen volatile wirtschaftliche und rechtliche Rahmenbedingungen ein Risiko für die Informationsversorgung dar. Jede Veränderung der Rahmenbedingungen verändert die Anforderungen, die an die Informationsversorgung gestellt werden, und damit die Positionierung der Informationen im Informationsraum (Abb. 4.5).

4.1.1.1 Qualität von Informationen

Als Nächstes ist im Rahmen der Erfassung neuer Informationen die Qualität als zweite Dimension des Informationsraums zu analysieren. Bei der Bewertung der Informationsqualität steht die Beschaffenheit der Information im Hinblick auf die Informationsanforderungen im Fokus. Sie ist ein Maß für die Erfüllung der inhaltlichen Anforderungen an Informationen im Informationsraum. Wenn die Information existiert, kann ihre Qualität anhand der drei im Folgenden beschriebenen Qualitätskriterien bestimmt werden. Sie wird bestimmt durch ihre *Vollständigkeit* entsprechend den an sie gestellten Informationsanforderungen, ihre *Korrektheit*, d. h. ob die Information richtig oder falsch im Sinne der in der Informationsanforderung enthaltenen Fragestellung ist, und der *Konsistenz* ihrer Definition innerhalb der Unternehmensorganisation (vgl. Tab. 4.3). Die gesamthafte Betrachtung dieser drei Bestandteile der Unternehmensqualität kann nun für die Positionierung der Informationen im Informationsraum herangezogen werden[2].

Basis für die Bewertung der Qualität von Informationen ist die Informationsanforderung, also die Definition der konkreten Information. Als Beispiel lässt sich hier wiederum die Frage nach dem „Umsatz pro Kunden" heranziehen, hinter dem sich (in weiter Ferne) der Wunsch und Gedanke eines sogenannten 360-Grad-Blicks auf den Kunden verbirgt.

Dass die Erhaltung der Qualität von Informationen kein triviales Problem ist, das zwischen IT-Support und Fachbereich schnell behoben werden kann, zeigen allein die vielen Projekte, die sich mit der Thematik Stammdatenbereinigung, Kennzahlendefinition etc. beschäftigen. In unserem vorliegenden Beispiel muss sich der Umsatz zudem auf einen bestimmten Zeitpunkt oder Zeitrahmen beziehen, zu dem er entsprechend den im Konzern geltenden Umrechnungskurse in die Konzernwährung umgerechnet wird. Bei beiden Informationsbestandteilen, Umsatz und Kunde, ist zu berücksichtigen, dass diese unabhängig voneinander im Unternehmen definiert werden und die Verknüpfung beider Definitionen als „Umsatz pro Kunde" wiederum Auswirkungen auf die Definition der bisher vorhandenen globalen Definitionen der Einzelbestandteile haben kann. So kann beispielsweise der Umsatz für den Konzern zeitlich nur für einen Monat definiert sein, die im vorliegenden Falle angeforderte Information soll jedoch wöchentlich berichtet werden. Ebenso kann sich ergeben, dass die Kundenstammdaten für die hier angeforderte Information ergänzt werden müssen, um den erwarteten Geschäftsnutzen erfüllen zu können. In diesem Szenario ist die Information nicht mehr vollständig und nicht mehr zeitlich konsistent. Ändern sich also aufgrund der hohen Relevanz der Information die inhaltlichen Anforderungen und können diese nicht erfüllt werden, muss in Bezug auf die Bewertung aller drei Informationen (Kunde, Umsatz, Umsatz pro Kunde) die Positionierung im Informationsraum angepasst werden und löst möglicherweise einen Handlungsbedarf aus. Die Anforderung an diese Information kann folgendermaßen aufgestellt werden.

---

[2] Vgl. Kap. 2.1.2 Informationsqualität.

- Definition der Informations(-bestandteile) „Umsatz" und „Kunde": Die Kennzahl Umsatz ist in unserem Beispiel gleichzusetzen mit den eingegangenen Zahlungen in der geltenden Konzernwährung unter Berücksichtigung von Währungskalkulationen und Währungsstichtagen. Die Definition dieser Kennzahl muss im Unternehmen derart eindeutig und konsistent definiert sein, so dass sie jederzeit als Referenz für jedwede Information im Unternehmen verwendet werden kann, die diese Kennzahl meint oder sich auf diese Kennzahl bezieht. Die Referenz muss offen im Unternehmen zugänglich sein und wird durch das Informationsmanagement im Zuge seiner Governance-Aufgabe verwaltet.
- Die gleiche Anforderung gilt für den zweiten Bestandteil der angeforderten Information. Auch „der Kunde" als sogenanntes „Stammdatum" muss im Unternehmen eindeutig und konsistent beschrieben sein.

Die Qualität einer Information kann sich zudem im Laufe der Zeit ändern. Eine Information kann heute vor dem Hintergrund der aktuellen Rahmenbedingungen vollständig sein, weil die Anforderung an deren Inhalte exakt erfüllt wird. Ändert sich jedoch die Informationsanforderung in Bezug auf die Informationsinhalte, oder ändert sich das Verständnis in Bezug auf die Information in einem bestimmten Teil des Unternehmens, muss die Informationsqualität neu bewertet werden. Genauso kann eine Information z. B. durch mangelhafte Pflege oder wenn sie nicht immer benötigt wird, bestimmte Inhalte verlieren, die bei der Erzeugung Aufwand erzeugen. Bestimmte Inhalte von Informationen werden dann weniger sorgsam gepflegt und vermindern in der Folge die Aussagekraft dieser Information.

Die Bewertung einer Information im Informationsraum ändert sich insbesondere auch, wenn bestimmte Informationen von einer Stelle im Unternehmen nachgefragt werden, die diese Information bisher nicht verwendete. So kann zum Beispiel der Stromkostenanteil erneuerbarer Energien ein neuer Bestandteil der Energiekosten werden. Die detailliertere Aufschlüsselung der Energiekosten ist nun Teil eines Anpassungsprozesses, um eine transparentere Kostenstruktur im Unternehmen zu erreichen. Da diese Information bisher nicht bereitgestellt wurde, verändert sich die Qualität der Information, weil sie von nun an nicht mehr vollständig ist. Auch hier dient die Abweichung der Qualität von einem geforderten Zustand als Indikator für einen notwendigen Eingriff des Informationsmanagements.

4.1.1.2   Erreichbarkeit von Informationen

Ziel eines aktiven Informationsmanagements ist es, Informationen verfügbar zu machen, so dass das wirtschaftliche Potenzial erweitert und genutzt werden kann, einerseits durch die Schaffung von Transparenz über den Informationsraum des Unternehmens, andererseits durch die stetige Verbesserung der Informationsversorgung per Integration neuer Informationsquellen und durch die Verbesserung vorhandener Informationsprozesse. Die Erreichbarkeit von Informationen kann anhand von fünf Merkmalen beurteilt werden, die in Tab. 2.5 (Abschn. 2.1.3) aufgelistet sind. Einen Sonderfall stellt dabei eine nicht existente Information dar. In diesem Fall kann auch die Qualität der Information nicht beurteilt werden. Im Falle einer hohen Relevanz für das Unternehmen kann somit ein Handlungsbedarf entstehen, weil die Information durch das Unternehmen selbst erst verfügbar gemacht werden muss.

Vielfältige Beispiele für nicht existente Informationen finden sich im Umfeld der Produktion, wo neue Technologien erst die Möglichkeit schaffen, z. B. über die Verwendung von Maschinensignalen als Indikatoren für die Entscheidungsfindung nachzudenken. So sind mittlerweile die von Produktionsmaschinen gesammelten Daten Teil der Entscheidungsgrundlage, wenn es um die Einhaltung von Lieferverpflichtungen, Qualitätsstandards oder zur Kostenminimierung im globalen Produktionsnetzwerk und der weltweiten Supply Chain geht. Die zunehmende Digitalisierung unter anderem von Fahrzeugen führt in der Versicherungsbranche zu neuen Produkten und Anwendungsbereichen. So wird anhand der Telematik-Informationen das Fahrverhalten analysiert und durch variable Versicherungsprämien incentiviert. Ähnliches gilt für den Taxivermittler „Uber", der das Bewegungsverhalten seiner Nutzer anhand der Mobilfunkinformationen dazu nutzt, beispielsweise Aussagen über deren One-Night-Stand-Verhalten zu machen. Möglicherweise führt auch diese Anwendung von Informationen zu einer Incentivierung des Nutzerverhaltens durch den Anbieter. Zwar waren diese Art von Informationen schon seit Längerem Teil des Informationsraums des Unternehmens, weil sie Teil der Fragestellungen von Produktionsverantwortlichen und Dienstleistungsanbietern waren. Doch konnten diese Fragen in der Vergangenheit nicht beantwortet werden, die Informationen waren nicht erreichbar oder deren Erzeugung war wirtschaftlich nicht darstellbar. So gab es zu einer Zeit, als Flugzeuge noch von Kolbenmotoren bewegt wurden, fast keine Möglichkeit, den Zustand der Triebwerke zu beobachten. Dem Piloten blieb der Blick auf die Kühlwassertemperaturanzeige und das Vertrauen in die eigene Wahrnehmung, um Motorengeräusch und Ölgeruch zu interpretieren. Heute erzeugen die Sensoren allein eines einzigen Triebwerks in einem Passagierjet einige Terabyte an Daten pro Flug. Die Möglichkeit, konkrete Fragen zu stellen und Informationen zu erlangen, hat sich somit vervielfacht. Dennoch kann es Fragestellungen geben, die aufgrund der Nichtexistenz von Informationen nicht beantwortet werden können, sei es aufgrund technischer Restriktionen oder weil einfach noch niemand daran gedacht hat, die Information zu erzeugen.

4.1.2 PRISM als Management-Instrument

PRISM ist die Projektion des Informationsraums auf eine strukturierte, themenorientierte Karte, in der die strategischen Ziele des Unternehmens und die funktionalen Prozesse der Informationsversorgung bewertet dargestellt werden. Dem Konzept der „Progressive Information Strategy Map" liegt der Ansatz zugrunde, dass die Strategy Map im Rahmen des Balanced-Scorecard-Modells die wesentlichen Ziele des Unternehmens repräsentiert (Abschn. 2.2.1) und damit ein durchgehendes Steuerungswerkzeug für die gesamte Organisation darstellt. Da wir es im Falle des Informationsmanagements mit der Ressource

Information zu tun haben und diese Ressource ständig wächst und fluktuiert, müssen sowohl der Informationsraum als auch die Strategy Map ebenfalls kontinuierlich angepasst werden. In dieser Funktion als konzentrierte Darstellung und Monitor des Zustandes der Informationsversorgung im Unternehmen wird die „Strategy Map" zur „progressive Information Strategy Map, oder kurz: PRISM", wie in Abb. 4.6 dargestellt.

Sie ermöglicht die direkte Verknüpfung der Inhalte des Informationsmanagements mit der Unternehmensstrategie, dem unternehmerischen Steuerungsmodell und dem Geschäftsmodell und ist ein Gradmesser für die Informationsversorgung im Unternehmen und somit für möglichen Handlungsbedarf durch das Informationsmanagement. PRISM erfüllt damit zwei für das Informationsmanagement wesentliche Aufgaben, nämlich einerseits das Monitoring der Informationsversorgung im Unternehmen entlang der Unternehmensstrategie, dem Steuerungsansatz und den Geschäftsprozessen. Andererseits ist PRISM durch das Clustering von Informationen, d. h. das Ordnen von Informationen entlang strategischer Zielformulierungen, die Grundlage für die Zuweisung von Verantwortungsbereichen für Informationen, und damit der Ankerpunkt für die aktive Informations-Governance im Unternehmen, der Kernverantwortung des Informationsmanagements.

Finanzen, Externe Rahmen-bedingungen	Wertbeitrag (Steigerung)	Umsatz (Steigerung)	Finanzierungexterne Bewertung	Externe Berichtsanforderungen
Kunden, Leistungen	Kunden-zufriedenheit	Kunden-erreichbarkeit	Image, Marke	Kundengruppen (z.B. Milieus)
Interne Prozesse	Produktion und Supply Chain	Kunden-management	Emissionen	Zahlungsziele
Ressourcen	Motivation d. Mitarbeiter	Engagement, Mitarbeiter-Innovationen	Entwicklung der Infrastruktur	Partner-schaften

Abb. 4.6 Beispiel einer progressive Information Strategy Map (PRISM) für das Informationsmanagement

Wird PRISM konsequent zur Überwachung des Informationsraums und zur Gestaltung von Informationsprozessen verwendet, lassen sich Veränderungen in der Informationsversorgung wesentlich leichter in die Informationsinfrastruktur integrieren, als es in der Vergangenheit möglich war. Durch eine konsequente Überwachung der Informationslandschaft, d. h. der Informationsinfrastruktur, und die daraus resultierende breite Transparenz über unternehmensrelevante Informationen wird es einfacher, Veränderungsprozesse zu gestalten. Neue Informationsanforderungen, Geschäftsprozesse oder Informationsangebote bedeuten eine Störung (Disruption) der Stabilität einer Informationsinfrastruktur, weil sich aufgrund der Disruption die Priorisierung und Relevanz von Informationen vollkommen verändern kann (z. B. infolge einer Unternehmensübernahme oder sich ändernder Marktbedingungen). Die dadurch hervorgerufene Veränderung des Bewertungsschemas und der konkreten Bewertung von Informationen hat eine Neuordnung des Informationsraums zur Folge. Erfährt die Unternehmensstrategie eine Neuausrichtung, muss das Bewertungsschema für den Informationsraum der neuen strategischen Priorisierung angepasst werden. Diese Veränderungen frühzeitig zu erkennen, Trendthemen proaktiv vorwegzunehmen, ist die Kunst jedes guten Managements, des Informationsmanagements als Teil der hier beschriebenen „Kunst zu entdecken".

4.2   Assignment: Organisation der Verantwortung

Wer soll die Verantwortung für Informationen übernehmen? Wer trägt die Verantwortung dafür, dass Informationen eindeutig und konsistent definiert werden und bleiben, im Unternehmen entsprechend ihrer strategischen oder globalen Relevanz in angemessener Qualität zur Verfügung stehen? Jemand muss für die Qualität und Erreichbarkeit von Informationen Verantwortung tragen, ohne direkt zum „Data Owner" (Dateneigentümer) zu avancieren. Hierzu gehört ebenfalls eine organisatorische Struktur, die es erlaubt, Informationen für das Informationsmanagement bereitzustellen und den Informationsraum kontinuierlich auf dem neuesten Stand zu halten. Ziel des Assignments von Verantwortung für Informationen ist es, ein Netzwerk von Informationsverantwortlichen im Unternehmen zu entwickeln, die gemeinsam die Verantwortung für das Funktionieren der Informationsversorgung im Unternehmen tragen und folglich einen kollektiven Kern der „Information Governance" (Abschn. 4.4) bilden. Das Informationsmanagement, wie es mit DARE im Unternehmen etabliert wird, stellt eine gestaltende und koordinierende Governance[3]-Funktion für die Informationsversorgung dar, die die Informationen und Informationsprozesse im Unternehmen aktiv erfasst, bewertet und umsetzt. Gleichzeitig muss die Funktion im Unternehmen stark vernetzt sein, so dass sie als zentrale Funktion durch eine zentrale Abteilung weder alleine (wie z. B. die Auditierungsfunktion) ausgefüllt werden kann, noch kann sich eine solche zentrale Funktion anmaßen, die inhaltlichen Prozesse im Unternehmen besser zu kennen als die Mitarbeiter im Unternehmen selbst. Das Informationsmanagement benötigt eine organisatorische Verankerung in allen Teilen des Unternehmens bis hin zur Stelle der Informationserzeugung, beispielsweise in Form einer manuellen Rechnungseingabe in der Rechnungseingangsstelle. Die Entwicklung und Aufrechterhaltung einer aktiven Kommunikation im gesamten Unternehmen ist eine Kernkompetenz des Informationsmanagements.

Das umfassende Netzwerk ist auch notwendig, um die Informationsinfrastruktur effizient gestalten zu können, um Verantwortungen für Informations-Cluster identifizieren und in der Organisation bestimmen zu können. Die Zuweisung von Verantwortung für be-

---

[3] Governance aus dem Französischen: *Gouverner*: ‚Steuern', ‚Regeln', ‚sich kümmern' (Bsp.: „die Gouvernante").

stimmte Informationen ist ein wesentliches Element des Vorgehensmodells DARE und ein Kernelement für die Transformation hin zu einem informationsbasierten Unternehmen. Die Entwicklung eines allgemeinen Bewusstseins für den Wert von Informationen und die Stärkung der Eigenverantwortung im Umgang mit Informationen hinsichtlich einer umfassenden und nicht nur fachlich eingeschränkten Sicht bilden den Kern des notwendigen Paradigmenwechsels und des damit verbundenen Change Managements.

▶ „Unless we make information governance someone's job, it's not going to happen" (Gartner 2010). Informationen als Bestandteil des Informationsraums des Unternehmens müssen an eine persönliche Verantwortung geknüpft sein, sonst entwickelt sich der Informationsraum schnell wieder zu einem teuren „Informationschaos".

Ein zentrales Informationsmanagement kann nicht alleine die Informationsqualität in jedem einzelnen Informationsprozess zu überprüfen, es hat weder die detaillierte Kenntnis von den Vorgängen in den funktionalen Bereichen, noch kann es ständig ein komplettes Unternehmen nach inkonsistenten Informationen durchforsten. Ebenso wenig kann das Informationsmanagement die Informationsqualität von Informationen direkt überprüfen, die in Form von Daten in ein Informationssystem übertragen werden: Wird das richtige Konto bebucht? Enthält der Bericht im Compliance Management alle notwendigen Informationen? Um eine durchgängige Struktur für eine unternehmensweite Governance zu schaffen, wird dem Business im Rahmen des Assignments (Übertragen) von Informationsverantwortung (Information Accountability, vgl. Gartner 2010), den Funktionen und strategischen Geschäftseinheiten die Verantwortung für jeweils einen Teil der Informationen übertragen (Abb. 4.8).

Was wird durch ein zentral koordiniertes, unternehmensweites Governance-Netzwerk erreicht?
- Vertikale Konsistenz und horizontale Konsistenz von Unternehmensinformationen: Die Informationsverantwortlichen stellen sicher, dass Kennzahlen, Stammdaten, unstrukturierte Informationen, zeitabhängige Informationen über die Unternehmensorganisation identisch definiert und interpretiert werden. Hierdurch werden das allgemeine Verständnis und die Identifikation mit den Informationen gestärkt, mit denen ein Unternehmen wirtschaftet. In der Folge erhöht sich die Qualität der Informationen und die Aufwände und Kosten für Recherche und Aufbereitung von Informationen reduzieren sich.
- Kulturwandel: Die nachhaltige Entwicklung eines „Bewusstseins für Informationen" als Kern-Ressource im Unternehmen steigert das persönliche Interesse an der Prozessleistung der Informationsprozesse. Die Entwicklung hin zu einer prozessorientierten Kultur wird maßgeblich durch die Stärkung einer Informationskultur gestärkt und gestützt.

Das Informationsmanagement muss für alle Elemente des Informationsraums Verantwortlichkeiten abstimmen bzw. zuweisen. Die persönliche Verantwortung für die Qualität und die Erreichbarkeit von Informationen ist entscheidend für das Funktionieren der Informationsinfrastruktur des Unternehmens. Diese Verantwortlichkeit gestaltet sich unabhängig von IT-Anwendungen, Applikationen, Abteilungsgrenzen und auch davon, ob die Informationen verfügbar sind oder nicht. Die breite fachliche Expertise und das Denken in Informationsprozessen bilden die Grundlage für eine effiziente Informationsversorgung, egal auf welcher Ebene des Unternehmens. Die direkte Zuweisung der persönlichen Verantwortung für Informationen muss aufgrund des stetigen Wandels des Informationsraums und der Informationsprozesse immer und immer wieder geklärt werden und ist eine kontinuierliche Herausforderung. Wo in der Vergangenheit Verantwortlichkeiten stillschweigend wahrgenommen oder auch nicht wahrgenommen wurden, schafft das Informationsmanagement eine Struktur, die die Verantwortung für die Informationen durch ein eindeutiges Assignment zuweist.

Dedizierte funktionale Verantwortlichkeiten garantieren einen durchgehenden Handlungsstrang von der Entstehung einer Information bis hin zu ihrer Nutzung. Darüber hinaus werden durch die damit verbundene kontinuierliche Koordination und der damit verbundenen umfassenden Transparenz Anspruchshaltungen wie z. B. eine „Data Ownership" vermieden. Die enge Abstimmung zwischen dem Informationsmanagement und dem Verantwortlichen für die Informationsqualität lässt eine „Privatisierung" der Informationsprozesse und -systeme nicht zu. Deshalb stellt die Aufgabe des Assignments von Verantwortlichkeiten den organisatorischen Kern für die „Information Governance" dar.

Die Verantwortungsbereiche müssen individuell für das Unternehmen gestaltet werden. Ein naheliegender Ansatz ist die Ableitung der zentralen Verantwortungsbereiche anhand der vorhandenen Projektion der strategischen Perspektiven der „Progressive Information Strategy Map" (PRISM). Alternativ können mehrere strategische Ziele als Pivot-Elemente für alle darunterliegenden Informationen zu einem Informations-Cluster bzw. Verantwortungsbereich zusammengefasst werden (Abb. 4.8), falls dies für das Management des Informationsraums sinnvoll ist. Da dies die zusammengefasste, konzentrierte Darstellung aller Elemente des Informationsraums ist, lassen sich die Verantwortungsbereiche auf der Basis von PRISM als funktionale Cluster des Informationsraums entwickeln. Das Clustering von Informationen ermöglicht es, die Verantwortungsbereiche übersichtlich zu gestalten und nachvollziehbar zu kommunizieren. Die Informations-Cluster sollten möglichst überschneidungsfrei und eindeutig definiert sein. Zudem können für jeden Informations-Cluster individuelle Qualitätsziele vereinbart werden. So dient beispielsweise zur Verfolgung der strategischen Ziele für die Produktion die Erhöhung der Personaleffizienz. Eine strategische Kennzahl wie ROCE[4] dient der Unternehmenssteuerung und zur Unterstützung unternehmerischer Entscheidungen. Viele weitere Informationen wie

---

[4] ROCE: Return on Capital employed, strategische Finanzkennzahl.

operative Kosten, Sonderfahrten zwischen Standorten, Produktionsausfall wegen Wartung oder Reparatur von Produktionsstätten etc. sind jedoch ebenso entscheidend für den Erfolg der Umsetzung von strategischen Maßnahmen (Abb. 4.7).

Der Fall einer Überlappung sollte innerhalb einer Cluster-Verantwortung vermieden werden (Abb. 4.8). Trotzdem kann es zu Überlappungen von Verantwortlichkeiten kommen, wie beispielsweise im Finanzbereich, wo die Verantwortung für Konteninformationen (z. B. Kontenstammdaten, Kontenhierarchien) sowohl für den Bereich der Rechnungslegung als auch für das interne Controlling von hoher Relevanz ist. Möglicherweise müssen weitere detaillierte Definitionen gefunden werden, um eine Konfliktsituation im Sinne von Ansprüchen einer Date Ownership zu vermeiden, was vor allem zu Beginn des Veränderungsprozesses verstärkt der Fall sein kann. Viele Probleme im Finanzumfeld sind in den letzten Jahren durch die Vernachlässigung globaler funktionaler Verantwortlichkeiten entstanden: So war die Personalabteilung gleichzeitig auch verantwortlich für die Personalkosten, die ihre eigenen Partikularinteressen im Unternehmen verfolgte, d. h. möglicherweise auch ihre eigenen Finanzkennzahlen und Definitionen entwickelte. Häufig kam es in der Vergangenheit auch vor, dass sich das zentrale Personalmanagement um den Personalvorstand nur eingeschränkt, „auf aggregierter" Ebene für Personalinformationen verantwortlich sah. Die regionalen und lokalen Einheiten oder Tochtergesellschaften waren somit weitgehend auf sich alleine gestellt und taten ihrerseits das Gleiche. Ein solches Vorgehen konterkariert jedoch alle Bestrebungen, Informationen im Unternehmen als konsistente strategische Ressource zu verwenden, da sie im Laufe der Zeit immer unkenntlicher werden. Insbesondere, wenn die Informationsprozesse teilweise oder vollständig manuell durchgeführt werden, kommt es zu großen Abstimmungsaufwänden, wenn sich in der Art der Erfassung oder der erfassten Informationen etwas ändert. Insbesondere in großen Konzernen gibt es in jüngerer Zeit Bestrebungen, die Konsistenz des Informationsraums zu verbessern.

Hierbei kann es zu Überlappungen von Verantwortlichkeiten innerhalb einer Strategischen Perspektive kommen, beispielsweise zwischen dem Controlling und der Konsolidierungsabteilung. In großen Konzernorganisationen sind beide Aufgaben nicht selten voneinander getrennt. Es herrscht zwischen den Aufgabenbereichen ein unterschiedliches Verständnis über Kennzahlendefinitionen und vor allem Meta-Informationen wie z. B. Konten. Während die Finanzabteilung Bilanzkennzahlen auf hochaggregierter Ebene erstellt, ist es Aufgabe des Controllings, für die funktionale Organisation detaillierte Berichte und Analysen zu erstellen. In diesem Fall muss eine eindeutige Verantwortung benannt werden, die eine allgemeine und nachhaltige Entwicklung hin zu einem konsistenten, umfassenden Buchungswesen ermöglicht. Es ist dabei die unmittelbare Aufgabe des Informationsmanagements, unabhängig von Partikularinteressen die Agilität des Unternehmens hinsichtlich seiner Reaktionsfähigkeit und seines wirtschaftlichen Potentials zu optimieren. Der für die Informationen verantwortliche Bereich stellt dann die inhaltliche Konsistenz und Qualität sicher.

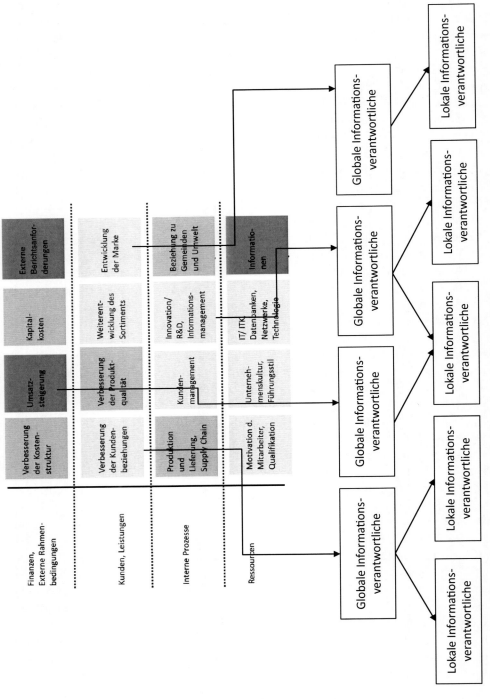

Abb. 4.7 Informations-Cluster auf Basis der Progressive Information Strategy Map

Hierbei sollten wir unterscheiden zwischen der Verantwortung für die Informationen selbst – wie eben beschrieben – und der technischen Verantwortung für die Auswahl und Implementierung anzuwendender IT-Werkzeuge. Letztere ist unverändert die Domäne der IT-Organisation. Die Verantwortung für die Nutzung von Informationen sollte jedoch im Informationsmanagement liegen und zentral durch dieses gesteuert werden (vgl. Abschn. 4.3).

4.3   Reliability: die Kunst zu liefern

Das beste Informationsmanagement nutzt nichts, wenn die Gestaltungsansätze keine zuverlässige Umsetzung (Reliability[5]) erfahren, seien es die qualitativen Anforderungen an Informationen oder auch die Funktionalität eines Informationsprozesses. Dies gilt in besonderem Maße auch für die Umsetzung der Informationsversorgung auf Basis der IT-Systeme des Unternehmens. Werden die Informationsanforderungen der Nutzer nicht ernsthaft durch ein zentrales Informationsmanagement sichergestellt oder nicht zufriedenstellend erfüllt, verliert das Informationsmanagement das Vertrauen der Nutzer. Die Zuverlässigkeit ist sozusagen das Prädikat des Informationsmanagements und bedeutet gleichermaßen die Herrschaft über die inhaltliche Gestaltung der Informationssysteme (Abschn. 3.3). Da das Informationsmanagement nicht zwischen unterschiedlichen Kategorien von Systemen unterscheidet (ERP, BI, Operational BI etc.), sondern die Verantwortung für die Information selbst übernimmt, setzt auch an dieser Stelle die Gestaltungsfähigkeit und damit der Anspruch an die zuverlässige Lieferung an.

Dementsprechend ist das Informationsmanagement für die IT-Systeme eine Kontrollinstanz und Schnittstelle hinsichtlich der Qualität und Verfügbarkeit der durch die Informationstechnologie bereitgestellten Daten. Der Begriff der Reliability ist jedoch nicht gleichzusetzen mit der rein IT-technischen Implementierung. Das Informationsmanagement ist dafür verantwortlich, dass die Informationen zum geeigneten Zeitpunkt in vereinbarter Form zur Verfügung stehen. Dieser wichtige Unterschied macht das Informationsmanagement nicht nur zum „Quality Gate" für die IT-Organisation, sondern vielmehr zu einer koordinierenden Funktion zwischen den unterschiedlichen Systemen.

Praxisbeispiel: Falscher Ansatz zur Lösung von Problemen mit der Datenqualität

In vielen Fällen wird versucht, Datenqualitätsprobleme mit Hilfe z. B. von Technologien wie z. B. Business-Intelligence-Tools zu „reparieren". So wurde in einem internationalen Maschinenbauunternehmen nach der Bewertung der Stammdatenqualität entschieden, dass fortan ein etwa 20-köpfiges Team damit beauftragt werden sollte, die unterschiedlichen Kundenstammdaten im Unternehmen in eine zentrale Datenbank zu laden und dort für eine konsistente Datengrundlage für die globale Auswertung zu

---

[5] Reliability: engl. Zuverlässigkeit.

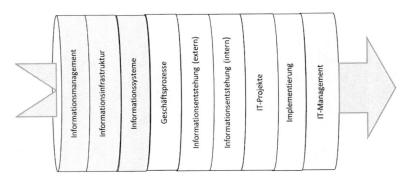

Abb. 4.8 Gemeinsame Verantwortung für die Gestaltung der Informationsinfastruktur und die IT-Infrastruktur

sorgen. Eine Revision der zugrunde liegenden über die Welt verteilten Quellsysteme fand jedoch nicht statt. Die Maßnahme führte dazu, dass die lokale Verantwortung für die ursprüngliche Qualität der Daten weiter geschwächt wurde, so dass die Datenqualität in den Quellsystemen weiter zurückging. Hierdurch wuchs wiederum der Aufwand für die zentrale Aufbereitung dieser Stammdaten. Der Versuch, auf Konzernebene die Defizite eines nicht umfassenden Informationsmanagements durch personellen Aufwand und den Einsatz von Technologie zu heilen, schlug fehl. Ohne die Einbindung der Quellebene, d. h. die Ebene der Informationsentstehung, in ein umfassendes Konzept zur langfristigen Verbesserung der Daten- und damit der Informationsqualität, ist es also schier unmöglich, die Qualität der Informationsversorgung zu verbessern. Genauso traf dies jedoch auch für alle anderen unternehmensweit relevanten Informationen wie die Kontenstammdaten oder die Materialstammdaten zu.

Im Zentrum der der funktionalen Verantwortung steht zunächst die Informationsqualität. Die Qualität von Informationen ist, wenn sie, wie im obigen Beispiel, im Unternehmen selbst entsteht, entscheidend davon abhängig, mit welcher Sorgfalt sie erstellt wird. Einer der Hauptstörfaktoren für ein konsistentes Informationsmanagement ist die meist sehr fragmentierte, gewachsene IT-Landschaft mit unzähligen IT-Systemen und damit verbundenen Schnittstellenproblemen, sobald eine übergreifende Informationsversorgung verlangt wird. Die Schnittstellenproblematik für an sich kleine Abstimmungsprozesse entpuppt sich dann häufig als besondere Integrationsaufgabe und ein Konfliktpotenzial.

Um diesem Umstand entgegenzutreten, trägt das Informationsmanagement, gemeinsam mit der IT-Organisation, eine Verantwortung für die Gestaltung der Informationssysteme (Abb. 4.9). Diese konsequente Verantwortung auch für die Auswahl und die Konzeption der Systeme vor dem Hintergrund möglicher Konflikte verlangt eine enge Abstimmung und eine klare Aufgabenverteilung zwischen den beteiligten hauptverantwortlichen Bereichen. Die Frage der Gestaltung der technologischen Infrastruktur ist das zentrale gemeinsame Thema von Informationsmanagement und IT. Das Informationsmanagement bildet die notwendige, zentrale Schnittstelle.

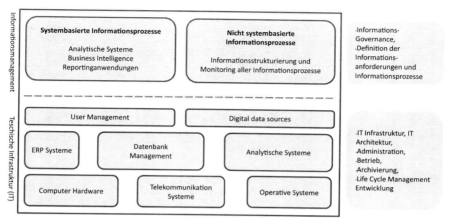

Abb. 4.9 Systemverantwortung

Informationstechnologie muss

- geplant,
- beschafft,
- installiert,
- betrieben,
- aktualisiert,
- archiviert und
- ersetzt …
…werden.

Das bedeutet, dass die Anforderungen an die technologische Infrastruktur gemeinsam durch das Informationsmanagement und die IT-Organisation formuliert werden müssen. Das Informationsmanagement muss deshalb ebenfalls den technologischen „State of the Art" von Technologien und über kommende technologische Entwicklungen im Markt kennen und mögliche Anwendungsfelder hinsichtlich der wirtschaftlichen Eignung prüfen. Neben der Herrschaft über die Informationen (Abschn. 3.3) selbst und neben der Gestaltung der Informationsversorgung übt das Informationsmanagement somit auch indirekt (und gemeinsam mit der IT-Organisation!) einen Einfluss auf die Auswahl von Informationstechnologien aus. Die genaue Schnittstellendefinition und die Vermeidung von Konfliktpotenzialen in der Aufgabenverteilung der Gestaltungsprozesse für die technische Infrastruktur ist ausschlaggebend für den Erfolg des Informationsmanagements.

Aufgaben in der Schnittstelle zwischen der IT und dem Informationsmanagement sind unter anderem:

- Koordination der Schnittstellen zu Fachfunktionen und Fachbereichen
- Auswahl von Software(-Systemen),
- Konzeption für den Einsatz von Technologien
- Planung und Durchführung von Leistungen sowie die
- Nutzung interner und externer IT-Dienstleister

In diesen Fällen überlappen sich die Anforderungen des Informationsmanagements mit jenen der IT, und oftmals sind Richtungsentscheidungen bezüglich der technologischen Infrastruktur im Unternehmen strittig. Insbesondere während des Change-Prozesses sollten Sie darauf achten, dass Sie eine Streitkultur entwickeln, die konstruktiv um Lösungen im Sinne des Unternehmens ringt. Ich habe das DARE-Prinzip nicht zuletzt entwickelt, weil ich in Projekten und in den Unternehmensstrukturen häufig andere Ansätze gesehen und erlebt habe, die für eine positive Entwicklung des Unternehmens und der Informationskultur nicht hilfreich waren. Dieses Buch soll Denkanstöße geben, wie Informationsmanagement gestaltet werden kann, ohne dass Mitarbeiter persönliche Besitzansprüche entwickeln und beginnen, diese zu verteidigen. Im Gegenteil sollten die unterschiedlichen Rollen gemeinsam ihre Verantwortung für die Gestaltung der Informationsversorgung wahrnehmen. Für den meist neu zu schaffenden Verantwortungsbereich des Informationsmanagements gilt es daher auch, die notwendigen Ressourcen und die organisatorischen Strukturen zu schaffen.

In Time, in Budget!

„In time – in Budget!!" ein vielbesungener Schlachtruf, wenn es um Systemgestaltung, also die Entwicklung von ERP- oder BI-Systemen geht – bevor sie beginnen. Sind die Projekte jedoch erst einmal durch Investitionsausschüsse oder IT-Councils freigegeben und begonnen, lässt es sich nicht nur beim Flughafenbau oder bei der Errichtung von Elbphilharmonien beobachten, wie im Zuge der Realisierung von Projekten Verzögerungen und Budgeterhöhungen entstehen (Dynamic Markets 2007). Davon ausgehend scheint es heute oft der Normalfall zu sein, dass sich IT-Projekte verzögern und Budgets nicht eingehalten werden. Das Vertrauen in die Umsetzung und Umsetzbarkeit von IT-Projekten ist hierdurch auf ein Minimum gesunken und in vielen Fällen auch das Vertrauen in die Leistungsfähigkeit der IT-Systeme, weil viele Anforderungen nicht oder nicht zur Zufriedenheit der Nutzer umgesetzt werden.

Die Anforderungen an IT-Projekte wandeln sich. Die Ära ist vorbei, in der Informationsanforderungen immense IT-Budgets verschlingen konnten, ohne dass die Nutzerorganisation mit Sicherheit auf eine sinnvolle, zeitgerechte Lösung hoffen durfte. Budgeterhöhungen und Verzögerungen im Projektablauf sind im Informationsmanagement nicht mehr tolerabel. Die Nutzer von Informationssystemen bestehen auf der aktiven Unterstützung ihrer Informationsanforderungen. Der Anspruch an das Informationsmanagement ist daher, dass es einen wesentlichen Beitrag für die Verbesserung der Leistungsfähigkeit der Informationsversorgung leistet.

Die Gestaltung der Informationsversorgung duldet keine Verspätungen und auch keine massive nachträgliche Erhöhung des Budgets. Konzentrieren Sie sich als Informationsmanagement also auf die Erfüllung der Informationsanforderungen und auf das Management von Informationen.

Der Anspruch an die Zuverlässigkeit, die „Kunst zu liefern", lässt sich aus Sicht des Informationsmanagements und seines Mandats für die Gestaltung und Sicherstellung der Informationsversorgung nicht relativieren. Das Informationsmanagement ist nicht nur verantwortlich für die Strukturierung und Bewertung des Informationsraums. Es steht auch im Fokus, wenn es um die Umsetzung einer funktionierenden Informationsversorgung geht. Die hierfür notwendigen Ressourcen müssen dem Informationsmanagement zur Verfügung stehen. Das Zusammenspiel mit dem IT-Bereich ist an dieser Stelle deshalb besonders zu beachten, weil viele Informationsmanagementaufgaben in der Vergangenheit in den Verantwortungsbereich der IT fielen, ohne dass das umfassende Management von Informationen selbst als originäre Kompetenz der Informationstechnologie gesehen wurde. Dieser der IT-Funktion bisher immanente Konflikt sollte durch die Etablierung eines dedizierten Informationsmanagements aufgelöst werden. Nachfolgend sind die Anforderungen an das Informationsmanagement noch einmal zusammengefasst:

- Verständnis für Information (und Daten), gleich welcher fachlichen Couleur und Form
- Verständnis für Informationsprozesse
- Koordinations- und Kommunikationsfähigkeit
- Integration fachlicher Informationsanforderungen in die Gestaltung des umfassenden Informationsraums
- Übersetzungsfähigkeit im Sinne der Interpretation von Konzepten an fachlich oder technisch ausführende Stellen
- Unabhängigkeit von lokalen oder fachspezifischen Interessen

Im Zusammenspiel des Informationsmanagements und der IT-Organisation kann auch in Betracht gezogen werden, die Kompetenzen für die Business-Intelligence-Systeme, d. h. die Verantwortung für die analytischen Anwendungen im Unternehmen, ebenfalls in die Hoheit des Informationsmanagements zu überführen. Da sich die Business Intelligence, wie bereits zu Beginn formuliert, mit der grundsätzlichen Aufgabe der technischen Projektion, dem Sammeln und Analysieren von Informationen befasst, reflektieren die analytischen Anwendungen gleichsam den IT-technisch unterstützten Teil des Informationsmanagements. Die in Abb. 4.9 dargestellte Struktur einer Aufteilung der Kompetenzen für das Informationsmanagement und für die IT stellt nach meiner Auffassung einen Best-Practice-Ansatz für die Gestaltung der Informationsversorgung dar. Voraussetzung hierfür ist eine klare organisatorische Struktur der Verantwortungsbereiche im Zuge der Etablierung des Informationsmanagements als zentrale Governance-Funktion im Unternehmen. Abbildung 4.10 zeigt einen beispielhaften Vorschlag für die Gestaltung dieser Aufgabenteilung. Die technische Umsetzung der Informationsversorgung aber ist Teil eines Delivery-Prozesses, der letztlich disponierbar sein muss, um Informationsanforderungen zeitgerecht umzusetzen. Hierbei muss entschieden werden, wie viel Entwicklungs-Khow-

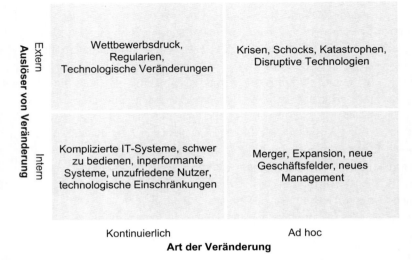

Abb. 4.10 Auslöser von Veränderung

how innerhalb des Unternehmens angesiedelt bleibt, um gleichzeitig eine funktionierende Informationsversorgung sicherzustellen.

4.4   Endurance: die Kunst der Governance

Praxisbeispiel: Der Informationsmanager als „Superheld"

Als ich vor einigen Jahren zum ersten Mal die Gründung und Leitung eines BI Competence Center in einem internationalen Unternehmen übernahm, konnte ich ja nicht ahnen, dass dies einer der gefährlichste Jobs der Welt sein würde. Meine Aufgabe schien interessant zu werden und unser Kunde hatte den Anspruch, mit einem Enterprise Data Warehouse eine allgemeine, transparente Grundlage für die Informationsversorgung zu schaffen. Auch war bereits eine klare, verständliche BI-Strategie formuliert. Das „Management Commitment" des CFO stand fest wie ein „Fels in der Brandung". Ich freute mich auf meine Aufgabe. Die Bekanntmachung der BI-Strategie und der Aufgaben des neuen BI-Managers in der Organisation löste jedoch eine Art Panik in den Fachfunktionen aus. Ab dem Tag meiner Ankunft waren die zentralen Fachbereiche und die dezentral angesiedelten Business Units alarmiert, denn sie fürchteten nichts mehr als: Transparenz. Die Fachbereiche, die jeweils längst mit eigenen Fähigkeiten und BI-Tools ausgestattet waren, hatten kein Interesse, ihre mittlerweile bewährten, lokalen Methoden in Frage zu stellen oder gar ihre Informationen mit anderen Bereichen zu teilen. Obwohl ein gemeinsames Unternehmen, schienen alle Abteilungen miteinander im Wettbewerb zu stehen. Nun standen sie einem gemeinsamen Feind gegenüber – dem BI-Manager. Es dauerte länger als ein Jahr, die Abwehrhaltung der Abteilungen zu überwinden und die Organisation vom Mehrwert des vorgesehenen Ansatzes für das Unternehmen zu überzeugen.

Halten Sie durch! Die Umsetzung einer Informationsstrategie verlangt wie jeder strategische Ansatz eine konsequente (oder besser: konzertierte) Umsetzung der beschlossenen Maßnahmen über einen definierten Zeitraum. Der in der Informationsstrategie definierte Zeitrahmen sollte nicht länger als 24 Monate sein, bevor die Strategie überprüft und gegebenenfalls korrigiert wird.

> Das bedeutet, dass es eines kontinuierlichen – täglichen – Managements von Informationen bedarf. Die Probleme der Vergangenheit sind nicht durch zu viel Informationsmanagement entstanden, sondern durch zu wenig Informationsmanagement!

Die Rahmenbedingungen für die Informationsversorgung wandeln sich ständig. Gleichzeitig entstehen im Zuge der kontinuierlichen Weiterentwicklung der Informationsversorgung immer neue Informationsanforderungen, die erfüllt werden müssen. Die Anforderungen an die Informationsversorgung lassen sich grob einteilen in marginale Informationsanforderungen, die im Rahmen der kontinuierlichen Weiterentwicklung der Informationsversorgung erfüllt werden können (Abschn. 2.3.1), und in solche Informationsanforderungen, die nur mit einem hohen Investitionsaufwand erfüllt werden können. Diese Informationsanforderungen stellen einen Bruch in der kontinuierlichen Entwicklung des Informationsraums und der Informationsversorgung dar. Eine solche massive Disruption bzw. Störung muss aktiv durch das Informationsmanagement aufgefangen werden, um das Risiko eines wirtschaftlichen Schadens für das Unternehmen zu minimieren. Abbildung 4.10 zeigt die möglichen Auslöser von Veränderungsprozessen in Abhängigkeit von ihrer Wirkung auf die bestehende Informationsinfrastruktur.

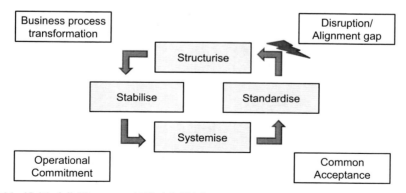

Abb. 4.11 4S-Modell (Knauer und Olbrich 2014)

Abbildung 4.11 beschreibt ein Best-Practice-Vorgehen (im Folgenden 4S-Modell oder 4S) zum Umgang mit signifikanten Störungen in der Informationsversorgung und stellt gleichzeitig die Notwendigkeit einer tiefen Durchdringung und engen Interaktion der Fachfunktionen und des Informationsmanagements in den Vordergrund. Auf der Grundlage der bestehenden Informationsinfrastruktur (und gegebenenfalls der bestehenden Informationssysteme) formuliert das Informationsmanagement als koordinierende Instanz die Informationsanforderungen und Informationsprozesse für die Organisation neu.

Ziel des Vorgehensmodells ist es, die Strategie für die Informationsversorgung kontinuierlich umzusetzen und signifikante Brüche in der Informationsversorgung zu vermeiden. Dabei legt das 4S-Modell den Schwerpunkt darauf, das Funktionieren der Geschäftsprozesse im Unternehmen sicherzustellen (zu stabilisieren). Insbesondere im Rahmen großer Veränderungsprozesse besteht die Notwendigkeit einer koordinierenden Funktion mit gestaltender Verantwortung für die Informationsversorgung. Auch benötigt es fortdauernder Kommunikationsbemühungen, sich im Unternehmen zu verankern, so dass Informationsanforderungen selbstverständlich an das Informationsmanagement gelangen und nicht separat – im Geheimen – konstruiert werden. Klinken Sie sich aktiv in die Prozessgestaltung ein, übernehmen Sie Verantwortung! Gestalten Sie die Informationsinfrastruktur!

4S-Modell von Knauer und Olbrich (2014)
- Strukturierung: Zu Beginn des Anpassungsprozesses stellt sich die Frage, ob die geänderten Rahmenbedingungen auf Basis der bestehenden Infrastruktur abgebildet werden können und ob die Einführung neuer Technologien notwendig ist. Aufgrund der durch DARE beschriebenen Aufgaben des Informationsmanagements (hier: Discovery) können künftige Disruptionen im Voraus erkannt werden.
- Stabilisierung: Um während der Übergangszeit hin zu einer systemunterstützten Informationsversorgung eine gemeinsame Berichts- und Analysebasis für den Konzern zu schaffen, wurden mit punktuell hohem Aufwand teilweise manuelle Berichtsprozesse für die Konzernfunktionen unterstützt.
- Systemisierung bzw. Etablierung der neuen Informationsprozesse in der Ablauforganisation durch, wo möglich, Etablierung von IT-Systemen und -Anwendungen.
- Standardisierung: Der Anspruch an eine Generalisierbarkeit als Standard für die Informationsversorgung im Konzern muss gleichzeitig durch ein konzertiertes Change-Management kulturell im Unternehmen etabliert werden.

Dieses mittlerweile etablierte Vorgehen des Informationsmanagements trägt essenziell dazu bei, dass sich die Informationsversorgung auch in Phasen starken Anpassungsdrucks weiter verbessert und somit die Stabilität des Gesamtsystems weiter erhöht wird. Nicht zuletzt kann dies auch in der Unternehmens-Performance in Form von Kostenvorteilen und Effizienzsteigerungen explizit ausgewiesen werden.

> **Ein agiles Informationsmanagement**
> * ist Teil des Managementgefüges,
> * betrachtet das Unternehmen als Ganzes,
> * vernetzt sich aktiv im Unternehmen,
> * schaltet sich aktiv in alle Informationsprozesse ein,
> * schaut voraus, erkennt Trends und Gelegenheiten,
> * macht aktiv Vorschläge zur Gestaltung der Informationsversorgung,
> * strukturiert die Informationslandschaft stetig weiter.

Jeder, der sich mit der Gestaltung der Unternehmensinfrastruktur beschäftigt, kennt das beklemmende Gefühl, dass, nachdem man ein dickes Brett gebohrt hat, es gleich das nächste dicke Brett zu bohren gilt. Dies gilt insbesondere auch für die Gestaltung der Informationsinfrastruktur, die oftmals seit Jahrzehnten im Unternehmen gewachsen ist und noch nie einer strukturellen Prüfung unterworfen war. Da wir über Informationsmanagement sprechen und nicht über eine spezielle BI-Initiative oder gar ein Projekt, steht das konkrete Abarbeiten von Bewertungsmatrizen für Informationsbedarfe eher im Hintergrund. Wichtiger im dargestellten Zusammenhang sind die Anforderungen an das Informationsmanagement als aktiver Partner und mit dem Fokus auf das Unternehmen als Ganzes. Hierfür benötigt das Informationsmanagement ein Mandat und eine handlungsfähige Organisation.

> **Voraussetzungen für ein handlungsfähiges Informationsmanagement**
> * Positionierung des Informationsmanagements BI-Managers im Unternehmen
> * Darstellung der typischen Positionierung des BI-Managers
> * Positionierung des Informationsmanagements
> * Keine Kompromisse (Endurance): Die häufig formulierte Kompromisslösung: Wir beginnen in kleinem Rahmen und erweitern dann sukzessive die Gestaltungsräume", ist in den meisten Fällen nicht erfolgreich.
> * Ein im Unternehmen vor vornherein schwach positionierter Informations-Manager hat in der Regel nicht die Chance, später seinen Gestaltungsspielraum zu erweitern. Die initiale Positionierung des Informations-Managers ist also entscheidend für ein Gelingen des beschriebenen Management-Ansatzes.

Das Management der Unternehmensinformationen verlangt, wie beschrieben, einen weiten Gestaltungsspielraum. In vielen Fällen stellt das Informationsmanagement eine neue Organisation im Unternehmen dar, für die es eine Einführungsstrategie geben muss. Dem Problem des Change Managements bei der Einführung ist besondere Beachtung zu schenken, da diese neue, zunächst fremde Organisation nicht nur Aufgaben übernimmt, sondern auch Kompetenzen aus anderen Bereichen in sich vereinigt. Gegen diese Übernahme von Rechten gibt es naturgemäß Widerstände bis hin zu politischen Eskalationen. Traditionell jeweils dem IT-Bereich oder bestimmten Fachfunktionen zugeschriebene Funktionen werden künftig durch das Informationsmanagement geleistet. Oder anders formuliert: Das dedizierte Informationsmanagement soll jetzt die Aufgaben erfüllen, die die vorhergehenden Organisationsstrukturen nicht in der Lage waren zu erbringen. Plötzlich bestimmt eine neue Funktion über den Umgang mit vormals der Abteilung XYZ vorbehaltenen Informationen mit, auch über die Art und Weise der Umsetzung von Informationsanforderungen schaltet sich jetzt nicht mehr die IT-Organisation, sondern eine neue, unabhängige Institution innerhalb des Unternehmens ein. Die Rahmenbedingungen für die Informationsversorgung sind volatil und ändern sich ständig, so dass dem aktiven und aktiv steuernden Informationsmanagement eine besondere Bedeutung zukommt, da sich durch ein gelungenes Informationsmanagement im Sinne einer funktionierenden Informationsversorgung das Schicksal des Unternehmens verbindet. Um also das Informationsmanagement nicht nur zu etablieren, sondern auch effektiv tagtäglich zu gestalten und die Informationsversorgung nachhaltig zu verbessern, benötigt es Ausdauer und Durchhaltevermögen. In diesem Sinne wünsche ich allzeit gutes Gelingen und frohes Schaffen.

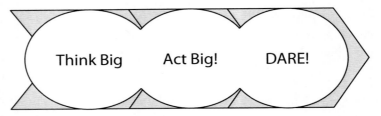

Abb. 4.12 Der Weg zu DARE

Literatur

Chamoni, P., & Gluchowsky, P. (2012). *Analytische Informationssysteme*. Springer.

Davenport, T., Eccles, R., & Prusak, L. (2010). MIT. Von MIT. http://sloanreview.mit.edu/article/information-politics/abgerufen.

Deloitte. (2012). CFO Survey 1/2012.

Dynamic-Markets. (2007). *IT projects: Experience certainty*. Tata Consultancy Services.

Engelbach, W. (2004). *Vorgebaute Informationsräume für Informationsrecherchestrategien in wissensintensiven Geschäftsprozessen*. Stuttgart: GI Proceedings.

Engelbach, W., & Delp, M. (2003). *Vorgebaute Informationsräume für Informationsrecherchestrategien in wissensintensiven Geschäftsprozessen*. Stuttgart: Fraunhofer Institut für Arbeitswirtschaft und Organisation.

Fombrun, C., & Rindova, V. (1999). *Constructing competitive advantage: The role of firm–constituent interactions*. New York: Wiley.

Füller, J. (2010). harvardbusinessmanager. Von harvardbusinessmanager. http://www.harvardbusinessmanager.de/blogs/a-678175.html. Zugegriffen: 23. Feb. 2010.

Gartner. (2010). What is Information Governance and why is it so hard. Von http://blogs.gartner.com/debra_logan/2010/01/11/what-is-information-governance-and-why-is-it-so-hard/.

Geisler, F. (2011). *Datenbanken: Grundlagen und Design*. Heidelberg: Hüthig Jehle Rehm.

Germanwatch. (2014). www.germanwatch.de. Von www.germanwatch.de. http://germanwatch.org/rio/bpfl03-4.htm.

Goldbloom, A., & Bloch, M. (2012). Harvard Business Review. Von Harvard Business Review. http://blogs.hbr.org/2012/10/your-c-suite-needs-a-chief/.

Grant, R. M. (2010). *Contemporary strategy analysis and cases*. Wiley.

Hofer, S. (2005). *Die Entwicklung der Low-Cost-Carrier und ihr Einfluss auf die Flughäfen*. Berlin: German Airport Performance (GAP).

Horvath, P. (2011). *Controlling*. Vahlen.

Institute, D. G. (2014). Data Governance Institute (DGI). Von Data Governance Institute (DGI). http://www.datagovernance.com.

Kaplan, R., & Norton, D. (2006). *Alignment: Using the balanced scorecard to create corporate synergies*. Boston: Harvard Business School Publishing.

Kappelhoff, P. (2007). Universität Wuppertal. Von Universität Wuppertal. http://temme.wiwi.uni-wuppertal.de/fileadmin/kappelhoff/Downloads/Veroeffentlichungen/EOrg5.pdf.

Kieser, A., & Ebers, M. (2006). *Organisationstheorien*. Stuttgart: Kohlhammer.

Knauer, D., & Olbrich, S. (2014). Evolution von Informationsystemen in Konzernen – das Beispiel der IT-Konsolidierung. *HMD Praxis der Wirtschaftsinformatik, 51*(5), 594–605.

Krcmar, H. (2009). *Informationsmanagement*. Springer.

© Springer Fachmedien Wiesbaden 2015
D. Knauer, *Act Big – Neue Ansätze für das Informationsmanagement*,
DOI 10.1007/978-3-658-06751-9

LexisNexis. (2007). *Workplace productivity survey*. London: WorldOne.

Liang, T.-P., & Jones, C. (1987). Design of a self-evolving decision support system. *Journal of Management Information Systems, 4*(1), 59.

Loshin, D. (2003). *The savvy manager's guide – Getting onboard with emerging IT*. Burlington: Morgan Kaufmann.

Maier, G. W. (2014). Stichwort: Flow. In: Springer Gabler Verlag (Hrsg), *Gabler Wirtschaftslexikon*. Von Gabler Wirtschaftslexikon. http://wirtschaftslexikon.gabler.de/Archiv/1856/balanced-score-card-v7.html abgerufen.

March, J. (1988). *Decisions and organizations*. Cambridge: Basil Blackwell.

Mintzberg, H. (1995). *Strategic thinking as seeing*. London: McGraw-Hill.

Moss, L. (2013). *The role of chief data officer in the 21st century*. Arlington: Cutter Consortium.

Moss, L., Adelman, S., & Adai, M. (2005). *Data strategy*. Upper Saddle River: Addison-Wesley.

Moyer, K. (1996). Scenario building at british airways, a case study. *Long Range Planning, 29*(2), 172–181.

Najarro, M. A. (2003). *Visualisierung von Informationsräumen*. Ilmenau: TU Ilmenau.

Nietzsche, F. (1889). Also sprach Zarathustra.

Olbrich, S., Poebbelbuss, J., & Niehaves, B. (2011). BI *systems managers' perception of critical contextual success factors: A Delphi study*. Shanghai: Thirty Second International Conference on Information Systems.

Petersohn, M. (2014). As im Ärmel. http://www.as-im-aermel.de/informationscluster/.

Piontek, J. (2004). *Controlling*. München: Oldenbourg.

Redman, T. (2008). *Data driven: Profiting from your most important business asset*. Cambridge: Harvard Business Review Press.

Ringland, G. (2006). *Scenario planning: Managing for the future*. London: Wiley.

Strohmeier, S. (2008). *Informationssysteme im Personalmanagement*. Wiesbaden: Vieweg+Teubner.

Suh, I. C. (2013). *IBM: Focus on confidence: The rise of the chief data officer*. IBM. Von IBM.

TDWI. (2013). *Die Bedeutung von Datenqualität (Studie)*. Neuss: TDWI.

Travica, B. (2005). Information politics and information culture: A case study. *Information Science Journal, 8*.

Wang, R. (2002). *Data quality*. New York: Kluwer.

Weber, J. (2005). *Controlling*. München: Vahlen.

Wilson, H. (2014). Argyle Journal. Von Argyle Journal: http://www.argylejournal.com/functions/data-management-aigs-chief-data-strategy-recognizes-the-importance-of-data-management-for-organizations/.

Wittmann, W. (1959). *Unternehmung und unvollkommene Information*. Wiesbaden: Westdeutscher Verlag.

Wulf, T. (2012). Szenariobasierte strategische Planung in volatilen Umfeldern. *Zeitschrift für Controlling und Management, 2*, 34–38.

Zehntner, C., Burger, A., & Ovtcharova, J. (2012). *Key-Performance-Analyse von Methoden des Anforderungsmanagements*. Karlsruhe: KIT Scientific Publishing.

Printed by Books on Demand, Germany